ACCESO GRATIS *a la Lectura en la Nube*

Para visualizar el libro electrónico en la nube de lectura envíe junto a su nombre y apellidos una fotografía del código de barras situado en la contraportada del libro y otra del ticket de compra a la dirección:

ebooktirant@tirant.com

En un máximo de 72 horas laborales le enviaremos el código de acceso con sus instrucciones.

HISTORIA DEL DERECHO MEXICANO

HISTORIA DEL DERECHO MEXICANO

Israel Sandoval Jiménez
Coordinador

Autores
Bernardo Anwar Azar López
Israel Sandoval Jiménez
Yvonne Georgina Tovar Silva
Eduardo Luis Feher Trenschiner
Marco Antonio Pérez de los Reyes
Luis Julián Mireles Romero
Andrés Rivero Lira
José Luis Chirinos Palomo
Adriana Terán Enriquez
Ricardo Rojas Arévalo

tirant lo blanch
Ciudad de México, 2025

La presente obra ha sido dictaminada y aprobada para su publicación, de acuerdo con el sistema de revisión por pares doble ciego, por el Comité Editorial de la Facultad de Derecho de la Universidad Nacional Autónoma de México y su Comité Asesor.

Cuidado de la edición: Patricia Daniela Lucio Espino

Historia del Derecho Mexicano

Primera edición: 2025

© EDITA: FACULTAD DE DERECHO - UNIVERSIDAD NACIONAL AUTÓNOMA DE MÉXICO. Ciudad Universitaria, Coyoacán, 04510, Ciudad de México. coordinacioneditorial@derecho.unam.mx

© IMPRIME Y DISTRIBUYE: TIRANT LO BLANCH MÉXICO
Av. Tamaulipas 150, Oficina 502 - Hipódromo, Cuauhtémoc, 06100, Ciudad de México - Telf: +52 1 55 65502317 - infomex@tirant.com - www.tirant.com/mex/ - www.tirant.es

ISBN (UNAM): 978-607-587-306-0
ISBN: 978-84-1056-660-6

EDICIÓN: Coordinación Editorial de la Facultad de Derecho
MAQUETA: Tink Factoría de Color

COORDINACIÓN EDITORIAL DE LA FACULTAD DE DERECHO

PATRICIA DANIELA LUCIO ESPINO
Coordinadora Editorial y Editora

ALAN DAVID BARRAZA GUERRERO
ANA MARÍA RAMÍREZ SÁNCHEZ
Coeditores y Validación de Contenidos

MARÍA CONCEPCIÓN CÁRDENAS OSTRIA
CINTHYA GUTIÉRREZ RUIZ
Corrección de Estilo

MICHELLE SÁNCHEZ CABELLO
RICARDO PÉREZ RODRÍGUEZ
Diseño Editorial

JONATHAN SALVADOR BASTIDA ÁVILA
Protección a la Propiedad Intelectual

JENNIFER VALERIA GALICIA BASTIDA
Asistente Administrativo

MARIANA ARELI SANTOS OSNAYA
MARIANA BASILIO AÑORVE
Servicio Social

COMITÉ ASESOR DE LA FACULTAD DE DERECHO

Índice

Unidad 1. Historia del Derecho Mexicano

1. CONCEPTO DE HISTORIA DEL DERECHO MEXICANO

1.1. Concepto

Primero, se planteará una concepción sobre lo que es la Historia, el que se afirma que es un estudio sistemático, crítico e interpretativo de los hechos del pasado que tienen relevancia (consecuencias) y trascendencia social. Por ello, el Derecho no se le puede escapar, ya que, en diversas etapas de la humanidad ha estado presente.[1]

Una vez que se tiene una breve concepción de lo que es la Historia, es hora de ponerle para efectos de este estudio un adjetivo calificativo como lo es el Jurídico, es así que se puede decir que esa asignatura estudia de manera sistemática (ordenada), crítica e interpretativa los hechos y fenómenos jurídicos del pasado que han tenido importancia y trascendencia social.[2]

En esta asignatura se estudiarán los antecedentes y la evolución de diversas figuras jurídicas nacionales que se aprenderán a lo largo de la Licenciatura en Derecho.

1.2. Características

Aquí desglosamos la concepción de Historia del Derecho, a partir de razonar y cuestionarnos si la creación humana llamada Derecho, es relevante como objeto de estudio de la Historia.

El Derecho visto como un sistema propio y específico, más allá de que sea un producto cultural se refiere a una comunidad concreta y a un tiempo determinado.[3]

El sistema jurídico conduce a la sociedad y tendremos diversas instituciones jurídicas vigentes en un ámbito temporal y espacial determinado, mismas que serán el génesis de las que actualmente nos rigen.

---

1 SOBERANES FERNÁNDEZ, José Luis, Historia del Derecho Mexicano, 11ª ed., México, Porrúa, 2004, p. 12.

2 *Ibidem*, p. 12.

3 *Ibidem*, p. 11.

Finalmente, la cara jurídica de nuestro país es posible comprenderla mejor a través del estudio de la Historia del Derecho Mexicano.[4]

2. PERIODIZACIÓN

2.1. Según la Historia de México

Aunque se hará un estudio jurídico o se escogerán los aspectos jurídicos que la Historia nos ofrece, es necesario dejar un esquema enunciativo sobre el desarrollo de la historia de nuestro país:

a. Época prehispánica (12000 AC al 1517 DC): Abarca la prehistoria (hasta el 5000 AC); lo arcaico (5000 AC al 1800 AC); horizonte preclásico (1800 AC al 100 AC); horizonte clásico (100 AC a 850 DC); horizonte posclásico (850 al 1250 DC); horizonte histórico (1250 al 1517).

b. Conquista española (1517-1521).

c. Colonia (1521-1821).

d. Guerra de independencia (1800 a 1821): inicio, desarrollo, resistencia y consumación.

e. México independiente (1821-1876).

f. Porfirismo (1876 a 1911).

g. Época revolucionaria (1910 a 1917): No olvidar que con la emisión de nuestra actual Constitucion, jurídicamente se dio por terminada la revolución mexicana.

h. Institucionalización de la revolución mexicana: creación del Partido Nacional Revolucionario (PNR) en 1929.

i. México moderno: desde la década de los treinta hasta el día de hoy.[5]

---

4 Una obra lacónica sobre esta materia es la de: MARGADANT S., Guillermo F., *Introducción a la Historia del Derecho Mexicano*, 4ª reimp. de la 18ª ed., México, Esfinge, 2005 (Textos Jurídicos Universitarios).

5 PÉREZ DE LOS REYES, Marco Antonio, *Historia del Derecho Mexicano*, 2ª ed., México, Oxford University Press, 2019 (Textos Jurídicos Universitarios), p. 22.

2.2. Según la Historia del Derecho Mexicano

Lo que se expondrá en este punto de manera lacónica, en el siguiente apartado referente a las Fuentes histórico-jurídicas para el conocimiento de la Historia del Derecho se desarrollará de manera más amplia.

a. Período prehispánico: del preclásico (1800 AC) hasta la conquista española (1521).
b. Derecho Indiano: 1492 a 1821.
c. Derecho insurgente: 1800 al 1821.
d. Derecho que surgió después de la independencia.
e. Derecho que surgió en el período revolucionario (1910 a 1917).
f. Derecho en la epoca (1917 al día de hoy).[6]

2.3. Fuentes histórico-jurídicas para el conocimiento de la Historia del Derecho

Una fuente es de donde brotan los derechos y las obligaciones que regulan el Derecho. Hablamos tradicionalmente de tres fuentes del derecho:

a. Fuente formal: que es la manera en que se crean las normas jurídicas.
b. Fuentes reales: a los factores y elementos que influyen en la creación del Derecho.
c. Fuentes históricas: son los documentos, inscripciones, papiros, libros, entre otros, que prevén una norma jurídica, tal como pasa con las fuentes que nos provee el Derecho Romano.[7]

Las fuentes históricas del Derecho son documentos y otros elementos del pasado que sirvieron para la creación de las normas jurídicas. En esta parte del texto, es indispensable precisar que el hablar de una fuente jurídica no necesariamente se refiere a un ordenamiento abrogado (que ya dejó de observarse su eficacia completa), se menciona cualquier documento del pasado sea jurídico o no que dio elementos para la construcción de las actuales leyes y/o códigos.

---

6 *Ibidem*, p. 23.

7 GARCÍA MÁYNEZ, Eduardo, *Introducción al Estudio del Derecho* 58ª ed. reimp. , México, Porrúa, 2005, p. 51.

El estudio de las fuentes históricas del Derecho nos permite conocer el génesis de una norma jurídica y nos permite comprenderla desde un contexto histórico. A manera de ejemplo está el *Corpus Iuris Civilis* del Emperador Justiniano sin el cual no entenderíamos todas las fuentes del Derecho Civil de los países occidentales.[8]

A. Época precortesiana

Los aztecas (muchas de las fuentes del Derecho del México antiguo provienen de los mexicas) se basaban en costumbres, las sentencias del *Tlatoani* (Rey) y las sentencias de los jueces (sin menospreciar el Derecho Purépecha y el Derecho Maya de los que se conocen muy poco).

Dentro del Derecho Azteca se puede hablar del Derecho Público en donde predominantemente existía el Estado y el Derecho Privado en donde el Estado prácticamente estaba ausente.[9]

El *Tlatoani* como legislador principal, junto con los jueces, formaban criterios como si fueran jurisprudencias. El *Tlatoani* era el máximo dirigente político, en muchos casos se confundía su voluntad con la norma jurídica, aunque dicho cargo era electivo (no se heredaba como en las monarquías europeas), ya que lo designaban cuatro grandes electores (miembros de la nobleza).

Sin denostar, que para ocupar el cargo era escogido alguien con dotes de mando, capacidad administrativa y que sobresaliera en la guerra.

Dentro de esa estructura estatal estaba el Tlatocan (altos nobles) y el Consejo de cuatro grandes electores.[10]

Se encuentran algunas publicaciones de algunas leyes indígenas como las de Fernando de Alva Ixtlixochitl (su abuelo era Nezahualcóyotl) y Fray Bartolomé de las Casas. El primer intelectual nahuatlaca nos transmite las leyes dictadas por su abuelo.[11]

---

8 RICO ÁLVAREZ, Fausto (et. al.), *Introducción al Estudio del Derecho Civil y Personas,* 4ª ed. 5ª reimp. , México, Porrúa, 2019, pp. 53-55.

9 *Ibídem.* pp. 7-35.

10 *Ibidem,* pp. 16-17.

11 DOMÍNGUEZ MARTÍNEZ, Jorge Alfredo, *Derecho Civil. Parte general, personas, cosas, negocio jurídico e invalidez,* 9ª ed., México, Porrúa, 2003, pp. 52-53. Cfr. RICO ÁLVAREZ, Fausto (et. al.), *Introducción al Estudio del Derecho Civil y Personas,* 4ª ed. 5ª reimp., México, Porrúa, 2019, pp. 7-8. Aunque el aspecto indígena fue reconocido hasta el sexenio de Vicente Fox Quesada en nuestra actual constitución de 1917.

Este Derecho Indígena fue tan evolucionado que los españoles permitieron la aplicación de las leyes y costumbres indígenas pero, siempre que no fueran contra la religión o las Leyes de Indias con vigencia en México durante la Colonia.[12]

a. Dentro del Derecho Familiar: Los mexicas acostumbraban la poligamia, principalmente los nobles y los ricos; pero entre todas distinguían al matrimonio legítimo, es decir, con quien se habían casado con todas las formalidades legales. Para la celebración del matrimonio: únicamente intervenían los parientes y amigos de los contrayentes.

El hombre era el jefe de la familia (el equivalente al *pater familias*), aunque en derecho estaba en igualdad de circunstancias con la mujer. El hombre educaba y castigaba a los hijos varones, mientras la mujer tenía a su cargo a las niñas.

Respecto, a la patria potestad era un poder muy grande, ya que el padre podía vender a sus hijos como esclavos cuando le era imposible mantenerlos.

Recordar que en la celebración del matrimonio intervenían los padres y los parientes; ellos escogían a la futura mujer del hombre (los padres de ambos acordaban el matrimonio); sin olvidar las solemnidades con los parientes de ambos el día de la boda. Sin dejar de lado que el padre autorizaba el matrimonio.[13]

La edad para casarse en el hombre era entre los 20 y los 22 años; y para la mujer, entre los 15 y los 18.[14]

Para castigar a los hijos, los padres podían ocupar la violencia, generalmente los herían con espinas de maguey, les cortaban el cabello y; si el hijo era incorregible, el padre necesitaba permiso previo de las autoridades para poder venderlo como esclavo.

Los hijos de los nobles, vivían en la casa de sus padres hasta los 15 años, a esa edad los entregaban al Calmecac (nobleza) o en el Telpuchcalli (plebeyos), según la promesa que se hubiera hecho en el bautismo. En esos establecimientos permanecían durante 4 ó 5 años, hasta que sus padres

---

12 *Ibidem*, p. 53.

13 *Ibidem*, p. 54. Cfr. con GÜITRÓN FUENTEVILLA, Julián, *Tratado de Derecho Civil. Historia del Derecho Civil en General*, 1ª ed. 2ª reimp. , México, Porrúa, 2020, T. I., pp. 47-48.

14 GÜITRÓN FUENTEVILLA, Julián, *Tratado de Derecho Civil. Historia del Derecho Civil en General, … op. cit.*, p. 48.

concertaban el matrimonio, del colegio salían a formar un hogar o prestar sus servicios a la vida pública.

Aunque, tal parece que las hijas recibían la educación en la casa, existían colegios e incluso, tipo conventos bajo la autoridad de los sacerdotes donde las mujeres podían recibir la educación escolar.[15]

Propiamente no existía el divorcio, pero si se solicitaba varias veces al juez, él autorizaba la separaracion. Esa autorización judicial se otorgaba porque había diferencia de caracteres, la mala conducta de la mujer y la esterilidad; ya no podían casarse de nuevo (se sancionanaba con la pena de muerte).

Sin olvidar que, se le aplicaba una pena al cónyuge culpable con la pérdida de la mitad de sus bienes; y existía el régimen económico de separación de bienes.[16]

b. En el Derecho Hereditario o Sucesorio: La regla esencial era que el primogénito era el heredero universal de los bienes del padre —incluso— sobre la cónyuge. Si faltaba éste, se llamaba a un nieto en primer grado; a un nieto en segundo; sino al hermano, si éstos no exístian (quien fuera el mejor si eran varios). Las mujeres estaban impedidas para heredar (los plebeyos tenían sus reglas para heredar).

Para testar, el autor de la herencia podía elegir en vida a su sucesor.[17]

c. En cuanto a los Derechos Reales (propiedad):

Cualquier forma de propiedad, de posesión, dimanaba del tlatoani, él era dueño de todos los territorios.

Clasificación de la propiedad:

a. Propiedad del rey, de los nobles y de los guerreros.

b. Propiedad de los pueblos.

c. Propiedad del ejército, de los dioses y de ciertas instituciones públicas.[18]

---

15 DOMÍNGUEZ MARTÍNEZ, Jorge Alfredo, *Derecho Civil. Parte general, personas, cosas, negocio jurídico e invalidez*, 9ª ed., México, Porrúa, 2003, p. 55.

16 GÜITRÓN FUENTEVILLA, Julián, *Tratado de Derecho Civil. Historia del Derecho Civil en General*, 1ª ed. 2ª reimp. , México, Porrúa, 2020, T. I., p. 49.

17 DOMÍNGUEZ MARTÍNEZ, Jorge Alfredo, *Derecho Civil. Parte general, personas, cosas, negocio jurídico e invalidez*, 9ª ed., México, Porrúa, 2003, p. 55. Véase GÜITRÓN FUENTEVILLA, Julián, *Tratado de Derecho Civil. Historia del Derecho Civil en General*, 1ª ed. 2ª reimp. , México, Porrúa, 2020, T. I., p. 50.

18 *Ibídem* p. 56.

d. Si hablamos de los contratos civiles (todos eran verbales): Existían los contratos de compraventa (de contado o a plazos), se podía devolver la mercancía y recibir el precio entregado; podían heredarse las deudas; respecto al contrato de prenda, el mismo se realizaba sobre la palabra o sobre algún bien y si no se pagaba se podía poner en prisión al deudor o hacerlo caer en la esclavitud; en el contrato de fianza, el fiado se volvía esclavo en caso de incumplimiento del contrato; existía el contrato de mutuo.

Existieron los contratos mercantiles (existían Tribunales de comerciantes en Tlatelolco) como la compraventa y la permuta; existía el contrato de comisión para quienes se dedicaban al comercio.

e. Los contratos de trabajo eran regulados por el Derecho Privado como en los oficios de oficial mecánico, oficial de arreglos de plumería, platero, herrero, albañil, médico, mercader, etc.[19]

B. Época colonial

Los españoles traen el Derecho Europeo (no olvidar las Siete Partidas de Alfonso X, El Sabio, del siglo XIII, en España) a las Indias Occidentales.

Existían las siguientes legislaciones:

a) Leyes con fuerza obligatoria exclusivamente en este virreinato, las que tuvieron base en la iniciativa de Hernán Cortés. Se pueden apreciar cédulas reales, ordenanzas. En general el Derecho Indiano tuvo una estructuración esencialmente de Derecho Público.

b) La legislación de Indias: legislación dictada por la Corona Española (sin olvidar las leyes de Castilla) para aplicarse en las colonias americanas. El Derecho Castellano fue supletorio respecto del Derecho Indiano.

c) Leyes de Toro, Ordenamiento de Alcalá, Fueros Municipales de Castilla, Fuero Real si se probaba su uso y las Siete Partidas; las anteriores son referentes al Derecho Privado. La Constitución de Cádiz de 1812 se consideró el primer esfuerzo del Derecho Español para codificar el Derecho Civil.[20]

---

19 GÜITRÓN FUENTEVILLA, Julián, *Tratado de Derecho Civil. Historia del Derecho Civil en General,* 1ª ed. 2ª reimp. , México, Porrúa, 2020, T. I., pp. 54-55.

20 DOMÍNGUEZ MARTÍNEZ, Jorge Alfredo, *Derecho Civil. Parte general, personas, cosas, negocio jurídico e invalidez,* 9ª ed., México, Porrúa, 2003, p. 55. Véase GÜITRÓN

El Derecho de Familia fue más laxo que el Derecho Español respecto del matrimonio como las dispensas para contraer nupcias; se prohibió a los virreyes y otros servidores públicos del virreinato que se casaran con mujeres residentes en los lugares en donde desempeñaban sus funciones públicas; se reconocieron los matrimonios celebrados por los indígenas antes del Virreinato siempre que fueran evangelizados; se reguló la figura de la tutela y la conservación de la familia compuesta por indígenas; entre otras.

Respecto a la propiedad, también se dio una socialización de dicho derecho real, ya que, se regulaba la obligación de todo propietario para cultivar las tierras que se recibieron en una repartición; así como la obligación en la propiedad de construir una casa-habitación. Por otra parte, en materia de sucesiones se reconoció el testamento de indios.

En el campo de las obligaciones y contratos se autorizó a los indígenas para que en los poblados en que escaseara la moneda pudieran hacer trueques con sus mercancías; se prohibió comerciar entre determinadas regiones y la Colonia con España.[21]

C. Época del México independiente

En un principio México heredó la legislación colonial; posteriormente, nuestro país empezó a dar sus propias leyes de Derecho Privado.

Es así que, observamos que en la primera Constitución de nuestro país como Estado independiente que fue la de 1824, no se previó que se emitiera una legislación civil única y que las entidades federativas de nuestro país podrían emitir sus propios códigos civiles (una imitación del modelo federal norteamericano).[22]

FUENTEVILLA, Julián, *Tratado de Derecho Civil. Historia del Derecho Civil en General,* 1ª ed. 2ª reimp. , México, Porrúa, 2020, T. I., pp. 56-59 y para más precisiones sobre el Derecho Civil puede consultarse: SOTOMAYOR GARZA, Jesús G., *Historia del Derecho y la Abogacía en México,* 3ª ed., México, Porrúa, 2021, pp. 90-91.

21 SOTOMAYOR GARZA, Jesús G., *Historia del Derecho y la Abogacía en México, ... op. cit.*, pp. 91-92.

22 REFUGIO DEL GONZÁLEZ, María, *El Derecho Civil en México 1821-1871 (Apuntes para su estudio),* México, Instituto de Investigaciones Jurídicas de la UNAM, 1988, Serie C, Estudios Históricos, Núm. 25, pp. 83-84.

Mientras estuvo en vigor la Constitucion de 1824 encontramos el primer código civil en México: el Código Civil del Estado de Oaxaca y el segundo, para el Estado de Zacatecas.

El Código Civil de Oaxaca se publicó por libros entre 1827 y 1829; el de Zacatecas se publicó para su discusión en 1829. En el caso de Oaxaca, se dio el primer ordenamiento de la materia que tuvo vigencia en México, se llamó oficialmente Código Civil para Gobierno del Estado Libre de Oaxaca (dicho ordenamiento reconoce como fuente inspiradora al Código Napoleón).

Mientras el proyecto de la primera parte del Código Civil de Jalisco se publicó en 1833.[23]

Luego, vino el régimen centralista constitucional de México en 1836, que dejó sin efectos las leyes estatales, entonces, el inicio del Código Civil de Oaxaca de 1829 quedó sin algún efecto legal.

Posteriormente, en 1846 se abolió el sistema centralista y se readoptó el sistema federalista, por lo tanto, la legislación civil de Oaxaca inició vigencia de nuevo en el año de 1853.

Uno de los últimos acontecimientos previos al código civil de 1870 es el proyecto de Código Civil elaborado por Don Justo Sierra a solicitud del presidente Benito Juárez cuya terminación fue en el curso de 1860. Sus fuentes fueron el Código Napoleón y el proyecto de Código Civil Español.[24]

Código Civil de 1870

Entró en vigor en 1871 bajo la denominación de Código Civil para el Distrito Federal y Territorio de la Baja California, con gran influencia del Proyecto del Código Civil de Justo Sierra.

El contenido de este ordenamiento lo integran 4126 artículos dispositivos; el libro primero llamado de las personas; el libro segundo era el de los bienes, la propiedad y sus modificaciones; el libro tercero era de los contratos y sobre las obligaciones y; el libro cuarto, era de las sucesiones (sucesión testamentaria e intestamentaria).[25] Dicha codificación —en

---

23 Ibidem p. 86.

24 DOMÍNGUEZ MARTÍNEZ, Jorge Alfredo, *Derecho Civil. Parte general, personas, cosas, negocio jurídico e invalidez*, 9ª ed., México, Porrúa, 2003, pp. 59-63.

25 *Ibidem*, pp. 63-65.

realidad—también sirvió de base para hacer Doctrina de Derecho Privado Mexicano.[26]

Código Civil de 1884

Siguió esencialmente con la vida del código civil anterior, se llamó Código Civil para el Distrito Federal y Territorio de la Baja California, lo componían 3823 artículos.

A esa legislación se le desprendieron los siguientes tópicos:

a. En 1914, se publicó la Ley del Divorcio Vincular que estableció por primera vez en México el divorcio que disuelve el vínculo conyugal y permitía contraer nuevo matrimonio.

b. La Ley sobre Relaciones Familiares de 1917: respecto al Derecho de Familia (insistió en el divorcio vincular e incluye la adopción).[27]

Código Civil de 1928

Entró en vigor en 1932, reemplazó en toda la materia civil al Código Civil de 1884 y a la Ley sobre Relaciones Familiares y actualmente tiene el carácter de Código Civil Federal.

Dicho código civil se emitió en 1928, pero el mismo entró en vigor hasta que se tuviese una ley procesal o adjetiva civil; dicho código existió hasta el 1° de octubre de 1932.[28]

No debemos de olvidar que, en nuestra Constitución se prevé que la materia civil es tanto federal como estadual (entidades federativas). Existe el Código Civil Federal por las materias que regula en sus disposiciones preliminares algunos aspectos de la condición jurídica de los extranjeros, la aplicación del Derecho Extranjero dentro del territorio mexicano, trae disposiciones complementarias al procedimiento legislativo como la ini-

---

26 Véanse: MATEOS ALARCÓN, Manuel, *Lecciones de Derecho Civil. Estudios sobre el Código Civil del Distrito Federal. Promulgado en 1870, con anotaciones relativas a las reformas introducidas por el Código Civil de 1884,* México, SCJN, 2004 (viene en 6 tomos).

27 DOMÍNGUEZ MARTÍNEZ, Jorge Alfredo, *Derecho Civil. Parte general, personas, cosas, negocio jurídico e invalidez,* 9ª ed., México, Porrúa, 2003, pp. 65-66.

28 COSSÍO Y COSÍO, Roberto, *Primer Curso de Derecho Civil (Introducción),* México, SCJN-Benemérita Universidad Autónoma de Puebla, 2009, Apuntes de las clases impartidas por ilustres juristas del siglo XX, 6, p. 251. Pero, si se quiere un aparato crítico de dicha legislación pueden leerse pp. 252-261.

ciación de las disposiciones generales. Sin olvidar que es supletorio de las leyes mercantiles mexicanas.

Está integrado de disposiciones preliminares y cuatro libros:

a) De las personas.

b) De los bienes.

c) De las sucesiones.

d) De las obligaciones y contratos.[29]

Importantes precisiones de esta legislación civil federal:

Anteriormente, el Código Civil de 1928 era Código Civil Federal y del Distrito Federal (regulaba las dos esferas). Recordemos que en 1996, se modificaron —entre otros—el precepto 122 de la Constitución federal, que en su Base Primera, inciso h, facultó a la Asamblea Legislativa (hoy Congreso de la Ciudad de México), a legislar en Derecho Civil y en Derecho Penal; reformas que entraron en vigor en 1999.

Con base en lo anterior, la I Legislatura originó el Código Civil para el Distrito Federal (hoy Ciudad de México) del año 2000. Respecto al Código Civil Federal, el 29 de mayo de 2000 se publicó la reforma en el Diario Oficial de la Federación por el que se modificó la competencia del Código Civil de 1928 y, así se ordenó en el precepto primero del mencionado decreto que dicha ley sea federal. Y por consiguiente, se emitió el Código Civil que actualmente rige para la Ciudad de México y el de 1928 quedó para los asuntos que fueran del ámbito federal.[30]

– Etapas de la Historia del Derecho Mexicano en el Derecho Mercantil

Aquí se hace un bosquejo del desarrollo del Derecho Mercantil en nuestro país, desde las Ordenanzas de Bilbao, se pasa por el génesis del Derecho Mercantil en el México independiente hasta culminar con nuestro Código de Cormercio de 1890 del que se han desprendido varias materias como los títulos de crédito, el Derecho Bancario y el propio Derecho Bursátil.[31]

---

29 DOMÍNGUEZ MARTÍNEZ, Jorge Alfredo, *Derecho Civil. Parte general, personas, cosas, negocio jurídico e invalidez*, 9ª ed., México, Porrúa, 2003, pp. 66-71.

30 GÜITRÓN FUENTEVILLA, Julián, *Tratado de Derecho Civil. Historia del Derecho Civil en General*, 1ª ed. 2ª reimp. , México, Porrúa, 2020, T. I., p. 246.

31 Una obra que nos da la reflexión jurídica desde el Derecho Mercantil hasta el Derecho Bursátil es la de: DE LA FUENTE RODRÍGUEZ, Jesús, *Tratado de Derecho Banca-*

A manera de unas cuantas palabras para una materia que es muy importante en la práctica económica del país como lo es el Derecho Mercantil, del que podemos desprender que actualmente se considera como materia federal, pero en la historia de nuestro país fue —incluso—de competencia local o estatal.

A. La Nueva España:

Encontramos que las Ordenanzas del Consulado de la Universidad de Mercaderes de la Nueva España fueron aprobadas por Felipe III en el año de 1604, tenían como naturaleza de leyes supletorias las de Burgos y las de Sevilla, sin embargo, en la práctica se aplicaron las leyes de Bilbao.[32]

B. México independiente:

En los primeros años del México independiente estuvieron en vigor las Ordenanzas de Bilbao, el 16 de octubre de 1824 se suprimieron los Consulados (órganos jurisdiccionales en materia mercantil). Décadas después se emitió el Código de Lares (promulgado el 16 de mayo de 1854), dicha obra fue encomendada al jurisconsulto Don Teodosio Lares, la misma constituyó el primer código de comercio mexicano.

Posteriormente, el Derecho Mercantil se convirtió en materia local, ya que, tanto la Constitución de 1824 como la de 1857 les concedía a los estados la competencia de legislar la materia de comercio (el Estado de Puebla fue una de las entidades federativas en legislar la materia de comercio).

Luego, por reformas a la Constitución del 5 de febrero de 1857 en su fracción X, artículo 72, se confirió al Congreso Federal la competencia exclusiva de legislar la materia mercantil (actual precepto 73, fracción X, de nuestra Carta Magna).

Finalmente, en 1889 el General Porfirio Díaz Mori emitió el actual Código de Comercio que entró en vigor el 1° de enero de 1890; de donde se han desprendido materias como la bancaria, la de títulos y operaciones de crédito, la financiera e incluso, del mercado de valores.[33]

---

rios y Bursátil. Seguros, Fianzas, Organizaciones y Actividades Auxiliares del Crédito, Ahorro y Crédito Popular, Grupos Financieros, 4ª ed., México, Porrúa, 2002, con sus dos tomos.

32 MANTILLA MOLINA, Roberto L., *Derecho Mercantil. Introducción y conceptos fundamentales, sociedades,* 29ª ed., 4ª reimp. , México, Porrúa, 1998, p. 12.

33 *Ibidem,* pp. 14-17.

– Etapas de la Historia del Derecho Mexicano en el Derecho Penal

Dicha materia es la más agresiva en la práctica de nuestra carrera ya que, siempre se corre el peligro de perder la libertad. En otras palabras, la materia penal como parte del derecho público, es una de las más delicadas; ya que se trata de las penas que el Estado puede imponer por infringir las normas jurídicas que prevén delitos.

Se estudiará de manera breve la evolución histórica del derecho penal en México, así como su evolución en la codificación. La perspectiva histórica permite conocer sus orígenes y no únicamente para allegarse de información, con el objeto de aprovechar las experiencias anteriores.

A. En la época precolonial y colonial

De lo acontecido antes de la llegada de los españoles se tienen escasas noticias, ya que existieron diversas naciones en lo que actualmente es nuestro país. Se aludirá de manera general a los mayas, tarascos y a los aztecas.

Respecto a los mayas: sus leyes penales se caracterizaban por su severidad. Los *batabs* o caciques eran juzgadores y, aplicaban como penas principalmente la muerte (adúlteros, homicidas, incendiarios, raptores y corruptores de doncellas) y la esclavitud. Las sentencias penales eran inapelables.

De los tarascos: eran penas crueles, el adulterio habido con la mujer de un soberano, se castigaba con la muerte del adúltero y trascendía la pena a toda su familia. Los bienes del culpable eran confiscados.

De los aztecas: quienes violaban el orden social eran colocados es un estatus de inferioridad y se aprovechaba su trabajo en una especie de esclavitud. Su derecho penal era escrito, se encuentra en los códigos que todavía existen; distinguieron entre los delitos dolosos y culposos, las circunstancias agravantes y atenuantes de la pena, las excluyentes de responsabilidad, la acumulación de sanciones, el indulto y la amnistía. Las penas eran: destierro, penas infamantes, pérdida de la nobleza, suspensión y destitución del empleo, esclavitud, arresto, prisión, demolición de la casa del infractor, corporales, pecuniarias y de la muerte.[34]

---

[34] CASTELLANOS TENA, Fernando, *Lineamientos elementales de Derecho Penal,* 38ª ed., México, Porrúa, 1997, pp. 40-43.

La conquista hizo posible el intercambio entre el pueblo europeo con las poblaciones indígenas; se puede decir que los integrantes de éstas fueron los siervos y los europeos quedaron como los amos. Es importante subrayar que las legislaciones existentes de los grupos indígenas en nada influyeron para la conformación del nuevo Estado, a pesar de la disposición del emperador Carlos V, establecida más tarde en la recopilación de las Indias, en donde se pedía respetar y conservar las leyes y costumbres, a menos que éstas se opusieran a la fe o a la moral; por lo tanto, es posible decir que, la legislación existente en la Nueva España fue netamente europea.

En la Colonia entró en vigor la Legislación de Castilla, conocida con el nombre de Leyes de Toro; éstas tuvieron vigencia por disposición de las Leyes de Indias. "A pesar de que en 1596 se realizó la recopilación de esas Leyes de Indias, en materia jurídica reinaba la confusión y aplicaban el Fuero Real, las Partidas, las Ordenanzas Reales de Castilla, las de Bilbao, los Autos Acordados, la Nueva y la Novísima Recopilaciones," además de algunas Ordenanzas dictadas para la Colonia, como la de Minería, la de Intendentes y las de Gremios.

Puede afirmarse que la legislación colonial tendía a mantener las diferencias de castas, por ello no debe extrañar que en materia penal lo reflejara.[35]

B. México independiente (una pequeña cronología)

1824: Se emitió la primera Constitucion del México independiente, pero en cuanto a la legislación penal no se expidió algo en concreto, más bien eran disposiciones jurídicas dispersas que trataban de regular la portación de las armas de fuego, el consumo de las bebidas alcohólicas, la vagancia, la mendicidad e incluso, se preveía la pena de muerte.

8 de abril de 1835: El estado de Veracruz aprobó el primer Código Penal estatal vigente, debido a los trabajos de una comisión integrada por Bernardo Couto, Manuel Fernández Leal, José Julián Tornel y Antonio María Solorio. Estaba compuesto de tres partes en las palabras: la primera que era de las penas y de los delitos en general; las segunda que era de los delitos contra la sociedad y; la tercera, que era de los delitos contra los particulares.

---

35 *Ibídem*, pp. 43-45.

El 1 de abril de 1872 entró en vigor el Código Penal para el Distrito Federal y territorio de la Baja California en materia común y para toda la República en materia federal (llamado Código Martínez de Castro); estuvo vigente hasta 1929.

En 1929 entró en vigor un Código Penal de corte positivista, conocido como Código Almaraz (rigió del 15 de diciembre de 1929 al 16 de septiembre de 1931).[36]

En 1931 se emitió la actual Legislación Penal Federal.

2.4. Importancia del estudio de la Historia del Derecho Mexicano

Siempre se ha discutido sobre si la Historia es una ciencia o no, por su carácter descriptivo y narrativo. Para abonar a la discusión anterior, vamos a hacer un viaje por el tiempo, ya que, nos podrá proporcionar elementos para dar un mejor punto de vista:

a. Deben hacerse investigaciones históricas que no contengan tradiciones vagas e inconexas, los hechos deben de estar correctamente averiguados, clasificados y descritos.[37]

b. Otros que conciben a la Historia como ciencia, como lo vemos con autores del siglo XVIII como Bossuet, Voltaire, Condorcet, Vico, Montesquieu; mientras en el siglo XIX está Hegel, Mommsen, Thierry, Fustel de Coulange y Karl Marx.[38]

   Respecto a la Historia del Derecho, nosotros vemos la naturaleza normativa, de manera autónoma a los aspectos económicos, políticos, militares, sociales y religiosos; aquí lo aplicamos para desglosar la manera en que se regulan las actuaciones del Estado, la formación del Derecho Constitucional Mexicano, los derechos reales, el campo de las obligaciones y de los contratos, la familia, cómo se han estructurado sus órganos jurisdiccionales, qué pasa con los Derechos Humanos en nuestro país, la evolución del Derecho Laboral, nuestro Derecho Penal, el desprendimiento del Derecho Mercantil del Derecho Civil, la compleja evolución del Derecho Administrativo y el

---

36 *Ídem, p. 31.*

37 PÉREZ DE LOS REYES, Marco Antonio, *Historia del Derecho Mexicano,* 2ª ed., México, Oxford University Press, 2019 (Textos Jurídicos Universitarios), p. 2.

38 *Idem.*

Derecho Fiscal y la Reforma del Estado. Nos va a servir para explicar el porqué dentro del mundo jurídico se fueron creando diversas instituciones.[39] Verbigracia: El código penal positivista de 1929, antes de emitir un Código Penal más humanista como la actual normatividad penal federal de 1931.

c. Origen de esta disciplina como un ABC para la interpretación jurídica tal como lo mencionaba Gustav Hugo; sin olvidar que, uno de sus discípulos fue Friedrich Karl Von Savigny quien elaboró una gran obra de Derecho Romano y siempre aseveró que el Derecho Alemán derivaba del Derecho Romano (Escuela Romanista del Derecho).[40]

   Otro importante autor alemán fue Friedrich Eichhorn, que escribió *Historia del Estado y del Derecho,* prácticamente el primer libro de Historia del Derecho, ya que el sistema jurídico alemán encuentra sus bases en los pueblos autóctonos de esa nación. Otros autores que pertenecieron a esa escuela histórica, a manera de ejemplo: Rodolph Von Ihering, ya que en dicha escuela se analizaba la evolución del derecho.[41]

d. Desarrollo de la materia de Historia del Derecho en México

   Para el caso de México, en 1833 el vicepresidente (en funciones de Presidente) Valentín Gómez Farías sustituyendo al general Antonio López de Santa Anna, suprimió la Universidad de México, a la vez que fundó la Dirección General de Instrucción Pública para el Distrito y Territorios Federales, en la cual se fundó la Escuela de Ciencias Jurídicas que tuvo su sede en el Colegio de San Ildefonso —donde se estudiaba la materia de Derecho Patrio—.[42]

Para julio de 1834, el presidente Antonio López de Santa Anna restableció a la Universidad de México y dispuso que el estudio de la Jurisprudencia se llevara a cabo en los Colegios de San Juan de Letrán y de San Gregorio en cuyas clases se incluía la Historia del Derecho Civil, Romano,

---

39 *Ibidem*, pp. 6-7.

40 *Ibidem*, p. 8.

41 *Ibidem*, pp. 8-9. Sería muy ilustrativo hacer alusión a la siguiente obra: VON SAVIGNY, Friedrich Karl, Sistema del Derecho Romano Actual, México, SCJN, 2004 (viene en 6 tomos). Aquí podemos leer sobre la teoría tripartita del acto jurídico (negocio jurídico) a la que hace alusión el Código Civil Alemán de 1900.

42 *Ibidem*, pp. 9-10.

Canónico, Patrio y Natural (materias que no dejaron de ser parte de la formación del abogado durante el siglo XIX).[43]

En 1914, el Director de la Escuela Nacional de Jurisprudencia, Don José Natividad Macías mencionó que era necesario estudiar a la Historia del Derecho desde una perspectiva sistematizada y según las circunstancias históricas se podían entender a las diversas instituciones legales.[44]

Para 1929 se dio origen a dos cursos de Historia del Derecho Mexicano para reducirse luego a una materia optativa en el quinto año de la licenciatura en derecho en la Escuela Nacional de Jurisprudencia. Como consecuencia de lo anterior, se ha incorporado en todos los planes de estudio que ha habido en la hoy Facultad de Derecho, de la UNAM, así como en varias universidades privadas nacionales.[45]

Se pueden mencionar nombres de ilustres tratadistas en México sobre la Historia del Derecho como el jurista Jacinto Pallares con su Curso completo de Derecho Mexicano o exposición filosófica, histórica y doctrinal de toda la legislación mexicana; José Miranda con su libro *Las ideas y las Instituciones Políticas Mexicanas;* Toribio Esquivel Obregón con su libro *Apuntes para la Historia del Derecho en México;* Javier Cervantes y su *Tradición Jurídica de Occidente;* Guillermo Floris Margadant y su obra precursora de *Introducción a la Historia del Derecho Mexicano;* entre otros.[46]

FUENTES

AZAR LÓPEZ, Bernardo Anwar, *Derecho Procesal Constitucional,* México, UNAM-Facultad de Derecho-tirant lo blanch, 2021, Coordinador General Jesús de la Fuente Rodríguez.

CASTELLANOS TENA, Fernando, *Lineamientos elementales de derecho penal. Parte general,* 38ª ed., México, Porrúa, 1997.

[43] *Ibidem,* p. 10. Cfr. Libro que platica la Historia de la Facultad de Derecho de la UNAM: MENDIETA Y NÚÑEZ, Lucio, Historia de la Facultad de Derecho, 3ª ed., México, UNAM-Facultad de Derecho-Porrúa, 2020.

[44] *Idem.* Si se quiere un libro anecdótico con mensajes de vida sobre la Facultad de Derecho, revísese: ROSALES HERNÁNDEZ, René Ramón, Facultad de Derecho. Anécdotas y remembranzas (1869-2000), México, Porrúa, 2001.

[45] *Idem.*

[46] *Ibidem,* pp. 10-11 y *Cfr.* SOBERANES FERNÁNDEZ, José Luis, Historia del Derecho Mexicano, 11ª ed., México, Porrúa, pp. 21-28.

DE LA FUENTE RODRÍGUEZ, Jesús, *Tratado de Derecho Bancarios y Bursátil. Seguros, Fianzas, Organizaciones y Actividades Auxiliares del Crédito, Ahorro y Crédito Popular, Grupos Financieros,* 4ª ed., México, Porrúa, 2002, (con sus dos tomos).

DOMÍNGUEZ MARTÍNEZ, Jorge Alfredo, *Derecho Civil. Parte General, personas, cosas, negocio jurídico e invalidez,* 9ª ed., México, Porrúa, 2003.

ESQUIVEL OBREGÓN, Toribio, *Apuntes para la Historia del Derecho en México,* t. II, 3ª ed., México, Porrúa, 2004.

GARCÍA MÁYNEZ, Eduardo, *Introducción al Estudio del Derecho,* 58ª ed. reimp. , México, Porrúa, 2005.

GÜITRÓN FUENTEVILLA, Julián, *Tratado de Derecho Civil. Historia del Derecho Civil en General,* 1ª ed. 2ª reimp. , México, Porrúa, 2020, T. I.

MANTILLA MOLINA, Roberto L., *Derecho Mercantil. Introducción y conceptos fundamentales, sociedades,* 29ª ed., 4ª reimp. , México, Porrúa, 1998.

MARGADANT S., Guillermo F., *Introducción a la Historia del Derecho Mexicano,* 4ª reimp. de la 18ª ed., México, Esfinge, 2005 (Textos Jurídicos Universitarios).

MATEOS ALARCÓN, Manuel, *Lecciones de Derecho Civil. Estudios sobre el Código Civil del Distrito Federal. Promulgado en 1870, con anotaciones relativas a las reformas introducidas por el Código Civil de 1884,* México, SCJN, 2004 (viene en 6 tomos).

MENDIETA Y NÚÑEZ, Lucio, Historia de la Facultad de Derecho, 3ª ed., México, UNAM-Facultad de Derecho-Porrúa, 2020.

PÉREZ DE LOS REYES, Marco Antonio, *Historia del Derecho Mexicano,* 2ª ed., México, Oxford University Express, 2019 (Textos Jurídicos Universitarios).

REFUGIO DEL GONZÁLEZ, María, *El Derecho Civil en México 1821-1871 (Apuntes para su estudio),* México, Instituto de Investigaciones Jurídicas de la UNAM, 1988, Serie C, Estudios Históricos, Núm. 25.

RICO ÁLVAREZ, Fausto (et. al.), *Introducción al Estudio del Derecho Civil y Personas,* 4ª ed. 5ª reimp. , México, Porrúa, 2019.

ROSALES HERNÁNDEZ, René Ramón, Facultad de Derecho. Anécdotas y remembranzas (1869-2000), México, Porrúa, 2001.

RUIZ TORRES, Humberto Enrique, *Curso general de Amparo,* 3ª reimp. , México, Oxford University Press, 2009 (Textos Jurídicos Universitarios).

SOBERANES FERNÁNDEZ, José Luis, *Historia del Derecho Mexicano,* 11ª ed., México, Porrúa, 2004.

SOTO FLORES, Armando, "Principios fundamentales de la constitución", en Galeana, Patricia (Compiladora), *México y sus constituciones, México,* 2ª ed., México, FCE, 2003, Sección de Obras de Política y Derecho.

SOTOMAYOR GARZA, Jesús G., *Historia del Derecho y la Abogacía en México,* 3ª ed., México, 2021.

Unidad 2. Derecho de los pueblos prehispánicos antes de la Conquista

El mundo prehispánico es un campo de estudio muy amplio que cuenta con grandes fuentes como son los códices, pergaminos, restos arqueológicos que cuando se descubren nuevos lugares nos permite reformular o confirmar lo ya estudiado hasta el momento.

Las civilizaciones prehispánicas fueron poblaciones que se caracterizaron por ser sumamente organizadas administrativamente y estamentalmente, así como por tener un sistema de cultivo dedicado al maíz. También fueron sociedades religiosas, militarmente tuvieron una organización bien establecida, crearon sistemas normativos que se caracterizaron por ser en su mayoría orales y poseyeron un amplio conocimiento en el sistema tributario.

Valdría la pena realizar una aproximación al estudio del derecho purépecha, olmeca o zapoteca, sin embargo, por cuestiones de síntesis solo me referiré al derecho azteca y maya, las dos grandes civilizaciones que marcaron el posclásico mesoamericano.

1. DERECHO EN EL MUNDO PREHISPÁNICO

Dentro de los actuales límites del territorio mexicano se asentaron varias civilizaciones, cada una de ellas, desarrolló una organización social, política y cultural; aunque un rasgo característico de las dos grandes civilizaciones fueron: la azteca y la maya, las cuales mantenían un sistema de normas internas que le daba uniformidad a su sistema teocrático.

El Dr. Marco Antonio Pérez de los Reyes, define al derecho prehispánico como "el conjunto de normas, instituciones y principios filosóficos-jurídicos que regularon a los pueblos autóctonos de América".[1] Sin estos elementos no podríamos considerar que estas civilizaciones pudieran mantener sus organizaciones internas y mucho menos tener el avance jurídico.

No podemos negar que estas culturas por muy primitivas que podamos catalogarlas fueron realmente avanzadas, pues su organización era perfec-

---

1 Pérez de los Reyes, Marco Antonio, Historia del derecho mexicano, 11ª reimp., México, Oxford University Press, 2008, p.31.

ta, lo que les permitió subsistir miles de años, quizás sus normas pueden ser consideradas como derecho consuetudinario, sin embargo, sus sistemas contemplaban figuras jurídicas tan desarrolladas que incluso tenían tribunales clasificados por cuantía, materia y grado, igualmente contaban con figuras jurídicas como el matrimonio, las sucesiones de tipo mayorazgo, también contaba con un sistema tributario muy conciso y que aun en la actualidad nos permite conocer que tipo de tributos daba cada pueblo, sin mencionar que el derecho penal que ostentaban era sumamente severo.

El derecho azteca, en este apartado se abordará de manera sucinta, algunas de las instituciones que marcaron la vida jurídica de este pueblo.

El pueblo azteca[2]es considerado uno de los pueblos guerreros más importantes del Período Posclásico, todo ello por el gran poderío que mantuvo en la región, así como por las grandes extensiones de territorio que gobernó, además de que gozaba de un excelente sistema de tributos.

Desde el punto de vista de López Austin, la presencia de este pueblo se puede describir de la siguiente forma:

> *...los dos siglos de existencia de México-Tenochtitlán pueden dividirse en cuatro periodos: el asentamiento de la población en una zona insular del lago de Texcoco y la vida subordinada al poder de los tepanecas (de 1325 hasta 1430); la estructuración del estado hegemónico tras la derrota de Azcapotzalco (hasta 1469); la expansión militar (hasta 1502) y la consolidación de los dominios (hasta la irrupción europea).*[3]

Lo cierto es que la historia tradicional o fundacional se encarga de mostrar la consolidación de la Triple Alianza en el Altiplano central y de como nació una nueva forma de organización social, política y jurídica, de igual

---

2 A muchos nos causa conflicto poder referirnos al pueblo fundante del Imperio Mexica o Azteca, para ello es necesario retomar la explicación que realiza Miguel León Portilla en torno al uso de dichos sinónimos de la siguiente manera "una explicación por la que se impuso la palabra azteca a la de mexica o mexicano, se halla antes de la consumación de la independencia de México, se quiso distinguir entre el nombre de los habitantes de todo el país, conocidos ya como mexicanos y del antiguo pueblo que había fundado la ciudad de México, proveniente de Aztlan, al que se le atribuyo el gentilicio de aztecas... fue sobre todo a lo largo del siglo XX cuando se empleo el gentilicio "aztecas" con mayor frecuecia." LEÓN-PORTILLA, Miguel, "Los "aztecas", disquisiciones sobre un gentilicio", en *Obras de Miguel León-Portilla,* t. VI Lingüística, México, UNAM-IIH, El Colegio Nacional, 2010, p. 279.

3 LÓPEZ AUSTIN, Alfredo y Leonardo LÓPEZ LUJÁN, *El pasado indígena,* 3ª ed., 1ª reimp. , México, Fondo de Cultura Económica, 2018, p. 207.

forma veremos que tras una larga migración se lograron establecer en un territorio que fue el comienzo de un imperio.

Realmente de esa alianza el mexica o azteca va a ser el que figure en la historia tradicional mexicana, misma que se empieza con el asentamiento del pueblo mexica en Tenochtitlán, en una isla cercana al lago de Texcoco en el año de 1325, todos ellos provenían de Aztlán.[4]

La forma tradicional de organización social de esta civilización fue el *calpulli*,[5] donde se agrupaba un determinado número de personas que por lo general eran integrantes de una misma familia, y que compartían una lengua, un culto e incluso se ha documentado que muchos de esos primeros centros de poder se especializaban en algún oficio.

De acuerdo con Alonso de Zurita cada *calpulli* estaba gobernado de manera interna por un *teáchcauch*, pariente mayor, que se encargaba de gobernar a su gente y que estaba asesorado por un grupo de personas de mayor edad, aunque el pariente mayor tenía las facultades internas de tomar determinadas decisiones como la forma de distribuir la tierra en parcelas entre las familias del *calpulli*, llevaba el censo comunal, el registro predial, vigilaba el barrio, distribuía el trabajo comunal, la administración escolar, también tenía la facultad de orden administrativo, es decir, las relaciones entre el *calpulli* y el gobierno central, se encargaba de ver el pago de tributos, de organizar el cuerpo militar del pequeño territorio, la justicia y la participación en el culto central.[6]

La división estamental consistía en dos grandes grupos con sus respectivas subdivisiones, los *pipiltin* (nobles) y los *macehualtin* (los campesinos), por lo general, la nobleza estaba conformada por los *tlatoques (*llamados también *tlatoanis),* quienes fueron los gobernantes soberanos, después sobresalen los *tectecuhtzin, que* eran los representantes de los militares y comerciantes más sobresalientes, los *pipiltzin,* que eran los hijos de los señores y capitanes, los *calpulleque,* los jefes de los *calpulli,* los jueces o algunos funcionarios públicos y los sacerdotes sobresalientes, por otro lado, el blo-

---

4 BROM, Juan, *Esbozo de historia de México,* 4ª ed., México, Grijalbo, 2017, p. 46.

5 Colegio de México, *Diccionario del español de México,* Calpulli: “se pronuncia calpúli, es un clan azteca basado en relaciones de parentesco por ascendencia común, que poseía una extensión de tierra propiedad del grupo y no de cada individuo, tenía un gobierno interno, un dios particular y una escuela de entrenamiento para los jóvenes guerreros” [en línea], <https://dem.colmex.mx/ver/calpulli>, [consulta: 22 de enero, 2021.]

6 LÓPEZ AUSTIN, Alfredo y Leonardo LÓPEZ LUJÁN, *op. cit,* p. 216.

que de los *macehuales* se integraba por los demás miembros del *calpulli* o campesinos de la comunidad, los *mayeques*, los que trabajan la tierra que nos les pertenecía y los esclavos que eran los que hacían las labores de sirvientes en la comunidad.[7]

Por lo regular los *macehualtin* tenían la obligación de cumplir con las tareas de agricultores, artesanos y comerciantes, deberes que en muchas ocasiones resultaron sumamente pesadas y desgastantes físicamente hablando, para quienes las realizaban, soportarban gran parte de la carga tributaria, por el contrario, los *pipiltin* tenían funciones administrativas o de gobierno que consistían en ser jueces, ser parte del ejercito o del clero, este grupo estaba exento de la carga tributaria.

Los aztecas creían que la profesionalización de su población era esencial para el buen desempeño de sus labores, dicha tarea era encargada a los sacerdotes, cabe mencionar que la educación se iniciaba desde la casa, donde los varones le enseñaban a los hijos y las mujeres a las niñas, aunque también esa división del trabajo dependía del estamento al que se perteneciera ya que los *macehuales* tenían que aprender del padre las labores de la pesca, siembra, labrado de madera, etcétera, para mas tarde poder acceder a la escuela, también llamada *telpuchcalli* o "casa de jóvenes", donde recibían educación religiosa o militar; mientras que los *pilli* asistían al *calmécac*, que eran centros de adoración a Quetzalcóatl, donde se especializaban en las artes del sacerdocio y militares, así como en la historia, escritura, leyes y astronomía, materias que servían a los futuros gobernantes.[8]

Los estamentos fueron claves para el desarrollo de la vida del pueblo azteca, ya que a los nobles se les juzgaba en tribunales especiales, tenían derecho a acceder a las casas reales y participar en los festejos más importantes de su comunidad, podían usar prendas de algodón y calzado, usaban loza fina, en su alimentación podían consumir determinadas bebidas y comidas, como el cacao, que era un insumo sumamente valorado y reservado para la élite de su grupo, otro ejemplo, era que los varones podían tener varias esposas, aunque se tiene conocimiento que la ley era de cumplimiento forzoso para ellos, así como sus obligaciones con la religión ya que las familias nobles tenían que ofrecer a sus hijas en sacrificio, en el caso de que los *pipiltin* desacataran las normas establecidas perdían su sitio dentro de

---

[7] ODILE, Roger y Ernesto H. TURNER, *Organización económica y social de los aztecas y de las culturas que les preceden*, México, UAM Azcapotzalco, 1993, p. 115.

[8] CRUZ BARNEY, Oscar, *Historia del derecho en México*, 2ª ed., 13ª reimp. , México, Oxford University Press, 2004, p. 20.

la nobleza para convertirse en *macehualtin*, estos últimos podían ser recompensados por sus hazañas en la guerra para poder ir subiendo en la escala social hasta llegar a ser *pipiltin*.[9]

Dentro de los *macehualtin* se encuentran los *pochtécah* que tenían una actividad mercantil, pero dada la facilidad que tenían para aprender otras lenguas y viajar por el territorio servían como diplomáticos y espías, en ese mismo rubro están los *tlatlacotin*, que era una especie de esclavos, así como los *mamaltin*, o cautivos de guerra, los *teccaleque*, que eran los siervos de la gleba.[10]

Otro tema que se discute constantemente es respecto de la existencia de los aztecas es lo referente a la esclavitud, *tlatlacoliztli*, la cual se generaba de dos maneras con sus subdivisiones, la primera es como un medio de castigo de la sociedad india contra los delitos y la segunda opción es por medio de la esclavitud por refugio para aquellos que se encontraban en miseria.[11]

En este sentido, cabe señalar algunas de las distintas causas por las cuales una persona podía caer en esclavitud, por ejemplo, realizar conductas consideradas como traición a la comunidad, tales como, aquel que daba aviso a otros grupos de los planes que se tenían en el real; a los que usurparan los cargos públicos; había ocasiones en las que por necesidad la familia tenía que vender a unos de sus miembros como esclavos; los juegos y las apuestas podían poner en estado de esclavitud a sus familiares; otros casos por los que se caía en esclavitud era debido a la embriaguez, ya sea que se vendían para celebrar una fiesta o por permanecer en dicho estado; otra causa grave por la que los aztecas condenaban a esclavitud era el no pagar tributos, lo cual se puede equiparar a la esclavitud por delitos.

Otra forma prevista en la ley por la que se generaba la esclavitud era por delitos: tal como la venta de un hijo desobediente en el mercado frente a los jueces; no olvidemos que el homicidio fue sumamente castigado y cualquier azteca que cometiera dicho delito se sancionaba con la muerte, sin embargo, la familia de la víctima tenía la posibilidad de perdonar al asesino y convertir-

9 LÓPEZ AUSTIN, Alfredo y Leonardo LÓPEZ LUJÁN, *op. cit*, p. 218.

10 SOBERANES FERNÁNDEZ, José Luis, *Historia del Derecho Mexicano*, 16ª ed., México, Porrúa, 2014, p. 22.

11 BOSCH GARCÍA, Carlos, *La esclavitud prehispanica entre los aztecas*, México, El Colegio de México, Fondo de Cultura Económica, 1994, p. 50.

lo en su esclavo; el hurto también era una causante para terminar en esa condición; así como los que realizaban estupro o vendían a un hombre libre.[12]

Un tema importante dentro de los aztecas es la tenencia de la tierra, la cual pertenecía al *tlatoani,* quien era dueño de toda propiedad que estuviera dentro de su reino ya sea por derecho o por el uso de las armas. Se puede decir que el jefe supremo era el único que hacia concesiones a favor de determinados individuos de su clase social, por lo tanto las tierras del *tlatoani* podían ser prestadas a los nobles que le ayudaban a llevar la administración de su gobierno, ese tipo de tierras se les conocían como *pillali.*[13]

Hay otro tipo de tierras que pertenecían al *calpulli,* comúnmente este tipo de organización se encontraba vinculado a un grupo familiar que tenía la función de cultivar las tierras en favor de la comunidad, de esa misma manera servían los recursos para rendir el tributo correspondiente, el intercambio comercial, así como para el autoconsumo. Tal era la importancia de este tipo de tenencia de la tierra que estaba libre de gravamen, no eran enajenables y en algunas ocasiones se podían subarrendar, siempre y cuando lo producido se pusiera a disposición del pueblo.[14]

Existía un tercer tipo de tenencia de la tierra que estaba destinada al sostenimiento de la milicia y de los templos religiosos, las cuales eran cultivadas por agricultores que tenían la finalidad de dotar de alimento a las personas que pertenencia a dichas actividades.

Por otro lado la administración de justicia en el idioma náhuatl es, *tlamelahuacachinaliztli,* para ellos aplicar justicia significaba usar su propio criterio con el objetivo de enderezar las cosas, las situaciones planteadas a su persona, por ello se considera que cada caso tenía su propia ley, sin duda alguna la resolución tendría que estar apoyada en los usos y costumbres.[15]

A la cabeza de la administración de justicia estaba el rey, después se encontraba al *cihuacoatl,* que era el *alter ego* del monarca y tenía funciones de gobierno, de hacienda y de justicia, las sentencias que dictaba no admitían apelación, aunque se desconoce cual era su verdadera jurisdicción ya que

---

12 *Ibidem,* pp. 51-67.

13 DE LA TORRE RANGEL, Jesús Antonio, *Lecciones de Historia del Derecho Mexicano,* 2ª ed., 3ª reimp., México, Porrúa, 2015, p. 19.

14 ZEBADÚA, Emilio y Jorge MORENO COLLADO, coords., *Cien años de derecho agrario en México. Evolución, retos y perspectivas,* t. 1, México, Porrúa, 2017, p. 72.

15 ESQUIVEL OBREGÓN, Toribio, *Apuntes para la historia del derecho en México,* t. I, 3ª ed., México, Porrúa, 2004, p. 186.

existía uno en cada cabecera importante. El *tlacatecatl* era el encargado de conocer de las causas civiles y criminales, en materia civil las resoluciones eran inapelables, en las causas penales la única apelación era ante el *cihuacoatl.* De manera local, o sea en el *calpulli* había un *teuctli* o alcalde que se encargaba de ver los negocios de menor cuantía, así como de realizar investigaciones criminales importantes dentro de la demarcación, todos sus actos se rendían ante el *tlatecatl.* En cada barrio había un determinado número de *centectlapixques,* que realizaban trabajos de seguridad para proteger a una determinada familia o familias y que en temas jurisdiccionales atendía cuestiones de juzgados de paz.[16]

También habían auxiliares de la administración de justicia, por ejemplo, las salas contaban con un alguacil, nombrado como *achcauhtin,* encargado de ejecutar las sentencias y de retener a las personas, por consiguiente estaban los *topiles* que se encargaban de llevar noticias o comunicaciones a cualquier distancia.[17]

Los aztecas se distinguieron por haber sido una civilización sumamente inteligente, dedicaban un determinado espacio para dirimir las controversias importantes, por ejemplo, tuvieron juzgados para los comerciantes, creados ex profeso para ello, se conocían como *tianquiztlatzonteyuilitlayacpalli,* los cuales estaban compuestos por doce jueces conocidos como *tianquiztlatzon,* mismos que residían en el mercado y de manera sumaria resolvían las cuestiones mercantiles, de igual forma tenían un juzgado para los asuntos de los sacerdotes, *hueiteopixqui,* que eran nombrados por el *tlatuani* y estos a su vez designaban a los *teohuatzin,* cuya labor era velar por los ritos de las ceremonias y la conducta de los sacerdotes.[18]

El matrimonio era una institución que tuvo un gran peso dentro de la sociedad azteca, ya que era la base de la misma, en teoría se decía que era monógamo, pero se ha demostrado que en algunos sectores estaba permitida la poligamia.

El casamiento era un rito sagrado que implicaba el consentimiento de ambas partes, es decir, la voluntad de la mujer y del hombre. De igual manera, existía una segunda forma de realizar una unión matrimonial,

---

16 *Ibidem,* p. 187.

17 *Ibidem,* p. 188.

18 *Idem.*

aquella que se denomina *temecáuh*, mejor conocido en nuestros días como concubinato y que se perfeccionaba con el nacimiento de un niño.[19]

Dentro del derecho sucesorio, encontramos que la forma de realizar la repartición de las herencias se distinguían por ser equitativas para los hombres y para las mujeres, la misma se realizaba por vía testamentaria. El tema de la sucesión de la sangre real, no atendía necesariamente a los parientes consanguíneos directos, sino que para este caso se elegía al más apto para llevar dicha responsabilidad.[20]

En el derecho de familia encontramos que la patria potestad era un tema que concernía absolutamente a los padres, estos tenían el derecho respecto de los hijos de castigarlos, de venderlos como esclavos en el mercado, e inclusive de privarlos de la vida por desobediencia. Evidentemente este derecho se extinguía cuando el hijo o la hija contraían matrimonio.

El derecho mercantil es una materia que tenían ampliamente dominada los aztecas ya que dicha actividad era ejercida exclusivamente por los *pochtecas*, quienes eran los encargados de organizar los mercados, donde se realizaban intercambios de algodón, cacao o venta de esclavos, así como de respetar el límite establecido para realizar los actos de comercio.

En el derecho contractual existían la compraventa, prenda, arrendamiento, fianza, depósito, transporte, mutuo, entre otros, que demuestran que las obligaciones pactadas entre ellos eran de cumplimiento débil, debido a que en cualquier momento se podía romper y no surgían sanciones severas para la parte que incumplía con el contrato.[21]

El procedimiento azteca era oral, no podía durar más de ochenta días, se podían ofrecer pruebas como la testimonial, la confesional, la presuncional, la documental, e incluso se puede decir que en algunas ocasiones el juicio era sumario.[22]

El derecho penal azteca era severo, la mayoría de los delitos eran castigados con la pena de muerte y la esclavitud, sin dejar de mencionar sus

---

19 KHOLER, Josef y Javier DE CERVANTES ANAYA, El derecho de los aztecas. Introducción a la historia del pensamiento jurídico, México, Tribunal Superior de Justicia del Distrito Federal, 2002 (Anales de Jurisprudencia. Doctrina), pp. 88-90.

20 *Ibidem*, pp. 51-53.

21 *Ibidem*, pp. 109-118.

22 MARGADANT, S., Guillermo FLORIS, *Introducción a la Historia del derecho mexicano*, 18ª ed., México, Editorial Esfinge, 2010, p. 35.

derivados como descuartizamiento, cremación en vida, decapitación, machacamiento de la cabeza con piedras, empalamiento, entre muchas otras crueldades, sumado a ello que en el caso de quienes cometían traición y peculado se les confiscaban los bienes.[23]

Pese a que suele parecer un derecho sin límites en la aplicación de sanciones, los miembros del pueblo no tenían derecho de ejercer la venganza, adicionalmente los jueces tenían prohibido recibir regalos para no romper con la imparcialidad con las partes en el juicio.

El Derecho Maya cuenta con instituciones jurídicas de gran desarrollo jurídico aunque, en este apartado sólo se mencionaran las más importantes.

Fue una de las culturas que tuvieron una basta extensión de tierra en lo que hoy son los Estados de Guatemala, Belice, El Salvador, Honduras y gran parte del suroeste de México en los Estados de Tabasco, Campeche, Chiapas, Yucatán y Quintana Roo, ésta civilización alcanzó su máximo esplendor en el clásico mesoamericano e incluso María del Refugio afirma que dicho pueblo había alcanzado su decadencia a la llegada de los españoles, dándose un reacomodo político con nuevas conquistas y alianzas.[24]

La civilización maya socialmente estaba dividida entre nobles que eran conocidos como *almenchoob* (los que tienen padre y madre), y que tenían la tarea principal de prepararse para ser nobles guerreros o sacerdotes, *chilam,* sumo sacerdote, *nacom,* sacerdote sacrificador, *atanzahobs,* eran los intermediarios para que se pudiera concretar el matrimonio entre las familias.[25]

Por otra parte, los plebeyos, *ah chembal uinicoob,* eran pobladores que habitaban fuera de las ciudades y que se desarrollaban como agricultores que tenían la obligación de rendir tributo a su autoridad local; dentro de este grupo están los esclavos, *pentak,* calidad que se obtenía por nacimiento, por delitos como el hurto, por haber caído prisionero de guerra, por haber quedado huérfano, o por haber sido comprado con tal calidad en el mercado.[26]

---

23 KHOLER, Josef y Javier DE CERVANTES ANAYA, *op. cit.,* pp. 119-121.

24 GONZÁLEZ DOMÍNGUEZ, María del Refugio, *Historia del Derecho Mexicano,* México, McGrawHill, 1997, p. 7.

25 PÉREZ DE LOS REYES, Marco Antonio, *op. cit.,* pp. 53-54.

26 CRUZ BARNEY, Oscar, *op. cit.,* pp. 6-7.

Al igual que los mexicas, los mayas contaban con un *tlatoani* que en su cultura recibe el nombre de *halach uinic,* el cual gozaba de facultades políticas, religiosas, militares e incluso de índole judicial; como era costumbre ese cargo tenía que ir acompañado de un consejo de ancianos llamado *ah cuch caboob,* en ese sentido el *halach uinic* contaba con personas que se encargaban de gobernar de manera local, el llamado *bataboob,* quien era un *alter ego* del *halach uinic* a nivel local, es decir, contaba con facultades político-administrativas y judiciales, quien podía delegar las facultades administrativas a funcionarios de lugares locales como eran los *batab, y* estos a su vez se apoyan de los funcionarios locales que son los *tupiloob,* quienes ejercían funciones de policía.[27]

El derecho maya no se había estudiado con detenimiento, sin embargo, se ha documentado que se trata de un derecho muy desarrollado, con una burocracia administrativa y judicial determinada, por ello, es que para que una persona maya pudiera tener personalidad jurídica, *hokol ti iunicil,* necesitaba estar casado, libre de deudas y no estar limitado en su capacidad de goce o de ejercicio.[28]

El derecho familiar maya era monógamo, no obstante, los cronistas de la época han establecido que era común que se permitiera la poligamia con ciertas limitantes para contraer matrimonio entre parientes que compartieran el mismo apellido. Cuando un joven quería contraer matrimonio con una mujer debía dar "el precio por la novia", costumbre que se conoce como *haab-cab,* es decir en lugar de dar una dote, el novio tenía la obligación de trabajar para su suegro.[29]

Como era costumbre, la tenencia de la tierra era comunal y esta solo se podía dar por intervención de los sacerdotes, la medida usual que se daba a cada familia era de 20 pies de largo por 20 pies de ancho, la cual se ocupada para uso personal, misma que era una concesión al padre de familia

---

27 *Ibidem,* p. 8.

28 CHUCHIAK IV, John F. *et al.,* "El derecho prehispánico maya: evidencia documental acerca de los procedimientos en materia de derecho civil, criminal y fiscal entre los mayas yucatecos", en Alonso Guerrero Galván y Luis René Guerrero Galván, eds., *Construcción histórico-jurídica del derecho prehispánico y su transformación ante el derecho indiano,* México, UNAM, Instituto de Investigaciones Jurídicas, 2019 (Manuales para entender el derecho prehispánico e indiano), p. 30.

29 MARGADANT, S., Guillermo FLORIS, *op. cit.,* p. 21.

y cuando este fallecía la tierra regresaba a manos de la comunidad, de ello derivaba que el único que podía heredar era el sexo masculino.[30]

En el caso de las mujeres su labor consistía en ser sacerdotisas, al igual que los sacerdotes, tenían que guardar el celibato, en caso de que irrumpieran con esta norma la sanción era la pena de muerte.[31]

El derecho penal maya era uninstancial, el cual se llevaba ante el *batab* o ante el *ahau,* todo dependía del delito que se iba a juzgar, no había recurso que se pudiera presentar contra esa sentencia, se puede decir que el proceso era expedito pues se resolvía en una sola audiencia y la sentencia se dictaba en la plaza pública. El derecho maya ya conocía de la responsabilidad colectiva y esta se podía hacer extensiva a toda la familia, al igual que el derecho penal actual sabían diferenciar entre un delito doloso y uno culposo.[32]

La pena de muerte se aplicaba para varios delitos como son: el adulterio cometido por la mujer, violación, estupro, homicidio, lenocinio; se debe decir que el pueblo maya no conoció la figura de la cárcel como forma de sanción para quienes cometían delitos.

1.1. Concepto de Derecho de los pueblos prehispánicos según los cronistas y las fuentes históricas

Hay algunas interrogantes que debemos hacernos respecto de si podemos considerar que el Derecho prehispánico es considerado derecho o como muchos otros positivista han afirmado que se trata de un derecho consuetudinario, problema que incluso se presenta en la actualidad respecto de como debemos considerar a los sistemas normativos indígenas, si como un conjunto de normas consuetudinarias o como derecho indígena.

Se trata de un tema que puede dar lugar a diversas discusiones y que se pueden dividir en dos grupos, primero los que niegan que haya existido un derecho prehispánico por no ser un conjunto de normas expedidas por autoridad competente, mientras que otros autores afirman que sí existe un derecho prehispánico porque hay un sistema de usos y costumbres,

---

30 *Idem.*

31 PÉREZ DE LOS REYES, Marco Antonio, *op. cit.*, p. 54.

32 *Ibidem*, p. 55.

autoridades y una reiteración de criterios para emitir las sanciones por las autoridades correspondientes.

Recordemos que el derecho es una concepción occidental, por lo que algunos autores mencionan que no guarda una relación con la concepción del derecho romano germánico, como menciona el ilustre maestro Lucio Mendieta y Núñez:

> *Si se considera al derecho simplemente como un conjunto de reglas, como un cuerpo de códigos, indudablemente que no existe continuidad ideológica alguna entre los preceptos que normaban las relaciones jurídicas de los antiguos pobladores de México y nuestro derecho contemporáneo... nuestras leyes de ahora no tienen nada de común con las antiguas leyes genuinamente mexicanas, en cambio la población actual de la República, en sus grupos aborígenes, si tiene muchos puntos de contacto culturales con los primitivos pobladores.*[33]

De esa misma manera, el "derecho indígena" no es escrito como la mayoría de los sistemas de derecho occidental, pero existían criterios conocidos por todos los habitantes ya que se les enseñaban en las escuelas, mismos que iban acompañados de la costumbre que se transmitía de generación a generación.

De igual forma no existe una división en ramas o en derecho público o privado, puesto que no existen fuentes que describan que así lo concebían, más bien los estudios realizados por los occidentales son los que se han encargado de hacer dicha división.

En sentido opuesto encontramos la afirmación de Xavier Alfonso, quien afirma que "El derecho entre los indígenas, era consuetudinario, de origen religioso y altamente tradicionalista, orientado por el interés colectivo, era conocido por todos, aprendido de memoria en proverbios por los escolares y aplicado por los viejos de la mejor reputación".[34] Definitivamente se observa que los pueblos indígenas cuentan con un sistema normativo interno que se relacionaba con los otros sistemas que tenían los demás pueblos.

Tenemos noticias de que contaban con normatividades escritas, por ejemplo, están los códigos donde se escenificaban las posibles sanciones

---

33 MENDIETA Y NÚÑEZ, Lucio, *El derecho precolonial*, 6ª ed., México, Porrúa, 1992, pp. 25-26.

34 REYNOSA GARAY, Xavier Alfonso, *Introducción a la historia de las instituciones jurídicas*, México, Centro Editorial de la Universidad Autónoma de Ciudad Juárez, 1984, pp. 54-55.

a las que podían ser sometidos los que dañaran a algún miembro de la comunidad, como muestra de ello está el Códice Quinatzin,[35] de igual forma contamos con el código penal de Nezahualcóyotl para Texcoco, que se encargaba de delimitar las facultades del juez y las penas que podía imponer a los que transgredieran las mismas.

Los pueblos prehispánicos, no contemplaban al derecho de manera individual, sino de manera colectiva, el cual era netamente dinámico ya que regulaba muchos hechos jurídicos de los habitantes de lo que hoy es México.

Como sabemos tenían jueces que realizaban la función de juzgador, los cuales eran hombres mayores que se elegían conforme a los criterios de honradez y rectitud.

Las investigaciones que se hicieron por parte de los cronistas a su llegada al nuevo continente, reflejan como primera impresión el descubrimiento de nuevas culturas prehispánicas que no eran desarrolladas, sin embargo, tras ir avanzando los años se percataron de que en realidad eran civilizaciones organizadas de manera política y jurídicamente, e incluso consideraban que su derecho era sumamente estricto y la aplicabilidad del mismo dependía del estamento al que se pertenecía, situando al individuo a una moralidad acorde a la sociedad prehispánica.

1.2. Características específicas de su estudio

Para poder adentrarnos al estudio detallado de las culturas mesoamericanas, tales como las fuentes o disposiciones normativas que se encuentran en los códices o algunos relatos que se han podido rescatar de lo que se conoce como México prehispánico es necesario contar con conocimiento de las lenguas indígenas, lo cual implica un gran reto, no solamente sería adentrarnos al náhuatl o maya sino a las 68 lenguas[36] que se tienen docu-

---

35 Es importante que se analice el trabajo de Luz María ya que se ha dedicado a analizar las doce escenas, así como las glosas que hay en náhuatl para determinar las penas que imponía el señorío de Texcoco sobre el robo, deudas, adulterio, así como el papel de los jueces en el proceso judicial. MOHAR BETANCOURT, Luz María, "Delitos y Castigos. Una lámina del Códice Quinatzin", en *Arqueología Mexicana*, núm. 142, noviembre-diciembre, 2016, pp. 46-50 [en línea], <https://arqueologiamexicana.mx/mexico-antiguo/delitos-y-castigos-una-lamina-del-codice-quinatzin>, [consulta: 20 de febrero, 2020].

36 Consultar el Catalogo de las Lenguas indígenas nacionales: variantes lingüisticas de México con sus autodenominaciones y referencias geoestadisticas.

mentadas que existen en México, además de que esta materia es historia jurídica de México deberíamos estudiar los 68 sistemas normativos internos de los pueblos indígenas que habitan actualmente en México con sus distintas formas de ver y aplicar sus normas.[37]

Algunas de las problemáticas que se presentan con las lenguas indígenas es debido a que diversos historiadores se han dedicado al estudio de diversas figuras jurídicas y ver la manera en que se pueden contextualizar o descontextualizar en el derecho occidental, han pasado algunas ocasiones en que las figuras se mantiene fijas por un largo periodo, pero conforme se va haciendo el estudio historiográfico vemos que no corresponde a lo que nos habían señalado, e incluso el tema se puede volver controvertido cuando los lingüistas se dedican a ver las transformaciones de la palabra.

La interdisciplinariedad ha permitido que las demás ciencias se puedan enfocar a brindar una mejor manera de desarrollar el trabajo de estudio, por ello, no debemos de olvidar que el derecho necesita apoyarse de otras ciencias. En este caso, no sólo se necesita de la historia, sino de la sociología, la filosofía, la lingüística, la antropología, la paleografía, y todas aquellas ciencias que permitan ampliar nuestro conocimiento en esta área.

Uno de los problemas cotidianos que los estudiantes de la historia del derecho mexicano se enfrentan al momento de cursar la materia es que no se cuenta con un conocimiento claro de los acontecimientos históricos y estos se llegan a complicar cuando se mezclan con el estudio jurídico de los mismos, sin mencionar que muchos de los estudiantes tendrán que irse familiarizando con los términos jurídicos y a su vez con los términos jurídicos prehispánicos como *tepantlatoani,* que significa abogado.[38]

El estudio de la historia del derecho mexicano tiene su complejidad, sobre todo si no se es un ávido lector, ya que muchos de los documentos base, históricos, son muy extensos, en muchas ocasiones con un lenguaje poco claro, que puede hacer que el más ferviente lector se pueda perder en la narrativa, por ello, podemos conjugar este tipo de enseñanzas con otras herramientas, como por ejemplo, series de televisión, como la serie de Hernán Cortes producida recientemente, o bien podemos adentrarnos

---

37 GÓNZALEZ GALVÁN, Jorge Alberto, *Derechos de los indígenas,* México, Instituto de Investigaciones Jurídicas, INHERM, 2018, p. 24.

38 Universidad Nacional Autónoma de México, *Gran Diccionario Nahuatl,* Tepantlatoani: "El que habla bien por otro, proviene de los vocablos nahuas, *tepan,* "por otro", *tlatoa* "el que habla bien", abogado" [en línea], <https://gdn.iib.unam.mx/diccionario/tepantlatoani>, [consulta: 22 de febrero, 2021].

al documental que preparó Carlos Fuentes sobre "el espejo enterrado", esta nueva manera de enseñar la historia a través de series permite que el estudiante aprenda de una manera más sencilla, pero hay que hacer una aclaración, los hechos que nos muestran las series de televisión siempre tienen que ser contrastados con estudios científicos que presentan los investigadores de la materia.

Durante el estudio de la materia nos podemos percatar que vamos a encontrar varias posturas sobre los hechos narrados, sin mencionar la periodización de los hechos históricos o jurídicos, aquí el estudiante tendrá que realizar cuadros comparativos o ir tomando notas que le permitan construir su propia apreciación de los hechos, debemos ser claros y no debemos mantener una sola posición respecto de cada uno de los temas que se van a abordar en el presente libro.

Temas como los enunciados anteriormente permiten dar solo una simple pincelada de las consideraciones que se deben tomar en cuenta para aquellos que deseen adentrarse al estudio de la Historia del Derecho Mexicano y en específico al estudio del derecho de las culturas mesoamericanas.

2. FUENTES PARA EL ESTUDIO DEL DERECHO DE LOS PUEBLOS ORIGINARIOS

Las fuentes principales con las que contamos para acércanos a las características principales de las culturas prehispánicas son justamente los códices, estos se pueden dividir en prehispánicos y posthispánicos que muchas de las veces se integran por pictografías, donde se aprecian dioses, personas, animales, astros, objetos y elementos ideográficos,[39] documentos que fueron hechos por los *tlacuilos.*[40]

No se sabe a ciencia cierta cuantos códices fueron los que trabajaron los *tlacuilos,* algunos afirman que fueron quinientos y de esos sólo dieciséis pertenecen a la época prehispánica, desafortunadamente muchos de los códices permanecen en colecciones privadas, en museos en el extranjero, algunos otros resguardados por la Biblioteca Nacional de Antropología e Historia que tiene en su poder ciento cincuenta códices. La gran contro-

---

39 DE LA TORRE RANGEL, *op. cit.*, p. 7.

40 MONTEMAYOR, Carlos, *Diccionario del náhuatl en el español de México,* Tlacuilo: "escritor o pintor. De *tlahcuilo,* escritor o pintor de los códices antiguos", México, UNAM, 2017 p. 121.

versia surge tras preguntarse ¿Quiénes destruyeron los códices? la respuesta nos sorprende cuando los historiadores nos relatan que algunos códices fueron destruidos por los mismos tlaxcaltecas,[41] tras conquistar al imperio azteca junto con los españoles, lo primero que hicieron fue destruir los códices que contenían tributos e impuestos, costumbres y religiones de los pueblos sometidos, sin mencionar que muchos otros fueron destruidos por los conquistadores, como fray Juan de Zumárraga que quiso terminar con las "herejías" que contemplaba el mundo maya.[42]

El Códice *tonalámatl* está compuesto por tan solo 18 páginas en papel de amate por ambos lados, se conoce más como el códice Aubin, nombre dado al primer estudioso francés que lo adquirió y saco subrepticiamente de México para ser llevado a la Biblioteca Nacional de París, tiempo después en el año de 1984 un mexicano lo sustrajo de aquel recinto y lo deposito en el Museo Nacional de Antropología de México. Otra de las fuentes primordiales es el que se conoce como Códice Borbónico, se llama así porque se encuentra en el Palacio Borbón, sede de la Biblioteca de la Asamblea Nacional Francesa, en París, está compuesto de 36 hojas y fue hecho en los años posteriores a la conquista, ambos códices permiten conocer sobre la cultura prehispánica, los dioses y el calendario que manejaban.[43]

El Códice Boturini está compuesto de 21 paginas y media y están pintadas por un solo lado, se resguarda en el Museo Nacional de Antropología, su fecha de creación se centra en años posteriores a la conquista, este códice permite ver la marcha que realizaron los aztecas de Aztlán hasta llegar al cerro de Chapultepec, se puede situar dicha cronología entre los años de 1163 a 1355 d.C., hay algunos otros códices que guardan una similitud con el pasado como son los códices Tlotzin, Quinatzin y Tepechpan, estos tres códices se encuentran en la Biblioteca de París, el primero se pinto

---

41 Diversos grupos como los tlaxcaltecas, los tarascos así como los chichimecas evitaron por un largo periodo al imperio azteca, esto no se debe a otro factor, que la audacia de sus guerreros que siempre supieron enfretar al imperio más poderoso del momento y que no tuvieron más que seguir defendiendose de las cientos de veces que intentaron someterlos. BRINGAS NOSTTI, Raúl, *Antihistoria de México ¿un pasado sin héroes, nación ni bandera?*, México, Planeta, 2014, p. 38.

42 PÉREZ FERNÁNDEZ DEL CASTILLO, Bernardo, *Orígenes e historia del notariado en México,* 4ª ed., México, Porrúa, 2009, p. 72.

43 *Cfr.* LEÓN-PORTILLA, Miguel, *Literaturas indígenas de México,* 6ª reimp. , México, Fondo de Cultura Económica, 2013, pp. 140-145.

en piel de animal y los otros dos en papel de amate, solo que estos códices permiten apreciar la vida de Nezahualcoyotl.[44]

Se realizaron algunos códices a solicitud de las autoridades españolas como es el Código Mendoza, recibe dicho nombre porque fue mandado a hacer por el primer virrey de Nueva España, Antonio de Mendoza, con el objetivo de que se remitiera al rey Carlos V, para que aprendiera de la cultura y los habitantes del territorio conquistado. El códice Telleriano-Remense, lleva dicho nombre a ser propiedad del obispo de Reims, se encuentra en la Biblioteca de París, la información que contiene es de los años de 1562 a 1565, que dibuja la historia y culturas prehispánicas. El códice vaticano "A" o también conocido como Códice Ríos, contiene comentarios en castellano, se dice que se llama así por haber sido realizado por el dominico fray Pedro de los Ríos, se encuentra en la Biblioteca Apostólica Vaticana de Roma.[45]

Hay tres códices mixtecas prehispánicos, elaborados entre 1557, estos son los Códices Bodley, Becker II y Sánchez Solís o Egerton, su contenido es de corte histórico-genealógico, el primero de ellos también se conoce como códice Selden, porque perteneció a John Selden y que terminó donando a la Biblioteca Bodleiana de Oxford, tiene información sobre las dinastías reinantes. El segundo códice se encuentra en el Museo de Etnología de Viena, donde se hace una relatoría de las parejas nobles mixtecas. El tercer códice era propiedad de una familia oaxaqueña de apellidos Sánchez Solís y lo cedió al alemán Waecker-Götter, el cual lo transfirió o regaló al diplomático Egerton y sus herederos lo vendieron al Museo Británico de Londres y narra la vida de algunas parejas reinantes.[46]

Los Rollos Selden y códice Gómez de Orozco, ambos son de procedencia mixteca y su valía es la representación de la imagen del universo que tienen los seres humanos.[47]

Hay textos en náhuatl o incluso en español que redactaron los indígenas que aprendieron el español de la época para relatar los usos y costumbres de los pueblos conquistados, una muestra de ello son los Anales de Cuauhtitlán, quizás el centro que brindó grandes aportaciones sobre este tema fue la escuela que formó fray Servando Teresa de Mier.

---

44 *Ibidem*, pp. 145-148.

45 *Ibidem*, pp. 151-159.

46 *Ibidem*, pp. 161-164.

47 *Ibidem*, p. 165.

A continuación, se enuncian los historiadores indios después de la conquista, descendientes de la clase noble prehispánica que se dedicaron a relatar la conquista, todos ellos tomados de las fuentes de Francisco Javier Clavijero que cita el mismo Toribio Esquivel;

Fernando Pimentel Ixtlixóchitl, último rey de Texcoco, Antonio de Tovar Cano Moctezuma Ixtlilxóchitl, descendientes de las casas de México y Texcoco, ambos escribieron la genealogía de los reyes de Texcoco y su reino; Antonio Pimentel Ixtlilxóchitl, escribió las memorias del reino de Acolhuacán; Tadeo de Niza, tlaxcalteca, quien escribió sobre la historia de la conquista por ordenes del virrey don Antonio de Mendoza; Gabriel de Ayala, texcocano que escribió en náhuatl sobre la Historia de México de 1243 a 1562; Juan Ventura Zapata y Mendoza, tlaxcalteca que escribió la Historia de Tlaxcala; Pedro Ponce Armenta, escribió en español sobre los dioses y los ritos del gentilismo mexicano; Fernando de Alva Ixtlilxóchitl escribió en español la *Historia de la Nueva España, Historia de los señores chichimecas, Compendio histórico del reino de Texcoco, Memoria histórica de los Toltecas y otras naciones de Anáhuac;* Juan Bautista Pomar, texcocano que escribió sobre la memoria del reino de Texcoco, Domingo de San Antonio Muñoz Chimalpain, escribió en náhuatl *Crónica Mexicana, Historia de la conquista de México por los españoles, Noticias originales de los reinos de Acolhuacan, de México y de otras provincias, Comentario histórico desde el año de 1064 hasta 1521.*[48]

Todos estos nobles prehispánicos se dedicaron a relatar la historia de sus reinos, vista desde sus visiones, claramente revisadas por los españoles que tenían la labor de verificar lo que estaban relatando, muchos de estos textos sirvieron para que los conquistadores aprendieran la forma de organizarse, de llevar un conteo de los tributos que rendían, de los usos y costumbres que existían.

Fuentes de información para conocer sobre el derecho maya

Hay poca información sobre la civilización maya debido a la destrucción que realizaron los conquistadores, sobre todo, la que organizó fray Diego de Landa, y por eso es que con la mínima información que se cuenta se ha logrado dar una leve pincelada de lo que era esa gran civilización.

Para el estudio de la civilización maya se cuenta con los libros del *Chilam Balam de Chumayel,* la *Crónica de Calkini,* las relaciones de Motul, Mérida,

---

48 ESQUIVEL OBREGÓN, Toribio, *op. cit.*, pp. 141-142.

Izamal y Santa María Campocolch, Quinicama o Mozopipe, Chunchuchú y Chochola, Zotuta, Tibolón y Dohot, documentos que permiten conocer de la situación que vivían antes de la conquista. De mismo modo se tiene la versión española de Diego de Landa en el libro que escribió titulado *Relaciones de las cosas de Yucatán,* de igual forma se tienen los puntos de vista de Bernardo de Lizana, Antonio de Herrera, Diego López de Cogolludo, Gonzalo Fernández de Oviedo y Valdés, Francisco Ximenes y Gaspar Antonio Chi.[49]

3. EL MUNDO PREHISPÁNICO EN VÍSPERAS DE LA CONQUISTA

Es del conocimiento de la mayoría que los españoles cuando salieron al mar no buscaban territorios nuevos que quisieran poblar, más bien ellos, buscaban territorios que tuvieran recursos o materiales que les permitiera comerciar o en el peor de los casos que pudieran saquear.

Se sabe que previo a la llegada de los conquistadores conocemos que la Triple Alianza gozaba de un absoluto control en la región del valle de México, en el sur los mexicas lograron imponer sus condiciones de tributo, así como las condiciones del comercio con los reinos mixtecos de la sierra y del valle de Oaxaca, de igual forma con los zapotecos del valle, por supuesto que quien lideraba en ese grupo era Tenochtitlan como el centro de mayor poder político y jurídico.[50]

Está claro que la Triple Alianza era poderosa pero también existía otra alianza con la que se encontraron que fue la de Ihuatzio, Tzintzuntzan y Pátzcuaro que se ubicaba en lo que hoy es Michoacán, Guerrero, Colima, Jalisco y Guanajuato, en ese territorio se hizo imposible la penetración del famoso imperio mexica.[51] Sin mencionar los pueblos rivales como van a ser los tarascos, tlaxcaltecas y los cempoaltecas, quienes les van a dar constante guerra y que jamás van a poder ser gobernados por los mexicas.

Cuando los españoles arribaron a la península de Yucatán, que fue en el siglo XVI, la civilización tenía una organización no centralizada, sino que

---

49 MARGADANT, S., Guillermo FLORIS, *op. cit.*, pp. 18-19.

50 ESCALANTE GONZALBO, Pablo *et al., Nueva historia mínima de México ilustrada,* México, *El Colegio de México,* 2008, pp. 106-107.

51 *Ibidem,* p. 107.

los pueblos estaban organizados por provincias con menor o mayor grado de centralización política.[52]

El sistema que mantenían los aztecas o los mayas resultaba similar al europeo, donde el feudalismo funcionaba de acuerdo al juramento que prestaba un vasallo a un señor feudal, donde las alianzas entre las familias más importantes resultaban necesarias para cuando había la necesidad de ir a la guerra.

Por lo que respecta a los aztecas se distanciaron de sus aliados y comenzaron a buscar gobernar por si solos a partir del año 1430, ello no les impidió ampliar su dominio y siguieron manteniendo el sistema parental para ir colocando a sus familiares o aliados en los nuevos centros de conquista, lo que no iba con la sumisión total del pueblo, es decir, les permitían conservar sus costumbres, hasta sus autoridades, siempre y cuando respetaran los mandatos del pueblo azteca.

Como podemos ver, existieron ciertos pueblos que no estaban sometidos a las civilizaciones mayas o aztecas, además de que no rendían tributo, es por ello, que cuando los españoles tienen contacto con estos pueblos rivales es que recibieron apoyo para derribar a sus enemigos.

Al darse el sometimiento por los españoles sobre dichos imperios, se dan cuenta, que se pueden auxiliar de las instituciones que ya tenían diseñadas los pueblos prehispánicos, como fue mantener el sistema de familias nobles para que continuaran manteniendo el orden político y social, así como para cobrar los tributos.

Se puede decir que pese al grado de aculturalización que sufrieron los pueblos prehispánicos, de querer terminar con sus dioses, sus usos y costumbres, así como la forma de elegir sus autoridades, las mismas se siguieron practicando de manera privada y no en el ámbito público, hecho que se puede ver reflejado con la práctica de sus ritos religiosos, mismos que las ordenes mendicantes y seculares quisieron extinguir en su momento, pero que al final conformaron un sincretismo religioso.

Podemos decir que la elección de autoridades conforme a sus usos y costumbres se mantuvieron después de la conquista hasta nuestros días, el *tequio* permaneció como una forma de trabajo comunitario, sin mencionar, las autoridades religiosas como las mayordomías que se siguen organizan-

---

[52] CHUCHIAK IV, John, *et al.*, *op. cit.*, p. 27.

do en los pueblos indígenas y en los barrios originarios de la Ciudad de México.

FUENTES

ARROYO MORENO, Jesús, "El origen del juicio de amparo", en Margarita MORENO-BONETT y María DEL REFUGIO GONZÁLEZ DOMÍNGUEZ, coords., *La génesis de los derechos humanos en México,* México, UNAM, 2006.

BOSCH GARCÍA, Carlos, *La esclavitud prehispanica entre los aztecas,* México, El Colegio de México, Fondo de Cultura Económica, 1994.

BRINGAS NOSTTI, Raúl, *Antihistoria de México ¿un pasado sin héroes, nación ni bandera?,* México, Planeta, 2014.

BROM, Juan, *Esbozo de historia de México,* 4ª ed., México, Grijalbo, 2017.

CHUCHIAK IV, John F. *et al.*, "El derecho prehispánico maya: evidencia documental acerca de los procedimientos en materia de derecho civil, criminal y fiscal entre los mayas yucatecos", en Alonso GUERRERO GALVÁN y Luis René GUERRERO GALVÁN, eds., *Construcción histórico-jurídica del derecho prehispánico y su transformación ante el derecho indiano,* México, UNAM, Instituto de Investigaciones Jurídicas, 2019 (Manuales para entender el derecho prehispánico e indiano).

COLEGIO DE MÉXICO, *Diccionario del español de México,* voz: calpulli [en línea], <https://dem.colmex.mx/ver/calpulli>, [consulta: 22 de enero, 2021.]

CRUZ BARNEY, Oscar, *Historia del derecho en México,* 2ª ed., 13ª reimp. , México, Oxford University Press, 2004.

DE LA TORRE RANGEL, Jesús Antonio, *Lecciones de Historia del Derecho Mexicano,* 2ª ed., 3ª reimp. , México, Porrúa, 2015.

ESCALANTE GONZALBO, Pablo *et al., Nueva historia mínima de México ilustrada,* México, *El Colegio de México,* 2008.

ESQUIVEL OBREGÓN, Toribio, *Apuntes para la historia del derecho en México,* t. I, 3ª ed., México, Porrúa, 2004.

GONZÁLEZ DOMÍNGUEZ, María del Refugio, *Historia del Derecho Mexicano,* México, McGrawHill, 1997.

GÓNZALEZ GALVÁN, Jorge Alberto, *Derechos de los indígenas,* México, Instituto de Investigaciones Jurídicas, INHERM, 2018.

KHOLER, Josef y Javier DE CERVANTES ANAYA, El derecho de los aztecas. Introducción a la historia del pensamiento jurídico, México, Tribunal Superior de Justicia del Distrito Federal, 2002 (Anales de Jurisprudencia. Doctrina).

LEÓN-PORTILLA, Miguel, "Los "aztecas", disquisiciones sobre un gentilicio", en *Obras de Miguel León-Portilla,* t. VI Lingüística, México, UNAM-IIH, El Colegio Nacional, 2010.

__________, *Literaturas indígenas de México,* 6ª reimp. , México, Fondo de Cultura Económica, 2013.

LÓPEZ AUSTIN, Alfredo y Leonardo LÓPEZ LUJÁN, *El pasado indígena,* 3ª ed., 1ª reimp. , México, Fondo de Cultura Económica, 2018.

MARGADANT S., Guillermo FLORIS, *Introducción a la Historia del derecho mexicano,* 18ª ed., México, Editorial Esfinge, 2010.

MENDIETA Y NÚÑEZ, Lucio, *El derecho precolonial,* 6ª ed., México, Porrúa, 1992.

MOHAR BETANCOURT, Luz María, "Delitos y Castigos. Una lámina del Códice Quinatzin", en *Arqueología Mexicana,* núm. 142, noviembre-diciembre, 2016, pp. 46-50 [en línea], <https://arqueologiamexicana.mx/mexico-antiguo/delitos-y-castigos-una-lamina-del-codice-quinatzin>, [consulta: 20 de febrero, 2020].

ODILE, Roger y Ernesto H. TURNER, *Organización económica y social de los aztecas y de las culturas que les preceden,* México, UAM Azcapotzalco, 1993,

PÉREZ DE LOS REYES, Marco Antonio, *Historia del derecho mexicano,* 11ª reimp. , México, Oxford University Press, 2008.

PÉREZ FERNÁNDEZ DEL CASTILLO, Bernardo, *Orígenes e historia del notariado en México,* 4ª ed., México, Porrúa, 2009

REYNOSA GARAY, Xavier Alfonso, *Introducción a la historia de las instituciones jurídicas,* México, Centro Editorial de la Universidad Autónoma de Ciudad Juárez, 1984.

SOBERANES FERNÁNDEZ, José Luis, *Historia del Derecho Mexicano,* 16ª ed., México, Porrúa, 2014,

UNIVERSIDAD NACIONAL AUTÓNOMA DE MÉXICO, *Gran Diccionario Nahuatl,* voz: tepantlatoani [en línea], <https://gdn.iib.unam.mx/diccionario/tepantlatoani>, [consulta: 22 de febrero, 2021].

ZEBADÚA, Emilio y Jorge MORENO COLLADO, coords., *Cien años de derecho agrario en México. Evolución, retos y perspectivas,* t. 1, México, Porrúa, 2017.

Unidad 3. Derecho Castellano en el siglo XV

1. INTRODUCCIÓN

En la consolidación del Derecho en México adquiere especial interés el análisis del Derecho Castellano, a través del cual es posible apreciar la recepción del *ius commune*, así como explorar la trascendencia de la obra jurídica del rey Alfonso X y del proceso recopilador del Derecho Castellano, que habrían de ser un punto de partida tanto para la formación del Derecho Indiano, como para conocer las normas y principios que de manera supletoria se aplicaron en los territorios de ultramar de España.

En este orden de ideas, el Derecho Castellano ofrece interesantes lecciones para reflexionar en torno a la conveniencia de contar con disposiciones debidamente sistematizadas, ordenadas y coherentes para regular las relaciones políticas, económicas, sociales y culturales en un momento y lugar determinado. Dicha situación permite explicar el interés de los monarcas de emprender acciones para la codificación del Derecho como un presupuesto para dar un orden y unidad al reino, labor que ciertamente era necesaria ante la pluralidad normativa existente en la península ibérica durante la Edad Media, que generaba incertidumbre y contradicciones en la interpretación, aplicación y estudio del Derecho. Asimismo, el estudio del Derecho Castellano permite apreciar el papel activo que tuvieron los juristas en la Edad Media para sistematizar y compilar en un ordenamiento las principales normas, principios e instituciones jurídicas existentes en la época.

Si bien en muchas ocasiones los intentos de recopilación y sistematización de las disposiciones y costumbres del reino de Castilla presentaron la problemática de que se detectaron inconsistencias, falta de coherencia, vigencia efímera o incluso no fueron promulgadas, es posible destacar la inquietud por parte de los monarcas y juristas por unificar el orden jurídico existente, a fin de dar estabilidad al reino mediante el orden jurídico que reunieran las disposiciones y costumbres jurídicas presentes en la Edad Media.

En este contexto, el objetivo del presente trabajo es proporcionar un panorama general de las notas distintivas del Derecho Castellano, con la finalidad de explorar las motivaciones y acciones de los monarcas y juristas para contar con un orden jurídico sistematizado y unificado que aplicara para todos los habitantes del reino de Castilla durante la Edad Media.

El primer tema se centrará en identificar los alcances del Derecho Castellano, para delimitar el ámbito normativo, geográfico y temporal de estudio. En un segundo tema, se abordará el orden político-social de Castilla, como preámbulo para explorar la problemática subyacente en el pluralismo normativo y los primeros intentos por sistematizar y unificar el Derecho, en donde la obra del rey Alfonso X adquirió una especial relevancia, como se podrá apreciar en el tercer tema. El cuarto tema se avoca a explorar el proceso recopilador del Derecho Castellano, para lo cual se aborda el interés de los reyes Fernando de Aragón e Isabel de Castilla por unificar el orden jurídico en su reino, así como la referencia a las posteriores disposiciones como las Leyes del Toro, la Nueva Recopilación de las Leyes de Castilla, así como la Novísima Recopilación de las Leyes de España. Un aspecto que igualmente se señalará en el marco del Derecho Castellano es la formación del jurista en la Edad Media, en donde adquieren relevancia los estudios de Leyes de la Universidad de Salamanca, cuna de distinguidos juristas, cuyas obras doctrinarias fueron significativas para la comprensión, interpretación y aplicación del Derecho.

En la realización del presente trabajo se recurrió a fuentes doctrinarias y las disposiciones de la Edad Media disponibles de manera electrónica, cuyas referencias son un punto de partida para reflexionar en torno a la trascendencia del orden jurídico, la necesidad de contar con ordenamientos jurídicos sistematizados para regular las relaciones políticas, económicas, sociales y culturales, así como la significativa labor de los juristas en el estudio y unificación de las principales disposiciones jurídicas en la Edad Media.

2. NOCIÓN DE DERECHO CASTELLANO

La noción de Derecho Castellano representa un punto de partida para identificar las notas normativas, políticas, geográficas y filosóficas que incidieron en la conformación de dicho sistema jurídico.

Ese Derecho forjará la unidad política interna de la Corona de Castilla, el cual representa un Derecho regio o culto de los letrados, cuyo ámbito de aplicación coincide con las fronteras políticas del reino o Corona de Castilla, que comprendían Castilla, Aragón, Toledo, León, Galicia, Córdoba, Murcia, Jaén, Sevilla, Baeza, Badajoz, Algarve, Algeciras, Molina, Vizcaya y Lara, y que territorialmente, comprenderá desde Fueterrabia al Ferrol y desde el Mar Cantábrico a Cádiz o Cartagena.[1] Es bajo la vigencia del Derecho Castellano cuando se realiza la empresa de la llegada de los españoles a los territorios americanos, de ahí que fue el sistema jurídico que un primer momento se implementó en los territorios de España de ultramar y al que incluso jueces y letrados recurrieron para la resolución de casos elevados.[2]

En la perspectiva de la académica Beatriz Bernal, el Derecho Castellano se concibe como "el conjunto de disposiciones legislativas, doctrina y costumbres jurídicas que imperaron en Castilla desde sus orígenes hasta la consolidación del Estado español".[3]

La definición de Bernal permite identificar el espacio geográfico temporal en el cual rigió dicho sistema jurídico, que es precisamente en el reino de Castilla desde sus orígenes, que correspondería al siglo IX, hasta la consolidación del Estado español en el siglo XIX.

El aspecto normativo se encuentra igualmente presente en la noción de la académica referida, en tanto que alude a las disposiciones legislativas y a las costumbres jurídicas. Si bien la doctrina se incluye en la definición en comento, es preferible solamente centrar su referencia para identificar el carácter auxiliar que revistió para clarificar los alcances de las disposiciones del Derecho Castellano, así como para indicar la manera en que supletoriamente se aplicaría el Derecho Romano.[4] La doctrina cumple con funciones de ordenación y sistematización, vínculo e innovación para la aplicación del Derecho, así

---

1 MARTÍNEZ DIEZ, Gonzalo, "Panorámica Jurídica Bajo-Medieval en la Corona de Castilla", en *Boletín de la Institución Fernán González,* núm. 204, año 64, Primer Semestre, 1985, pp. 39-40 [en línea], <https://riubu.ubu.es/bitstream/handle/10259.4/2080/0211-8998_n204_p039-056.pdf?sequence=1> [consulta: 3 de mayo, 2021].

2 PÉREZ DE LOS REYES, Marco Antonio, *Enciclopedia Jurídica de la Facultad de Derecho de la UNAM. Derecho Romano e Historia del Derecho Mexicano,* t. V, México, Porrúa, 2016, pp. 599-600.

3 BERNAL GÓMEZ, Beatriz, "El Derecho Castellano dentro del Sistema Jurídico Indiano", en *Anuario Mexicano de Historia del Derecho,* vol. X, 1998, p. 92. [en línea], <https://revistas-colaboracion.juridicas.unam.mx/index.php/anuario-mexicano-historia-der/article/view/29567/26690> [consulta: 3 de mayo, 2021].

4 MARTÍNEZ MARTÍNEZ, Faustino, "Acerca de la recepción del *Ius Commune* en el Derecho de las Indias: Notas sobre las Opiniones de los Juristas Indianos", en *Anuario Mexicano de Historia del Derecho,* vol. XV, 2003, pp. 493-494. [en línea], <https://revistas-colaboracion.juridicas.unam.mx/index.php/anuario-mexicano-historia-der/article/view/29657/26780> [consulta: 3 de mayo, 2021].

como de crítica y desarrollo del Derecho,[5] que tendría un tratamiento distinto a aquel propio de las normas jurídicas y costumbres que sí contaban con el carácter de obligatoriedad.

Una definición adicional la proporciona el Dr. Marco Antonio Pérez de los Reyes para quien el Derecho Castellano es "el conjunto de normas, instituciones y principios filosófico-jurídicos que rigieron la sociedad del reino de Castilla durante el Medioevo"[6]

La definición mencionada permite enfatizar que junto con el estudio normativo, adquiere igualmente relevancia conocer los alcances de los principios filosófico-jurídicos, lo cual apunta a considerar la trascendencia del pensamiento filosófico y político de la época con la finalidad de identificar la manera en que directa o indirectamente incidió en la formación del Derecho Castellano.

Otro elemento interesante a destacar se vincula con la referencia de institución que corresponde a "una estructura de carácter social con sentido cooperativo que organiza el comportamiento de un grupo de personas y que se encuentra en el seno mismo de la sociedad".[7] La institución comprende un fin propuesto y una serie de medios que se desprenden de su estructura básica, dentro de lo cual se incluye el Derecho estatutario que reglamenta la conducta de los agremiados.[8] En el marco del Derecho Castellano, el estudio de las instituciones será significativo para identificar los órganos del Estado que intervinieron activamente para la creación, interpretación y creación del Derecho, con la respectiva fijación de los fines hacia los cuales se debería orientar el sistema jurídico.

El criterio coincidente en la definición de Pérez de los Reyes, lo encontramos en centrar en el ámbito territorial y temporal de la validez del sistema jurídico en análisis referente al reino de Castilla en la Edad Media, lo cual apunta a considerar las particularidades políticas, sociales y culturales de la época para contextualizar los alcances del Derecho Castellano.

---

5 En torno a las funciones de orden, sistematización, vínculo e innovación para la aplicación del Derecho y función de crítica y desarrollo del Derecho, *vid.* Rüthers, Bernd, *Teoría del Derecho. Concepto, validez y aplicación del Derecho,* trad. de Minor E. Salas, México, Editorial Ubijus, Instituto de Formación Profesional. 2009, pp. 177-180.

6 PÉREZ DE LOS REYES, Marco Antonio, *Historia del Derecho Mexicano,* México, Oxford University Press, 2012, p. 114.

7 LEDESMA URIBE, José de Jesús, "Figura o institución jurídica", en Martha Elena MONTEMAYOR ACEVES y Elvia CARREÑO VELÁZQUEZ, ed., *Estudios de Derecho antiguo. Grecia, Roma y su recepción.* México, UNAM, 2017, p. 81.

8 *Idem.*

Las definiciones referidas en los párrafos anteriores apuntan a considerar las siguientes notas:

- El estudio del Derecho Castellano requiere considerar el elemento normativo de manera conjunta con los principios jurídicos, lo cual permitirá ampliar el enfoque para explorar los anhelos de justicia y equidad presentes en Castilla durante la Edad Media.
- Durante la vigencia del Derecho Castellano, las Instituciones asumen un papel significativo en la creación, interpretación y aplicación del Derecho, así como en la fijación de los fines que habrían de seguirse con dicho sistema jurídico.
- La delimitación espacial y temporal apunta a considerar el estudio de las normas, instituciones y principios jurídicos presentes en el reino de Castilla durante la Edad Media.
- La referencia a la doctrina apunta a considerar la relevancia de las aportaciones de los juristas y sus comentaristas, la cual adquiere un carácter auxiliar, pero relevante, en materia de ordenación y sistematización, innovación para la aplicación del Derecho, así como de crítica y desarrollo del Derecho.

En el estudio del Derecho Castellano es significativo contextualizar el orden jurídico-político prevaleciente en Castilla, que permitirá dar una idea general del papel de la monarquía, los grupos sociales existentes en su momento, así como la complejidad normativa existente en un inicio, con base en lo cual se podrá apreciar la trascendencia de la recepción del *Ius Commune,* así como la labor de sistematización que emprendieron los monarcas españoles para consolidar el Derecho Castellano, temas que serán objeto de estudio en los siguientes apartados.

3. ORDEN POLÍTICO-SOCIAL EN CASTILLA

3.1. Situación política particular del reino de Castilla

En el siglo IX, Castilla era una entidad autónoma del condado vasallo de León, del cual logró su independencia merced a la política del conde Fernán González, quien posteriormente gobernaría Castilla.[9] Para el siglo

---

9 Diccionario Enciclopédico Espasa, t. V, Madrid-Barcelona, Editorial Espasa-Calpe, 1988, pp. 599-600.

XI, Castilla se convierte en reino que coexistió con otros reinos cristianos como León, Aragón, Asturias, Barcelona y Navarra, que contaban con su propia organización administrativa y sistema jurídico propio.[10] En la Edad Media, el poder político se ejercía con las monarquías, la cual conllevará una centralización del poder. En el caso del reino de Castilla el ejercicio del poder público se reflejaba con la presencia de representantes monárquicos en los consejos municipales de las nacientes ciudades. Igualmente, a través de los casos de la Corte, se asumió la competencia de asuntos correspondientes de los tribunales feudales o municipales. Por su parte, la Corona se encargaba del cobro de impuestos, circulación de la moneda e incluso del patronato eclesiástico, que facultaba al rey para incidir en la distribución de beneficios eclesiásticos, nombramiento de funcionarios de la Iglesia, así como la participación de diezmos.[11] Así, ya se advierte la necesidad de contar con instituciones encargadas de realizar las labores particularmente administrativas y judiciales en el reino de Castilla, los cuales habrían de requerir de un cuerpo sistematizado de normas jurídicas para dar cohesión y unidad al reino, lo cual habría de explicar la preocupación que con el rey Alfonso X se gestó de tratar de contar con ordenamientos jurídicos para guiar las relaciones políticas, económicas, sociales y culturales del reino.

Junto con la presencia de los monarcas, desde la Baja Edad Media es posible apreciar que en el panorama político de España adquieren relevancia los burgueses bajo el llamado "estado llano", quienes comenzaron a adquirir privilegios y a balancear el poder de los señores feudales, en tanto que fungieron como consejeros de los monarcas y de las cortes.[12]

Finalmente, en el orden político se observará una relación entre religión, alto clero y poder real presente en España, que se apreciaba en el hecho de que la fe proporcionaba los elementos básicos de la ideología explicativa tanto del ser como del funcionamiento de la sociedad, así como la imagen de los monarcas como protectores y restauradores de la Iglesia, lo cual suponía un activo interés por parte de la monarquía con Roma.[13]

---

10 SOBERANES FERNÁNDEZ, José Luis, *Historia del Derecho Mexicano,* 15a. ed., México, Porrúa, 2012, pp. 38-41.

11 MARGADANT, Guillermo F., *Introducción a la Historia del Derecho Mexicano,* México, UNAM, 1971, p. 38.

12 *Ibidem,* p. 36.

13 FEHER, Eduardo Luis, *La Toma de Posesión de las Indias Occidentales. Creencias, mitos, verdades y falsedades jurídicas,* México, Porrúa/UNAM, Facultad de Derecho, 2012, p. 137.

Dicha relación habrá de ser manifiesta en distintos instrumentos jurídicos en donde la materia eclesiástica fue objeto de amplia regulación, como se apreciará más adelante.

Bajo este esquema, el rey de Castilla gobernaba con ayuda de las Cortes, una asamblea de obispos, señores feudales y representantes de cabildos,[14] lo cual refleja que en las decisiones tomadas en el reino de Castilla participaban distintos sectores con intereses de carácter político, religioso y económico.

Un aspecto adicional que es menester señalar es en el sentido de que la vinculación con la religión habría de ser significativa para dar sentido a los principios filosófico-jurídicos que rigieron el reino de Castilla. Ciertamente, durante la Edad Media, las ideas predominantes en la península ibérica habrían de estar marcadas por la Escolástica, entendido como un movimiento filosófico y teológico que se nutre de fuentes griegas y latinas, a través del cual se buscaba la solución entre la fe y la razón en el planteamiento de las verdades fundamentales del cristianismo, el cual fue desarrollado por los Padres de la Iglesia, desde Pablo de Tarso hasta Isidoro de Sevilla,[15] que en conjunto permitían advertir la manera en que dicho sistema de ideas habría de incidir sobre las nociones de orden, justicia, equidad, la conformación de las instituciones, así como la respectiva regulación en los distintos ordenamientos que se gestaron durante la Edad Media.

En este marco, es posible apreciar que la presencia del rey, sus funcionarios, los burgueses y su ideología adquirieron un rol significativo en la toma de decisiones político-económicas de la península ibérica en la Edad Media. El papel de los actores en el terreno político pretendió fortalecerse por un orden jurídico sistematizado y unificado, bajo el cual fuera posible regular las relaciones políticas, económicas, sociales y culturales en todo el reino de Castilla.

Esta labor de sistematización y unificación del sistema jurídico castellano representó un significativo reto y esfuerzo en la Edad Media, en atención al complejo y variado orden social existente en la península ibérica, guiados a su vez por sus propias costumbres, idiosincrasia y lenguaje, que se referirá en los siguientes apartados.

---

14 MARGADANT, Guillermo F., *Panorama de la Historia Universal del Derecho,* 7a. ed., México, Porrúa, 2000, p. 187.

15 IRIGOYEN TROCONIS, Patricia *et. al., Enciclopedia Jurídica Mexicana, Derecho Romano e Historia del Derecho Mexicano, op. cit.,* pp. 152-156.

3.2. Orden social

Desde el siglo VIII a.C. al XV la península ibérica fue testigo de la migración de diversos grupos humanos con características culturales, sociales y jurídicas distintas, que incidieron en los elementos formativos del Derecho Castellano.

Entre dichos grupos se encontraban los persas (siglos VIII a.C. a II a.C.), fenicios (siglo VII a.C.) y griegos (siglo VI a.c. a III a.C.). A partir del siglo II a.C. destaca la presencia de los romanos en la península ibérica en un esfuerzo por expandir su imperio en la parte occidental del continente europeo, quienes impusieron sus costumbres y su derecho, el cual más tarde sería mezclado con el derecho de otros grupos sociales como los alanos, suevos y vándalos, y posteriormente los visigodos, que establecieron su derecho en la península. Roma estuvo presente en el actual territorio de España desde el año 218 a.C. —cuando los romanos vencieron a los cartagineses—, hasta el 476, con la caída del Imperio de Occidente, cuando el germano Odoacro destituyó al último de los emperadores Rómulo Augusto.[16] Un grupo social que igualmente adquirió relevancia en la península ibérica fueron los visigodos quienes reinaron desde el 415 al 711. En el año 711 se da la dominación musulmana, cuya permanencia en el territorio será hasta 1492 cuando son expulsados definitivamente de Granada por los reyes Católicos Fernando de Aragón e Isabel de Castilla.

En el periodo comprendido del año de 711 a 1492, los musulmanes permitieron a los habitantes de la península conservar sus costumbres y religión sin imponer las propias.[17] Sin embargo, conforme se iban recuperando territorios dominados por los musulmanes, se buscó unificarlos bajo la monarquía de Castilla.

4. DEL PLURALISMO NORMATIVO A LA SISTEMATIZACIÓN DEL DERECHO

4.1. Diversidad de grupos sociales

La diversidad de los grupos sociales presentes en la península ibérica implicó la existencia de diversas costumbres, que advertía la ausencia de

---

16 BERNAL GÓMEZ, Beatriz., *Historia del Derecho,* México, UNAM/Instituto de Investigaciones Jurídicas/Nostra, 2010, p. 70.

17 MARGADANT, Guillermo F., *Panorama de la Historia Universal del Derecho, op. cit.*, p. 187.

un régimen común que normara a los habitantes de la península ibérica. Conforme a lo mencionado en el apartado precedente, entre los pueblos que habitaron la península ibérica y que incidieron en la adopción de diversas instituciones y normas jurídicas se encuentran los celtas[18] fenicios,[19] griegos,[20] los germanos[21] y los visigodos.[22] Adicionalmente, adquirió relevancia el elemento feudal, franco y canónico, quienes igualmente incidieron entre los elementos formativos del Derecho Castellano.[23]

En la Edad Media es el llamado Derecho común visigodo, el que habría de adquirir un rol significativo en la península ibérica, en donde destaca el *Liber Iudiciorum,* el cual si bien habría de ser respetado en lugares como Cataluña, León o localidades con una importante población mozárabe, como Toledo o Córdoba,[24] sin embargo dada la ruralización de Europa la vida jurídica caminó por caminos diferentes a los que establecía el texto gótico, a lo cual habría de agregarse los retos de las nacientes nuevas circunstancias sociales, políticas y económicas, los impedimentos de carácter político, religioso y cultural que dificultaban la vigencia de las leyes (por ejemplo en materia de títulos y normas referidas al rey, tributos o Derecho Penal que no fueron bien recibidos en los territorios ocupados por los musulmanes), así como la pobreza cultural de la época que en un momento dado impedía un estudio serio, riguroso y detallado del Derecho común visigodo, lo cual implicó que si bien el orden jurídico se aplicara, éste no era objeto de estudio y de reflexión.[25]

---

18 *Vid.* PÉREZ DE LOS REYES, Marco Antonio, *Historia del Derecho Mexicano, op. cit.,* p. 121.

19 *Vid.* ESQUIVEL OBREGÓN, Toribio, *Apuntes para la Historia del Derecho en México,* t. I, México, Porrúa, 2004, p. 13.

20 *Vid.* PÉREZ DE LOS REYES, Marco Antonio, *Historia del Derecho Mexicano, op. cit.,* pp. 123-124.

21 *Vid.* CERVANTES Y ANAYA, Javier de, *Introducción a la historia del pensamiento jurídico,* México, Tribunal Superior de Justicia del Distrito Federal, 2002, pp. 255-256 [en línea], <https://archivos.juridicas.unam.mx/www/bjv/libros/3/1387/6.pdf>, [consulta: 6 de mayo de 2021].

22 *Vid.* PÉREZ DE LOS REYES, Marco Antonio, *Historia del Derecho Mexicano, op. cit.,* pp. 127-128.

23 *Cfr.* PÉREZ DE LOS REYES, Marco Antonio, *Enciclopedia Jurídica Mexicana, Derecho Romano e Historia del Derecho Mexicano, op. cit.,* pp. 608-609.

24 *Cfr.* MARTÍNEZ MARTÍNEZ, Faustino, "Acerca de la recepción del *Ius Commune* en el Derecho de las Indias: Notas sobre las Opiniones de los Juristas Indianos", *op. cit.,* pp. 470-471.

25 *Cfr. Ibidem,* pp. 472-473.

La insuficiencia del *Liber Iudiciorum* de atender a las nacientes necesidades políticas, económicas y sociales favoreció la consolidación de la costumbre como fuente del Derecho, con lo cual se fue gestando el pluralismo jurídico para suplir y corregir el Derecho visigodo, lo cual suponía que cada ciudad, villa, localidad o comarca presentase su forma peculiar de vivir el Derecho, en donde adquirió particular relevancia la labor de los señores feudales dentro de sus respectivos territorios, así como de los concejos y municipios en donde existiesen.[26] Bajo este marco, es posible apreciar que la costumbre jurídica de cada lugar parecía responder de una manera más práctica a la dinámica de la vida política, económica y cultural del reino de Castilla, y en donde el *Liber* parecía ser insuficiente para atender a esa realidad cambiante.

A la llegada del siglo IX se intentó plasmar por escrito ese abigarrado conjunto de normas jurídicas que formaban el derecho de cada localidad, lo cual da lugar al surgimiento de los Fueros, que adquirirán complejidad y aumentarán el número de normas, como reacción ante el creciente poder de la realeza. En este marco, el antiguo Derecho visigodo subsistió, pero ahora en carácter de supletorio de los cuerpos forales.[27]

Ante este pluralismo normativo, en la península ibérica se presentarán dos aspectos que inaugurarán el Bajo Medievo Jurídico, a saber: la recepción del ius commune y las obras jurídicas de Alfonso X, el Sabio, cuyas referencias se abordarán en los siguientes numerales.

4.2. Recepción del **ius commune** *en la corona de Castilla*

En general, la recepción supone "un proceso histórico a lo largo del cual penetra una cultura y se impone y sobrepone a otra que se ve así transformada según la intensidad del fenómeno".[28] Dicha recepción en algunos casos puede ser aceptada y operar conscientemente, pero también se puede dar el supuesto de que sea forzosa, y se aplique aun contra el deseo de la comunidad.[29]

---

26 *Ibidem*, p. 473.

27 *Ibidem*, p. 474.

28 IRIGOYEN TROCONIS, Patricia *et. al.*, *Enciclopedia Jurídica Mexicana, Derecho Romano e Historia del Derecho Mexicano, op. cit.*, p. 141.

29 *Idem.*

Por su parte, el *ius commune* representa un concepto que se designa para aludir al redescubrimiento del Derecho Romano en la Europa medieval. En este marco, el Derecho Romano habría de convertirse en un elemento integrante de los respectivos ordenamientos jurídicos, cuyas categorías y principios buscaron adaptarse a las necesidades y realidades que presentaba el mundo medieval.[30] El interés se centró en el Derecho Justinianeo, contenido en el Corpus Iuris Civilis que implicará el estudio del Codex, Digesto, Institutas y Novellas, que se introdujeron en la península ibérica, cuya importancia comenzaba a reforzarse e imponerse frente al tradicionalismo de los campesinos y clases feudales.[31]

Aunado a lo anterior, en esta recepción del Derecho Romano, fueron significativas las contribuciones de la Escuela de los Glosadores, la Escuela de Ultramontini y la Escuela de los Posglosadores, que incidieron en el estudio de los problemas jurídicos y sus soluciones, estudio y aplicación del Derecho Romano en la impartición de la justicia por los tribunales de su tiempo y la adición de comentarios al Digesto para crear un nuevo Derecho Romano, respectivamente.[32] La referencia a las escuelas en comento advierte la trascendencia que la reflexión jurídica adquirió en el estudio y aplicación del Derecho Romano en el reino de Castilla, al cual inicialmente se le vio como una manera viable de solucionar los conflictos sociales de la época.

Junto con el Derecho Romano adquirió igualmente relevancia el Derecho Canónico recogido en el Decreto de Graciano hacia 1120 e incrementado con las Decretales promulgadas por los Pontífices Romanos a partir de esa fecha. Asimismo, se retomaron disposiciones procedentes del derecho Feudal y de los estatutos municipales de las ciudades libres de Italia, lo cual en conjunto representó la expansión y aceptación del derecho común por toda Europa, que a consideración de Martínez Diez constituye el fenómeno jurídico más importante de la historia jurídica europea y será una de las notas de la identidad y unidad de la Europa medieval.[33]

---

30 SOBERANES FERNÁNDEZ, José Luis, *Historia del Derecho Mexicano, op. cit.*, pp. 45-46.

31 MARGADANT, Guillermo F., *Introducción a la Historia del Derecho Mexicano, op. cit*, p. 36.

32 PÉREZ DE LOS REYES, Marco Antonio, *Enciclopedia Jurídica Mexicana, Derecho Romano e Historia del Derecho Mexicano, op. cit.*, pp. 613-614.

33 MARTÍNEZ DIEZ, Gonzalo, "Panorámica Jurídica Bajo-Medieval en la Corona de Castilla", *op. cit.*, p. 44.

En Castilla, la extensión y penetración de la Recepción será ante todo la obra de los letrados medievales, que formados en ese derecho, lo aplicarán desde sus puestos de jueces, alcaldes y consejeros.[34]

En este marco adquiere un papel importante la labor de los juristas, quienes ante la ausencia de un poder legislador consolidado en la época, habrían de aplicar su capacidad de creación jurídica, con el manejo de las categorías y principios de Derecho Romano y los métodos de razonamiento transmitidos por la escolástica, a partir de lo cual buscarán aterrizar un intento de adaptación de la realidad medieval y al mundo jurídico en que se han formado.[35] Así, los juristas participarán activamente en el proceso, mientras que las universidades o estudios generales fungieron como los semilleros donde se incubaron las posteriores generaciones de prácticos y teóricos del derecho.[36] En ese marco, los juristas desempeñaron un rol activo tanto en el estudio como en la conformación del sistema jurídico, al realizar significativos esfuerzos para identificar la manera en que el Derecho Romano podría contribuir a dar solución a los problemas presentes en la Edad Media, con lo cual se aprecia que la doctrina cumpliría con la función de innovación para la aplicación de Derecho, así como para el desarrollo del Derecho.

La Recepción del Ius Commune adquirirá un nuevo impulso con el rey Alfonso XI, a través del Ordenamiento de las Cortes de Alcalá de 1348 (Ordenamiento de Alcalá), en el cual se establece por primera vez un claro orden de prelación de las fuentes de derecho, otorgando la prioridad absoluta a las leyes recogidas en el propio ordenamiento, en segundo lugar figuran los fueros locales guardados en aquellas recopilaciones, y en tercer lugar, se da vigencia como fuente de derecho a las Partidas. A través de esta prelación se afirma el papel del supremo poder legislativo, lo cual en conjunto permite consumar el proceso de la Recepción iniciado por Alfonso X, a lo cual habría de seguir un estudio doctrinario de ese Derecho Común.[37] En este marco, ya se observará que desde la monarquía se tendrá un especial interés por participar en la unificación y sistematización del Derecho, bajo una expectativa de dar mayor orden al reino de Castilla.

---

34 *Idem.*

35 MARTÍNEZ MARTÍNEZ, Faustino, "Acerca de la recepción del *Ius Commune* en el Derecho de las Indias: Notas sobre las Opiniones de los Juristas Indianos", *op. cit.*, p. 450.

36 *Idem.*

37 *Ibidem,* pp. 48-49.

4.3. La obra jurídica de Alfonso X "El Sabio"

El rey Alfonso X, El Sabio, sentó las bases para la unificación jurídica, con el fin de poner fin a la pluralidad jurídica existente en Castilla.[38] En este marco, el referido monarca realizó significativos esfuerzos para contribuir a la anhelada unificación jurídica con cuatro cuerpos jurídicos fundamentales: *el Fuero Real, el Espéculo, el Setenario y las Siete Partidas,*[39] que se describen a continuación:

A. Fuero Real (aproximadamente 1255)

Este ordenamiento tenía como finalidad elaborar un texto jurídico que regulara las relaciones de aquellos habitantes de las localidades que carecían de fuero o bien que presentaban uno anticuado y obsoleto, lo cual facilitó su aceptación. En este Fuero habrían de confluir tres corrientes jurídicas: la visigoda plasmada en el Fuero Juzgo, la popular castellana de los fueros y locales, y la culta y letrada del Derecho Común.[40]

El Fuero Real, aspiraba a ser una vasta síntesis del Derecho común románico-canónico en lengua romance,[41] el cual se encontraba dividido de la siguiente manera:

- Primer Libro: Regulación de la materia religiosa, aspectos relativos al rey y a su familia; las leyes, los alcaldes y su jurisdicción; los escribanos y la validez de los juicios.
- Segundo Libro: Los juicios y procedimientos; las ferias y la prescripción.
- Tercer Libro: El Derecho familiar, sucesiones y contratos.
- Cuarto Libro: De los herejes, judíos y demás enemigos de la fe; de los delitos y las penas; de los peregrinos y romeros y de los navíos.

El Fuero Real se adoptó en los tribunales reales, el cual se concedió como fuero municipal a muchas poblaciones y en 1272 en las Cortes de Burgos se aclaró que no regía para los ricos hombres ni hijosdalgo. En este

---

38 SOBERANES FERNÁNDEZ, José Luis, *Historia del Derecho Mexicano, op. cit.*, p. 46.

39 BERNAL GÓMEZ, Beatriz., *Historia del Derecho, op. cit.*, pp. 96-97.

40 MARTÍNEZ DIEZ, Gonzalo, "Panorámica Jurídica Bajo-Medieval en la Corona de Castilla", *op. cit.*, p. 42.

41 *Idem.*

esquema, el Fuero Real fue el Código principal de Castilla y tuvo vigencia durante más de un siglo y regía siempre que no estuviera su contenido en conflicto con la costumbre antigua o con algún fuero local que no tuviera al Fuero Real como antecedente.[42] Si bien dicho instrumento fue objeto de diversas glosas y comentarios por diversos juristas y su contenido fue mencionado en recopilaciones castellanas como el Ordenamiento de Montalvo, la Nueva y Novísima Recopilación,[43] explica Soberanes que este texto no tuvo éxito, ya que las ciudades celosas de su autonomía, reaccionaron negativamente ante un texto que ponía en manos del rey el nombramiento de todas las autoridades judiciales.[44]

Junto con el Fuero Real, durante el reinado de Alfonso X se expidieron las Leyes Nuevas regularon la usura y las deudas, las herencias, las relaciones entre cristianos y moros; y, las Leyes de Estilo, integrada por doscientos cincuenta y dos capítulos, que tratan de reconciliar las diferencias que surgieron entre muchos fueros locales y el Fuero Real que a consideración de Gabriel Aguirre Ramírez, más bien parecen ser la enunciación de· la ley y su aplicación por jurisperitos y no un código legal en el sentido propio de la expresión.[45]

La regulación en comento que expidió Alfonso X, se integraba por antecedentes del derecho germánico y del Fuero Juzgo.[46] Los antecedentes mencionados advierten que la labor de sistematización y unificación normativa partía de bases jurídicas reconocidas y aceptadas por el reino de Castilla, cuya referencia conllevó un significativo estudio y análisis por parte de los juristas de la época.

---

[42] AGUIRRE RAMÍREZ, Gabriel, *Don Alfonso El Sabio. Las directrices de la política interior de su reinado,* México, UNAM, 1955, pp. 62-63 [en línea], <https://www.historicas.unam.mx/publicaciones/publicadigital/libros/030/030_04_06_legislacion.pdf> [consulta: 6 de mayo de 2021].

[43] Fuero Real de Alfonso X, el Sabio, Estudio Preliminar de Antonio Pérez Martín, Madrid, Agencia Estatal Boletín Oficial del Estado, 2015, pp. XXXIII-XXXIV [en línea], <https://www.boe.es/biblioteca_juridica/abrir_pdf.php?id=PUB-LH-2018-7> [consulta: 7 de mayo de 2021].

[44] SOBERANES FERNÁNDEZ, José Luis, *Historia del Derecho Mexicano, op. cit.*, p. 47.

[45] AGUIRRE RAMÍREZ, Gabriel, *Don Alfonso El Sabio. Las directrices de la política interior de su reinado, op. cit.*, p. 64.

[46] *Idem.*

B. Setenario (1255-1256)

El Setenario inició bajo la dirección de Alfonso X como un proyecto que debía introducir un poco de orden en la caótica legislación de Castilla y León que se puso en marcha durante el reinado de Fernando III de Castilla.[47] Para Kenneth H. Vanderford, este instrumento integrado en 108 leyes, se puede dividir en diez secciones referentes a la introducción, sectas idólatras de la antigüedad, artículos de la fe, sacramentos en general, primer sacramento (bautismo), crisma, segundo sacramento (confirmación), tercer sacramento (penitencia) cuarto sacramento (comunión), las cuales parecerían estar vinculadas con el contenido de la Primera Partida.[48] En la elaboración de dicho instrumento participaron personas conocedoras de la ley canónica y del ritual de la Iglesia, así como del latín, hebreo, griego y otras lenguas.[49]

En este ordenamiento, es posible observar la manera en que se encuentra presente la vinculación entre el poder político y religioso aludido en apartados previos, que reflejan la intención del poder político por regular aspectos que en estricto rigor corresponderían a temas propios del Derecho Canónico.

C. Espéculo (1265)

Consistía en un texto jurídico que pretendía recoger todo el Derecho aplicable en la Corona de Castilla y León, lo cual se realizó a partir de la selección de los mejores fueros del reino hechos con el consejo y anuencia de prelados, ricos y conocedores de la ley.[50] La referencia al nombre Espéculo o Espejo de las Leyes atendía a la necesidad de enfatizar que la ley no debía ser producto de la voluntad del legislador, sino un reflejo de la realidad vivida por la población.[51] Particularmente, dicho instrumento pre-

---

47 Alfonso El Sabio, *El Setenario,* introducción y edición de Kenneth Vanderford, Kenneth, Buenos Aires, Facultad de Filosofía y Letras de la Universidad de Buenos Aires, 1945, p. XXVI. [en línea], <http://www.cervantesvirtual.com/obra/setenario–0/>, [consulta: 9 de mayo de 2021].

48 *Ibidem,* p. XXVII.

49 *Ibidem,* p. XL.

50 AGUIRRE RAMÍREZ, Gabriel, *Don Alfonso El Sabio. Las directrices de la política interior de su reinado, op. cit.,* p. 64.

51 PÉREZ DE LOS REYES, Marco Antonio, *Enciclopedia Jurídica Mexicana, Derecho Romano e Historia del Derecho Mexicano, op. cit.,* p. 617.

tendía facilitar la substanciación de pleitos, con la respectiva orientación para los jueces y oficiales del reino.[52]

El Espéculo nunca tuvo vigencia y su redacción fue abandonada en 1256 para dar comienzo a las Partidas, sin embargo, en la opinión de Martínez Díaz dicho instrumento representó una gran enciclopedia de todo el saber jurídico del derecho común vertida al romance para que fuera asequible aun a aquellos que no habían seguido los cursos de la Universidad o de los Estudios Generales, y que carece de paralelo en cualquier otro reino o en cualquier otra lengua vulgar.[53]

En este marco, es posible apreciar que en el marco de la Edad Media en la península ibérica se gestó desde sus inicios el interés por parte del monarca en sistematizar las disposiciones presentes hasta el siglo XIII con la colaboración de distintos funcionarios, especialistas y personas con recursos económicos, con la finalidad de contribuir a la difusión de aquellas disposiciones necesarias para dar orden al reino de Castilla.

D. Las Siete Partidas (1256-1263)

Las Siete Partidas se inspiran en autores griegos y romanos, en textos de la Biblia, escritos de los doctores de la Iglesia, el Derecho romano-bizantino de Justiniano y de los glosadores, Derecho Canónico y algunas costumbres castellanas antiguas, la cual inicialmente se concibió como obra orientadora o guía para legislar. Adicionalmente, comenta Gabriel Aguirre Ramírez, que incluso las Partidas fueron más que una recopilación de leyes, en tanto que abrazan en su contenido gran cantidad de reflexiones filosóficas y morales de naturaleza legal, gran cantidad de máximas de tipo político y muchas disquisiciones sobre las cualidades y características que las instituciones y los gobernantes deberían mostrar.[54]

Dicha obra se encuentra dividida en siete libros o partidas que se describen a continuación:

Partida I: Las fuentes del Derecho y Derecho eclesiástico.

Partida II: El rey y los funcionarios públicos con sus facultades y deberes.

---

52 MARTÍNEZ DIEZ, Gonzalo, "Panorámica Jurídica Bajo-Medieval en la Corona de Castilla", *op. cit.*, p. 43.

53 *Idem.*

54 AGUIRRE RAMÍREZ, Gabriel, *Don Alfonso El Sabio. Las directrices de la política interior de su reinado, op. cit.*, pp. 65-66.

Partida III: Los jueces y el procedimiento judicial.

Partida IV: Los jueces y el procedimiento judicial.

Partida V: Los jueces y el procedimiento judicial.

Partida VI: Derecho Civil.

Partida VII: Derecho Penal.

Comenta Margadant que en la redacción de las Siete Partidas, se siente el impacto de la Universidad de Bolonia, en donde probablemente algunos colaboradores del rey como Jácome Ruiz, el obispo Martínez y el maestro Roldán estudiaron, lo cual se reflejó en la doctrina romanista y posglosadora que se observa de la obra en comento.[55]

En la exposición de Martínez Diez, las Partidas por su carácter didáctico y como gran enciclopedia jurídica no podía ser promulgada como código o compilación de vigencia inmediata, por lo que serían los letrados los que irán introduciendo en sus decisiones administrativas o judiciales la doctrina y las soluciones contempladas en las Partidas. En cualquier caso, con las Partidas la lengua castellana va a contar con la exposición más extensa y ordenada del derecho común, de ese derecho que formado y elaborado en las Universidades y especialmente en Bolonia acabará siendo recibido en todos los reinos europeos durante la Baja Edad Media.[56] En este marco, se observa que junto con la labor realizada por los juristas y especialistas en la materia para sistematizar y unificar las disposiciones vigentes en la época, adquirieron un papel significativo los funcionario públicos y jueces de reconocer la labor realizada por los especialistas para la redacción de las Siete Partidas e incorporarla en la labor de interpretación y aplicación del Derecho.

Durante el reinado de Alfonso X las Siete Partidas no fueron promulgadas ni entraron en vigencia, sin embargo, fueron objeto de consulta para letrados, juristas, maestros y estudiantes de jurisprudencia, en tribunales y universidades, quienes veían en dichos ordenamientos una fuente de preparación académica.[57]

---

55 MARGADANT, Guillermo F., *Panorama de la Historia Universal del Derecho, op. cit.*, p. 188.

56 MARTÍNEZ DIEZ, Gonzalo, "Panorámica Jurídica Bajo-Medieval en la Corona de Castilla", *op. cit.*, p. 44.

57 AGUIRRE RAMÍREZ, Gabriel, *Don Alfonso El Sabio. Las directrices de la política interior de su reinado, op. cit.*, p. 67.

Con el Ordenamiento de Alcalá en 1348 se consideró a las Siete Partidas como fuente supletoria del Derecho, y junto con el Fuero Real y los fueros locales, constituyeron las leyes fundamentales del Reino,[58] de esta manera se trató de poner un orden en el caos legislativo, lo cual fue acompañado por reformas al Derecho Civil, Penal y Procesal.[59]

En este marco, se observa nuevamente que las Siete Partidas contribuyeron significativamente a la innovación en la aplicación del Derecho y al desarrollo del mismo, al dar una base para la consulta y reflexión de las disposiciones que se estimaban más relevantes relacionadas con las fuentes del Derecho y del Derecho Eclesiástico, las facultades y deberes del rey y funcionarios públicos, regulación de jueces y procedimiento judicial, Derecho Civil y Derecho Penal.

Con las Siete Partidas se aprecia nuevamente la situación que se ha comentado en ordenamientos previos, en el sentido de que si bien dicho instrumento no fue promulgado ni entró en vigencia durante el reinado de Alfonso X, es posible apreciar los esfuerzos innovadores que desde el siglo XIII realizó la monarquía para unificar y sistematizar el Derecho, dentro de lo cual los juristas, los funcionarios administrativos y jueces jugaron igualmente en la sistematización del Derecho, estudio de las obras, así como en el acatamiento de las disposiciones para dar orden y solucionar los conflictos en la península ibérica durante la Edad Media. Dicha intención de unificación y sistematización incluso fue significativa para efectos pedagógicos, en el sentido de que contribuyó a la formación de los juristas en la Edad Media en la península ibérica.

La experiencia e intenciones de sistematización y unidad del orden jurídico que se gestó con la labor legislativa de Alfonso X habría de adquirir un nuevo impulso a finales del siglo XV, con motivo de la unión de los reinos de Castilla y Aragón, en donde se estimó conveniente contar con normas jurídicas claras, sistematizadas y ordenadas, que permitieran dar estabilidad al reino.

5. PROCESO RECOPILADOR DEL DERECHO CASTELLANO

5.1. Panorama general

Para iniciar con la exposición del proceso recopilador del Derecho Castellano es menester retomar la opinión del Dr. Marco Antonio Pérez de los

---

58 *Idem.*

59 MARGADANT, Guillermo F., *Panorama de la Historia Universal del Derecho, op. cit.*, p. 188.

Reyes, quien identifica que fue una gran preocupación de los monarcas castellanos, primero, y españoles después, el reunir en forma concordada y actualizada la amplia labor legislativa. Si bien, al principio fueron los juristas los que se dieron a la tarea de realizar compilaciones, como se aprecia con Las Leyes Nuevas de 1278, el Fuero Real de Alfonso X y las Leyes del Estilo, que como tal no fueron promulgadas por la Corona, sin embargo, a medida en que la Corona se encargó de llevar a cabo el movimiento compilador, dichos ordenamientos fueron de orden público, al ser debidamente promulgados por la Corona.[60]

Un nuevo realce a la codificación se dio a finales del siglo XV cuando se concertó el matrimonio de Fernando de Aragón con Isabel de Castilla, lo cual conllevó la "incorporación" de Castilla al sistema gubernativo de la Corona de Aragón, lo que implicaba que las decisiones del ejercicio de gobierno tenían que ser comunes y mantener la permanencia de los reinos en una sola Corona,[61] lo cual gestó la necesidad de sistematizar y unificar el orden jurídico en el naciente reino.

Explica Suárez Bilbao que en el sistema de gobierno de los Reyes Católicos el eje fundamental fue la combinación de la casa del rey, o Corte, sometida a los continuos traslados itinerantes; la Cámara, que atendía a lo que se pueden denominar como funciones oficiales de los reyes, y el Consejo Real, creado en las Cortes de Valladolid de 1385.[62]

En este marco, se gestan dos acciones significativas emprendidas por la monarquía castellana a finales del siglo XV:

- La expulsión definitiva de los musulmanes de Granada, lo cual dio la idea de la unidad de la península ibérica y la del Imperio carolino hispano-habsburgués.[63]
- La incorporación de nuevas tierras al otro lado del Atlántico.[64]

Ante la necesidad de regular la vida política, económica, social y cultural del reino, el sistema jurídico adquirirá nuevamente un papel central

---

60 PÉREZ DE LOS REYES, Marco Antonio, *Enciclopedia Jurídica Mexicana, Derecho Romano e Historia del Derecho Mexicano, op. cit.*, p. 619.

61 SUÁREZ BILBAO, Fernando, "El modelo de organización política de la monarquía universal: la Corona de Aragón y su proyección en las Indias", en *Revista Mexicana de Historia del Derecho,* vol. XXX, Enero-Junio 2018, pp. 10-16.

62 *Ibidem,* p. 26.

63 *Ibidem,* pp. 60-62.

64 *Ibidem,* p. 63.

para dar cohesión y orden, para lo cual será significativa la iniciativa de los reyes de Isabel de Castilla y Fernando de Aragón en el proceso recopilador del Derecho Castellano, que se explorará en el siguiente apartado.

5.2. Labor legislativa de los Reyes Isabel de Castilla y Fernando de Aragón

A. Generalidades

Durante el Renacimiento se consolida el poder del Reino de Castilla y sus reinos incorporados, lo cual da lugar a un absolutismo que ocasionó un desorden jurídico momentáneo, dadas las diversas disposiciones emanadas del rey y sus Cortes, para atender sus múltiples asuntos.[65] Lo anterior generó la inquietud de los Reyes Isabel de Castilla y Fernando de Aragón de emprender una labor legislativa para unificar el Derecho y dar orden al reino, así como generar condiciones de gobernabilidad de la Corona de Castilla, a través de leyes e instituciones.

Como bien lo indica Héctor H. Gassó, el reinado de Isabel y Fernando (1474-1516) está marcado, desde sus inicios, por una intensa actividad legisladora, y así lo demuestran las importantes reformas emprendidas ya desde los primeros años, como la regulación de las funciones de los secretarios reales, a partir de las Cortes de Madrigal de 1476 y las actuaciones llevadas a cabo en las Cortes de Toledo en 1480, a partir de las cuales los reyes diseñarán su política posterior, en materia legal y de ordenación gubernativa y territorial del reino, entre las que destacan las Ordenanzas Reales de Castilla (1484), Capítulos de Corregidores (1500), Libro de las Bulas y Pragmáticas (1503) y Leyes de Toro (1505).[66]

En este esquema, las condiciones de legalidad y gobernabilidad habrían de ser un punto clave para que la Corona española consolidara su poder al interior del reino, fortaleciera su presencia en el continente europeo y favoreciera condiciones para participar en la actividad económica y comercial propia de su época, que a la postre incidirían en la llegada de los españoles al continente americano.

---

[65] BERNAL GÓMEZ, Beatriz., *Historia del Derecho, op. cit.*, p. 147.

[66] GASSÓ, Héctor, "Las reformas judiciales de los Reyes Católicos y su reflejo en la literatura del periodo", en Antonia MARTÍNEZ PÉREZ y Ana Luisa BAQUERO ESCUDERO (ed.), *25 años de la Asociación Hispánica de Literatura Medieval,* Murcia, Universidad de Murcia, 2012, pp. 439-441. [en línea], <https://www.ahlm.es/IndicesActas/ActasPdf/Actas18/MURCIA-Las%20Reformas%20Judiciales%20De%20Los%20Reyes%20Cat%C3%B3licos.pdf > [consulta: 8 de mayo de 2021].

B. Ordenamiento de Montalvo (1484)

El Ordenamiento de Montalvo surge como resultado de la necesidad de unificar y aclarar el sentido de la aplicación del Derecho.

Tras la celebración de las Cortes de Toledo de 1480, los Reyes Católicos encomendaron la obra al jurista Alonso Díaz de Montalvo, quien realizó la recopilación de ordenamientos de Cortes, Leyes, Pragmáticas y Ordenanzas de los reyes castellanos desde Alfonso XI hasta los Reyes Católicos, así como una selección de disposiciones del Fuero Real, aplicables en aquel tiempo. Lo anterior refleja la trascendencia de las aportaciones que realizan los juristas en la sistematización del Derecho.

La obra denominada "Ordenanzas Reales de Castilla", posteriormente conocida como "Ordenamiento de Montalvo" está dividida en 8 libros y éstos a su vez en leyes, más de 1.000 agrupadas por materias, relativos a la Materia Religiosa, Derecho Político (oficios reales y de la Corte), Derecho Procesal, Derecho Político (Clases sociales), Derecho Civil (matrimonios, sucesiones, enajenaciones, entre otros aspectos), Hacienda Pública, Régimen Municipal, Derecho Penal y Procesal Penal.

La publicación de la obra se dio en 1484, sin embargo, como lo refiere Gassó su temprana publicación impide que el texto recoja una parte importante de la labor legislativa llevada a cabo por los soberanos, lo que dejó la puerta abierta a posteriores compilaciones, como así sucedió, a lo cual habría de sumarse que los resultados del Ordenamiento de Montalvo no fueron los esperados por los monarcas, que nunca sancionaron esta obra.[67]

Si bien, dicho Ordenamiento no entró en vigor, ni fue sancionado, e incluso fue criticado por parte de los procuradores de la Corte, como bien lo indica María e Izquierdo, dicha obra fue innovadora para la época, ya que se adelantó en algunos aspectos a la técnica y costumbres de entonces y fue de vital trascendencia en la Recopilación de 1567, en tanto que el 20% de las leyes de dicha Recopilación procedieron del Ordenamiento de Montalvo.[68]

Así, la labor de Montalvo habría de ser un importante punto de partida para realizar la sistematización y orden de las disposiciones que habrían regido la península ibérica.

---

67 *Idem.*

68 MARÍA E IZQUIERDO, José María, "El Ordenamiento de Montalvo y la Nueva Recopilación", en *Cuadernos de Historia del Derecho,* núm. 6, 1999, pp. 469-473.

C. Las Leyes de Toro (1505)

Se trata de 83 leyes promulgadas durante el reinado de Juana I de Castilla, que reguló aspectos en materia de Derecho Civil, familia y sucesiones.

Resulta interesante mencionar la inquietud de la reina Juana contenida en la Real Pragmática con que fueron publicadas las Leyes del Toro, en donde se advertía de la situación problemática por la que se atravesaba en el Reino por tener diversos ordenamientos, la cual por su importancia en su parte conducente se transcribe textualmente, en los términos contenidos en la obra de Joaquín Francisco Pacheco:

> Sepades que al Rey mi señor y padre y á la Reina mi señora madre que santa gloria haya, fue fecha relación de los gran daño y gasto que recibían los súbditos naturales, á causa de la gran diferencia y variedad que habría en el entendimiento de las leyes destos mis reinos, así del Fuero como de las Partidas y de los Ordenamientos, y otros casos donde había menester declaracion, aunque no habían leyes sobre ello; por lo cual acaecía que en algunas partes destos mis reinos, y aun en las mis audiencias, se determinaba y sentenciaba en un caso mismo unas veces de manera y otras veces de otra, lo cual causaba la mucha variedad y diferencia que había en el entendimiento de las dichas leyes entre los letrados destos mis reinos. Y sobre esto por los procuradores de las Córtes que los dichos Rey y Reina mis señores tuvieron en la ciudad de Toledo el año que pasó de quinientos y dos les fué suplicado que en ello mandasen proveer, de manera que tanto daño y gasto de mis súbditos se quitase, y que hubiese camino como las mias justicias pudiesen sentenciar y determinar las dichas dudas. Y acatando lo susodicho ser justo, y informados del gran daño que desto se recrescía, mandaron sobre ello platicar á los de su consejo y oidores de las sus audiencias, para que en los casos que más continuamente suelen ocurrir y haber las dichas dudas viesen, y declarasen lo que por ley en en dichas dudas se debía de allí adelante guardar, para que visto por ellos lo mandasen proveer como conviniese al bien destos mis reinos y súbditos de ellos. Lo cual todo visto y platicado por los del mi consejo y oidores de las mis audiencias, y con ellos consultado, fue acordado que debían proveer sobre ello y hacer leyes en los casos y dudas en la manera siguiente (...)[69]

A propósito de la Real Pragmática, comenta Joaquín Francisco Pacheco que el derecho práctico del país a inicios del siglo XVI adolecía de defectos como el no ser fijo ni constante, aunado a que los tribunales y las escuelas, los letrados y los profesores sustentaban opuestas doctrinas, reconocían diversas normas, que generaba aplicaciones difíciles o remotas, a lo cual

---

69 PACHECO, Joaquín Francisco, *Comentario histórico, crítico y jurídico de las Leyes de Toro,* t. I, Madrid, Imprenta de Manuel Tella, 1862, pp. 11-12 [en línea], <https://archivos.juridicas.unam.mx/www/bjv/libros/5/2270/3.pdf > [consulta: 9 de mayo de 2021].

incluso se agregó que por ejemplo en el caso de los mayorazgos se carecía completa y absolutamente de la doctrina escrita, que apuntaba a la necesidad apremiante de que el poder legislativo dotara de un remedio a tales padecimientos.[70]

Dicho instrumento integraba leyes civiles y penales, fáciles de entender y concisas para la forma de expresión de la época, en la que se resumen y dictaminan cuestiones sobre herencias, sucesiones, mayorazgos, matrimonios, derechos de los cónyuges, deudas y adulterios.[71] Para Ramón Falcón Rodríguez, frente a las críticas de que ha sido objeto este instrumento por aparentemente no cumplir con el fin para el cual fue creado, es posible advertir que dicho instrumento asentó sobre bases firmes el Derecho español que logra en dicho instrumento una sustantividad y una combinación equilibrada de los elementos romano y germánico, a la vez de una depuración y generalización de algunas instituciones del Derecho Castellano, las cuales fueron incluidas al formarse la Nueva Recopilación y la Novísima Recopilación.[72]

En este marco, es preciso identificar la persistente preocupación por la problemática que se gestaba por la ausencia de reglas claras y uniformes para guiar las decisiones de los tribunales, así como la dificultad que parecía presentarse en el estudio del Derecho, y en donde nuevamente las Leyes del Toro representaron un esfuerzo por tratar de dar unidad y sistematización al orden jurídico.

D. Nueva Recopilación de las Leyes de Castilla (1567)

Esta obra fue ordenada por Felipe II y promulgada el día 14 de marzo de 1567, tras 33 ó 34 años de compilación, en la cual intervinieron Galíndez de Carvajal, las Cortes de Segovia, Pedro López de Alcocer, Diego Escudero, Pedro López de Arrieta y Bartolomé de Atienza.[73] Dicho Ordenamiento con más de doscientos años de vigencia reunía preceptos normativos del

---

70 *Ibidem*, p. 15.

71 LEYES DEL TORO, Ramón, FALCÓN RODRÍGUEZ, Presentación y María Soledad, Estudio Preliminar, Madrid, Ministerio de Educación y Ciencia, s/a, p. 9 [en línea], <https://sede.educacion.gob.es/publiventa/PdfServlet?pdf=VP01183.pdf&area=E>, [consulta: 9 de mayo de 2021].

72 *Ibidem*, p. 10.

73 ESCUDERO, José Antonio, "Sobre la génesis de la Nueva Recopilación" en *Anuario de historia del derecho español*, núm. 73, 2003, pp. 14-32, [en línea], <https://dialnet.unirioja.es/servlet/articulo?codigo=790246>, [consulta: 9 de mayo de 2021].

reinado de los Reyes Católicos: las Leyes de Toro y el Ordenamiento de Montalvo, así como el Ordenamiento de Alcalá del siglo XIV.

Posteriormente, en 1569 el Rey Felipe II publicó una nueva Recopilación de las Leyes del Reino, en cuyas disposiciones se buscaba regular temas vinculados con la herencia, recusaciones de jueces ordinarios y delegados, sentencias y nulidades, apelaciones, suplicaciones, de las entregas y ejecuciones de contratos y sentencias, costas, alguaciles de la corte y cancillerías, de las cárceles de la corte, cancillerías, de las otras justicias y los pobres en ellas presos, con la correspondiente separación de una cárcel de mujeres separada de hombres, escribanos del consejo, notarios eclesiásticos y aranceles, los derechos que han de llevar los carceleros de los presos de la cárcel de la corte contenidos en el Título 28 del libro Cuarto, los derechos de los alguaciles y los verdugos de la corte. Otros aspectos que igualmente se encuentran regulados en la Nueva Recopilación de las Leyes de Castilla se vinculan con el matrimonio, dotes, arras y joyas, mujeres casadas y solteras, testamentos. mayorazgos, herencias y particiones, ganancias entre marido y mujer, donaciones y mercedes, ventas, pesos y medidas para comprar y vender mercaderías, contratos y obligaciones, prendas, casas de moneda, así como declaraciones que han de guardar respecto de leyes pasadas, entre otros aspectos.[74]

Sin embargo, dichas disposiciones habrían de ser muy cuestionadas, incluso por el propio monarca, dada la falta de sistematicidad, precisión y coherencia de las disposiciones, lo cual apuntó a la necesidad de realizar una nueva labor de compilación para reunir en un instrumento las principales disposiciones en materia civil, administrativa y penal que dieran estabilidad al reino.

E. Novísima Recopilación de las Leyes de España (1805)

Durante el reinado de Carlos II, último monarca de la Casa de los Habsburgo se expidió la Novísima Recopilación de las Leyes de España que reforma la publicación de Felipe II. Al efecto, resulta interesante destacar algunos aspectos de la Real Cédula sobre la formación y autoridad de la Novísima Recopilación de las Leyes de España, en la cual reconoce la entonces necesidad que identificó el Rey Fernando II de recudir a un sis-

[74] Es posible visualizar un fragmento de la Recopilación de Leyes realizada por el Rey Felipe II de 1569 en el siguiente vínculo <https://bibliotecadigital.jcyl.es/es/consulta/registro.cmd?id=8419>, [consulta: 9 de mayo de 2021].

tema universal de leyes a los pueblos de las Coronas de Castilla y León y remediar el desorden de la multitud de fueros particulares y privativos que regían, labor que continuaron los reyes Alfonso X y Alfonso XI. En dicha Real Cédula se alude igualmente a la dispersión de leyes que se fueron promulgando, en función de tiempos y circunstancias, lo cual igualmente ocasionó daños al reino, frente a lo cual Carlos I trató de remediar la situación a través de la obra "Compilación de Leyes de estos Reynos", la cual sin embargo, presentaba errores, defectos e inconsistencias en su redacción y compilación, que apuntaban a redactar un nuevo documento precisamente contenido en la Novísima Recopilación de las Leyes de España, el cual además de regir casos particulares habría de ser objeto de estudio en las Universidades como parte del Derecho Patrio.[75]

La Novísima Recopilación de las Leyes de España regulaba lo siguiente:

Libro I. De la Santa Iglesia; sus derechos, bienes y rentas; prelados y súbditos y Patronato Real.

Libro II. De la Jurisdicción Eclesiástica, Ordinaria y Mixta, y de los Tribunales y Juzgados en que se ejerce.

Libro III. Del Rey, de su Real Casa y Corte.

Libro IV. De la Real Jurisdicción Ordinaria y su ejercicio en el Supremo Consejo de Castilla.

Libro V. De las Cancillerías y Audiencias del Reino; sus Ministros y Oficiales.

Libro VI. De los Vasallos: su distinción de estados y fueros; obligaciones, cargas y contribuciones.

Libro VII. De los Pueblos; y su Gobierno Civil, Económico y Político.

Libro VIII. De las Ciencias, Artes y Oficios.

Libro IX. Del Comercio, Moneda y Minas.

Libro X. De los Contratos y Obligaciones; Testamentos y Herencias.

Libro XI. De los Juicios Civiles, Ordinarios y Ejecutivos.

Libro XII. De los Delitos y sus Penas, y de los Juicios Criminales

---

75 El texto de la Novísima Recopilación de las Leyes de España de 1805 se encuentra disponible en: https://bvpb.mcu.es/es/consulta/registro.cmd?id=403945 [consulta: 9 de mayo de 2021].

La referencia a las anteriores disposiciones refleja la importancia de contar con leyes e instituciones para favorecer la gobernabilidad, consolidar el Estado naciente como presupuestos fundamentales para la realización y participación de actividades económicas.

6. LA FORMACIÓN DEL JURISTA EN LA EDAD MEDIA EN EL REINO DE CASTILLA

Un último apartado al cual se hará una breve referencia es en torno a la formación de juristas y a los principales juristas que contribuyeron a la consolidación del Derecho Castellano. Si bien dicho estudio ameritaría un tratamiento más amplio, se enunciarán algunas líneas con la finalidad de contextualizar algunas notas bajo las cuales se gestaron los estudios de los juristas que contribuyeron con la sistematización y unificación del Derecho Castellano.

Al efecto, las universidades aparecen en el siglo XI, las cuales gozaban de independencia del poder político local, que generan el interés de diversos jóvenes de acudir a nuevos centros de estudio, que sin duda estaban a la vanguardia de la época. Sin embargo, comenta Margadant que en estos centros, los jóvenes se encuentran con problemas económicos, reflejados en casas estudiantiles de precios demasiado elevados y la mala organización de los mercados de libros,[76] lo cual advierte a la posición mayoritariamente privilegiada de quienes accedían a los estudios universitarios, a lo cual habría de sumarse el predominio de los religiosos en los estudios durante la Edad Media.[77]

Junto con la Universidad de Bolonia, cuna del renacimiento del Derecho Justinianeo y gestación del Derecho Canónico,[78] en los territorios de la Corona de Castilla nacieron dos centros universitarios: Palencia y Salamanca,[79] ésta última que gozaba de gran prestigio en toda Europa, so-

76 MARGADANT, Guillermo F., *Panorama de la Historia Universal del Derecho, op. cit.*, p. 201.

77 PÉREZ DE LOS REYES, Marco Antonio, *Historia del Derecho Mexicano, op. cit.*, p. 157.

78 MARGADANT, Guillermo F., *Panorama de la Historia Universal del Derecho, op. cit.*, p. 203.

79 MARTÍNEZ DIEZ, Gonzalo, "Panorámica Jurídica Bajo-Medieval en la Corona de Castilla", *op. cit.*, p. 53.

bre todo en tiempo de Alfonso X, en donde se estudiaba música, medicina, teología, Derecho, matemáticas y lenguas (latín, griego, hebreo y árabe), lo cual advierte que los reinos de la península ibérica eran importantes centros culturales durante la Edad Media.[80]

En este marco, es en donde surge la formación de los juristas que contribuyeron a la labor de sistematización y unificación del Derecho Castellano. Entre los catedráticos connotados de la época se encuentra Hugolino de Sesso, autor de tratados procesales en los que aluden a asuntos castellanos y también palentinos, así como el obispo don Rodrigo, autor de Tractatus positionum, en las cuales alude al derecho común, sin ninguna referencia al derecho nacional castellano ni regio ni consuetudinario.[81]

En la segunda mitad del siglo XIV destacó el equipo letrado que rodeaba al arzobispo de Toledo Don Pedro Diaz de Tenorio (1377-1399), quien realizó un reportorio alfabético de términos jurídicos con citas de textos romanos y Partidas; Gonzalo González de Bustamante (1392) obispo de Segovia, cuya participación puede estar asociada a la redacción de las glosas al Fuero Real y Vicente Arias de Balboa (1414) obispo de Plasencia, conocido glosador de los textos legales castellanos, visible en las Glosas al Fuero Real, las Glosas al Ordenamiento de Alcalá, las Glosas al Ordenamiento de Briviesca (1387) y el Dictamen jurídico en la sucesión a la Corona de Aragón.[82]

En el siglo XV es posible encontrar a Alfonso de Cartagena o Alfonso García de Santamaría (1384-1456), obispo de Burgos desde 1435, Diego Gómez de Zamora, el Dr. Bonifacio García, oidor de la reina Juana, que escribió un diccionario alfabético de términos jurídicos con citas del derecho romano y canónico, así como Alonso Díaz de Montalvo.[83]

En una exposición amplia y detallada, María Paz Alonso Romero expone la formación de juristas durante la Edad Media en Salamanca, con la respectiva referencia a las aportaciones y métodos de enseñanza de destacados juristas como Juan Gutiérrez, Antonio Pichardo Vinuesa, Juan de Solórzano Pereyra, Francisco Ramos del Manzano y José Fernández, en

---

80 PÉREZ DE LOS REYES, Marco Antonio, *Historia del Derecho Mexicano, op. cit.*, p. 158.

81 MARTÍNEZ DIEZ, Gonzalo, "Panorámica Jurídica Bajo-Medieval en la Corona de Castilla", *op. cit.*, p. 54.

82 *Ibidem*, pp. 54-55.

83 *Ibidem*, p. 55.

donde el disciplinado estudio de las obras de los glosadores y posglosadores era un pilar fundamental en la formación del jurista.[84]

El presente apartado advierte de la importancia que reviste la adecuada formación de los juristas no sólo en el estudio y reflexión del fenómeno jurídico, sino también para participar activamente en la sistematización, innovación, crítica y desarrollo del Derecho.

7. CONCLUSIONES

El estudio del Derecho Castellano ofrece interesantes lecciones en torno a la relevancia de la sistematización y unificación del Derecho para dar seguridad jurídica a las relaciones políticas, económicas, sociales y culturales.

Al efecto, la referencia a la problemática presente por la pluralidad normativa, la recepción del *ius commune*, la obra jurídica del rey Alfonso X y del proceso recopilador del Derecho Castellano, con las respectivas aportaciones de los juristas de la Edad Media, apuntan a reforzar la trascendencia de contar con disposiciones debidamente sistematizadas, ordenadas y coherentes, como presupuesto para dar estabilidad y orden al Estado.

En este marco, es significativo el papel de los juristas para continuar con el estudio y reflexión del fenómeno jurídico, que incida en la adecuada crítica jurídica, innovación para la aplicación del Derecho y desarrollo del Derecho. Asimismo, es significativa la profesionalización de los funcionarios públicos con la finalidad de tomar las decisiones adecuadas, colaborar para procurar la seguridad jurídica de los ciudadanos, así como incorporar las aportaciones de los juristas para solucionar la problemática presente en un momento dado.

Así, el estudio de la Historia del Derecho ofrece interesantes puntos de partida para revalorar la senda que ha de seguir el sistema jurídico para afrontar los retos que actualmente enfrenta la humanidad.

---

84 ALONSO ROMERO, María Paz, *Salamanca, Escuela de Juristas. Estudios sobre la Enseñanza del Derecho en el Antiguo Régimen*, Madrid, Universidad Carlos III de Madrid, 2012, pp. 119-432.

BIBLIOGRAFÍA

ALONSO ROMERO, María Paz, *Salamanca, Escuela de Juristas. Estudios sobre la Enseñanza del Derecho en el Antiguo Régimen,* Madrid, Universidad Carlos III de Madrid, 2012.

BERNAL GÓMEZ, Beatriz., *Historia del Derecho,* México, UNAM/Instituto de Investigaciones Jurídicas/Nostra, 2010.

ESQUIVEL OBREGÓN, Toribio, *Apuntes para la Historia del Derecho en México,* t. I, México, Porrúa, 2004.

FEHER, Eduardo Luis, *La Toma de Posesión de las Indias Occidentales. Creencias, mitos, verdades y falsedades jurídicas,* México, Porrúa/UNAM, Facultad de Derecho, 2012.

LEDESMA URIBE, José de Jesús, "Figura o institución jurídica", en Martha Elena Montemayor Aceves y Elvia Carreño Velázquez, ed., *Estudios de Derecho antiguo. Grecia, Roma y su recepción.* México, UNAM, 2017.

MARGADANT, Guillermo F., *Introducción a la Historia del Derecho Mexicano,* México, UNAM, 1971.

MARGADANT, Guillermo F., *Panorama de la Historia Universal del Derecho,* 7a. ed., México, Porrúa, 2000.

PÉREZ DE LOS REYES, Marco Antonio, *Historia del Derecho Mexicano,* México, Oxford University Press, 2012.

RÜTHERS, Bernd, *Teoría del Derecho. Concepto, validez y aplicación del Derecho,* trad. de Minor E. Salas, México, Editorial Ubijus, Instituto de Formación Profesional. 2009.

SOBERANES FERNÁNDEZ, José Luis, *Historia del Derecho Mexicano,* 15a. ed., México, Porrúa, 2012.

Enciclopedias

Diccionario Enciclopédico Espasa, t. V, Madrid-Barcelona, Editorial Espasa-Calpe, 1988.

Enciclopedia Jurídica de la Facultad de Derecho de la UNAM. Derecho Romano e Historia del Derecho Mexicano, t. V, México, Porrúa, 2016.

Hemerografía

MARÍA E IZQUIERDO, José María, "El Ordenamiento de Montalvo y la Nueva Recopilación", en *Cuadernos de Historia del Derecho,* núm. 6, 1999.

SUÁREZ BILBAO, Fernando, "El modelo de organización política de la monarquía universal: la Corona de Aragón y su proyección en las Indias", en *Revista Mexicana de Historia del Derecho,* vol. XXX, Enero-Junio 2018.

Fuentes electrónicas

AGUIRRE RAMÍREZ, Gabriel, *Don Alfonso El Sabio. Las directrices de la política interior de su reinado,* México, UNAM, 1955 [en línea], <https://www.historicas.unam.mx/publicaciones/publicadigital/libros/030/030_04_06_legislacion.pdf> [consulta: 6 de mayo de 2021].

BERNAL GÓMEZ, Beatriz, "El Derecho Castellano dentro del Sistema Jurídico Indiano", en *Anuario Mexicano de Historia del Derecho,* vol. X, 1998 [en línea], <https://revistas-colaboracion.juridicas.unam.mx/index.php/anuario-mexicano-historia-der/article/view/29567/26690> [consulta: 3 de mayo, 2021].

CERVANTES Y ANAYA, Javier de, *Introducción a la historia del pensamiento jurídico,* México, Tribunal Superior de Justicia del Distrito Federal, 2002 [en línea], <https://archivos.juridicas.unam.mx/www/bjv/libros/3/1387/6.pdf>, [consulta: 6 de mayo de 2021].

ESCUDERO, José Antonio, "Sobre la génesis de la Nueva Recopilación" en *Anuario de historia del derecho español,* núm. 73, 2003 [en línea], <https://dialnet.unirioja.es/servlet/articulo?codigo=790246>, [consulta: 9 de mayo de 2021].

GASSÓ, Héctor, "Las reformas judiciales de los Reyes Católicos y su reflejo en la literatura del periodo", en Antonia Martínez Pérez y Ana Luisa Baquero Escudero (ed.), *25 años de la Asociación Hispánica de Literatura Medieval,* Murcia, Universidad de Murcia, 2012 [en línea], <https://www.ahlm.es/IndicesActas/ActasPdf/Actas18/MURCIA-Las%20Reformas%20Judiciales%20De%20Los%20Reyes%20Cat%C3%B3licos.pdf > [consulta: 8 de mayo de 2021].

MARTÍNEZ DIEZ, Gonzalo, "Panorámica Jurídica Bajo-Medieval en la Corona de Castilla", en *Boletín de la Institución Fernán González,* núm. 204, año 64, Primer Semestre, 1985 [en línea], <https://riubu.ubu.es/bitstream/handle/10259.4/2080/0211-8998_n204_p039-056.pdf?sequence=1> [consulta: 3 de mayo, 2021].

MARTÍNEZ MARTÍNEZ, Faustino, "Acerca de la recepción del *Ius Commune* en el Derecho de las Indias: Notas sobre las Opiniones de los Juristas Indianos", en *Anuario Mexicano de Historia del Derecho,* vol. XV, 2003 [en línea], <https://revistas-colaboracion.juridicas.unam.mx/index.php/anuario-mexicano-historia-der/article/view/29657/26780> [consulta: 3 de mayo, 2021].

PACHECO, Joaquín Francisco, *Comentario histórico, crítico y jurídico de las Leyes de Toro,* t. I, Madrid, Imprenta de Manuel Tella, 1862 [en línea], <https://archivos.juridicas.unam.mx/www/bjv/libros/5/2270/3.pdf > [consulta: 9 de mayo de 2021].

Legislación consultada

Fuero Real de Alfonso X, el Sabio, Estudio Preliminar de Antonio Pérez Martín, Madrid, Agencia Estatal Boletín Oficial del Estado, 2015, pp. XXXIII-XXXIV [en línea], <https://www.boe.es/biblioteca_juridica/abrir_pdf.php?id=PUB-LH-2018-7> [consulta: 7 de mayo de 2021].

El Setenario, Introducción y Edición de Kenneth Vanderford, Kenneth, Buenos Aires, Facultad de Filosofía y Letras de la Universidad de Buenos Aires, 1945 [en línea], <http://www.cervantesvirtual.com/obra/setenario--0/>, [consulta: 9 de mayo de 2021].

Leyes del Toro, Presentación de Ramón Falcón Rodríguez y Estudio Preliminar de María Soledad, Madrid, Ministerio de Educación y Ciencia, s/a [en línea], <https://sede.educacion.gob.es/publiventa/PdfServlet?pdf=VP01183.pdf&area=E>, [consulta: 9 de mayo de 2021].

Novísima Recopilación de las Leyes de España de 1805 [en línea], <https://bvpb.mcu.es/es/consulta/registro.cmd?id=403945>, [consulta: 11 de mayo de 2021].

Recopilación de las Leyes del Rey Felipe II, 1569 [en línea], <https://bibliotecadigital.jcyl.es/es/consulta/registro.cmd?id=8419

Unidad 4. El descubrimiento y conquista de las Indias. Análisis y reflexiones

Quizá uno de los aspectos más atractivos y complejos de nuestra rica historia, lo constituyan precisamente el descubrimiento y conquista de las Indias, sucesos que no dejan de estar en la mente de legos y juristas, historiadores e historiógrafos.

En todos estos temas aparecen constantemente diversos juicios de valor, con análisis que van del elogio a la descalificación, en una suerte de juego maniqueísta que se aparte sin duda de la objetividad que debe ser cualidad y característica de los historiadores, dejando de lado filias y fobias que poco contribuyen a la difusión y esclarecimiento de los datos que deben ser torales en toda investigación que se precie de seria.

El descubrimiento, la toma de posesión y la posterior conquista de las llamadas Indias Occidentales atraen como imán a los investigadores nacionales y extranjeros por una característica de nuestra historia: su unicidad.

Esta temática tiene tantas aristas que la hace de suyo particularmente compleja de analizar y explicar.

Lo que sí podemos afirmar, es que no se puede tratar la historia —ninguna que esta sea— con los ojos del historiador si este no se desprende del enfoque de su entorno, circunstancia y época.

Cuando se analizan los datos históricos, el investigador debe tratar de ubicarse en la época y el entorno histórico que va a analizar y por supuesto sin juzgar.

Ni héroes ni villanos, ni figuras de mármol o barro. La Historia no admite, estrictamente hablando, juicios valorativos, a menos que esa sea la intencionalidad expresa y dicha por quien la escribe, lo que por supuesto resulta válido para él mismo.

Cuando se habla de seres humanos, protagonistas de algún suceso histórico, hay que recordar eso, que son humanos.

Por ello, en muchos países, incluyendo el nuestro, hay un cierto tipo de desconfianza sobre el tratamiento de ciertos personajes que unas veces los hacen héroes marmóreos y otros los desdeñan o acusan de actos execrables…muy de las historias oficiales de muchos países en muchas latitudes.

El presente ensayo tratará en forma sucinta de reflexionar el contenido de diversos temas primigenios de la materia de Historia del Derecho Mexicano, siguiendo el orden histórico-cronológico, en un afán de orientar a los alumnos sobre esta temática toral que forma parte indiscutible del plan de estudios diseñado en nuestra Facultad de Derecho.

1. LA EMPRESA DE LAS INDIAS Y EL DESCUBRIMIENTOS DE LAS INDIAS

Este apartado reflexionaremos sobre las Capitulaciones de Santa Fe, los Justos títulos y la capacidad de los indios, la incorporación de las Indias a la Corona de Castilla y la Bula del Patronato, entre otros temas relativos.

La inquietud tradicional humana por descubrir nuevas rutas marítimas ya sea para conquistar nuevos territorios para las coronas de la época o allegarse de productos foráneos, incluso vender los propios ha sido una constante histórica a la que no fue ajena la España del Siglo XVI. Por ello el instrumento ideado por pensadores de la época de las llamadas Capitulaciones, una suerte de contrato entre los reyes y prestigiados navegantes para el descubrimiento de nuevas tierras sujeto a una serie de normas específicas.

1.1. Capitulaciones de Santa fe

Las "capitulaciones" estipuladas en la ciudad de Santa Fe de la Vega de Granada el 17 de Abril de 1492, entre los Reyes Católicos Fernando e Isabel, por una parte, por el navegante genovés Cristóbal Colón por la otra, tenían como finalidad el regular las condiciones en que se realizaría la proyectada expedición hacia las "Indias" que terminó llevando a Colón a lo que ahora conocemos como América, nombre puesto a toda esta región en honor del cartógrafo y también navegante Américo Vespucio.

Colón pidió en esa suerte de contrato, se le concediera el título perpetuo y hereditario de Almirante, sobre los territorios que descubriera; también Virrey y Gobernador, la décima parte de las ganancias de todas las mercancías que se obtuviesen de la citada expedición por vía del comercio, trueque, etc. y ser reconocido como juez en todo litigio que derivara de ello.

En este aspecto los reyes se sorprenden de lo desmesurado de las peticiones de Cristóbal Colón. Recuérdese que este notable navegante, ya antes se había entrevistado con los Reyes de Portugal y les había dejado unos planos del viaje —falsos—para que no fueran usados por la corona lusitana, habida cuenta de la feroz competencia entre ambas naciones por ampliar el radar de sus territorios, así como encontrar nuevas rutas para la navegación y el comercio. Hasta ahora no se ha descifrado el origen de Colón; hay muchas versiones al respecto. Existe una muy novedosa que señala que un hermano de este navegante fue quemado en Valencia, por judaizante, por la Santa Inquisición. Otro dato es que durante su largo viaje hasta llegar a lo que después se denominó América, en su bitácora de viaje aparecen ciertas fechas que son coincidentes con las festividades judías y que se supone que el respetaba.[1]

Recuérdese también que 1492 fue el año de los decretos de expulsión de judíos y musulmanes de los reinos cristianos por lo que se supone que ya antes se sabía de estos hechos y se comisionó a Colón, probable criptojudío para buscar unas tierras donde enviar a los seguidores de la ley mosaica.

"El fenómeno de la Conquista de México trajo consigo repercusiones muy importantes en casi todos los órdenes de la vida de la época.

Uno de los aspectos fue el cambio de actitud del mexicano de la época frente a ciertas manifestaciones de justicia y autoridad.

Antes de la Conquista, la justicia y la autoridad, en términos generales representaban para los indígenas confianza, seguridad, orden, respeto, dignidad.

En su momento y muchísimo tiempo después del fenómeno citado, su posición cambio radicalmente; por ello su actitud de inseguridad, miedo, temor, indiferencia y hasta desprecio no siempre ostensible, frente a aquellas manifestaciones del conquistador inicial y posterior colonizador.

Ese "choque del jarro con el caldero" al decir de don Alfonso Reyes ¿produjo una nueva mentalidad y concepción de la vida?

¿Qué profundas e indelebles heridas fueron inferidas en el alma indígena al verse atacado su sistema de valores fundamentales?

La justicia y autoridad como conceptos y formas de vida ¿sufrieron tan sensible alteración?

---

1 FEHER, Eduardo Luis, *El choque de las culturas hispano-indígenas*, vol. 52, México, Metropolitana, 1976, pp. 17-19.

1.2. Justos títulos y la capacidad de los indios

La autoridad y la justicia, nos dice el maestro Silvio Zavala[2] que, para el conquistador europeo, los individuos vencidos eran seres infrahumanos, ya que tenían una religión distinta a la que ellos profesaban, según el credo católico inspirada y regida por el demonio. Por otra parte, había sido vendida por la fuerza de las armas y de acuerdo con el código castrense vigente en esa época, podían someter a la esclavitud a todos los pueblos que conquistaran. Basándose en estos puntos de vista, políticos y religioso-filosófico, creían estar en su derecho al destruirlos y de inmediato pusieron en marcha sus propósitos esclavizando a la gran mayoría de la población; tanto para obtener medios de subsistencia cuanto para lograr su enriquecimiento por medio del despojo.

Inicialmente se conservaron algunas autoridades indígenas (que controlaban los vencedores), para dominar a la gran masa del pueblo, pero éstas con rapidez fueron sustituidas por otras provenientes del Caribe, al difundirse la noticia de la conquista de Anáhuac. De inmediato se suprimieron las autoridades religiosas indígenas que fueron perseguidas hasta su exterminio.

Los templos, los códices, pictogramas, etc. Hubo lo relacionado con el culto religioso y la historia indígena, lo destruyeron en una forma que hoy podríamos juzgar de lesa cultura, pero que situados en esa época y tratándose de una guerra de exterminio, debemos disculpar teniendo en cuenta que lo realizó una soldadesca ignorante.

Las cosas empeoraron durante el gobierno colonial.

Las múltiples irregularidades y escándalos entre las autoridades después de la conquista motivaron que se nombrara un virrey, para controlar las audiencias. Todo gobernante virreinal, por bueno que hubiera sido, era declarado en juicio de residencia al terminar su mandato, lo que equivalía a dudar de su actuación y a realizar una pesquisa de sus actos de gobierno y aun de los particulares; este funcionario, veía las quejas de los naturales y en muchos casos los protegía. En múltiples casos se desconfió de la imparcialidad de las autoridades mayores y se enviaron visitadores, que al recorrer los distritos conocían de las injusticias y excesos de las autoridades para corregirlos.

---

2 ZAVALA, Silvio, *Memorias del Instituto Nacional Indigenista,* vol. VI. Métodos y resultados de la política indigenista en México, México, Instituto Nacional Indigenista, 1954, p. 61.

Los excesos de los conquistadores hacían que los indígenas denunciaran ante diversas autoridades. Inclusive las Leyes de Indias fueron resultado de la avalancha material de quejas, aunque según Agustín Rivera "muy buenas eran muchas Leyes de Indias, pero pésimas otras"; buenas como las que prohibían la esclavitud de las indias y pésimas las siguientes:

1°. Las Leyes de Indias que privaron a los mexicanos de los derechos políticos; 2° las Leyes de Indias que privaron a los indios y a los de la raza negra de bastantes derechos civiles; 3° La Leyes de Indias que establecían la limpieza de sangre, es decir, la necesidad de que un mexicano descendiese de españoles para que obtuviese algunos empleos públicos, para que estudiase en algunos colegios y para que gozase de otros derechos civiles; 4° Las Leyes de Indias que ponían trabas a la agricultura, a la industria y al comercio; 5° las Leyes de Indias que establecieron la esclavitud de innumerables individuos de la raza negra, con el aditamento de poder herrar a los esclavos aun en el rostro, y otras atrocidades semejantes; 6° Las Leyes de Indias que establecieron los repartimientos indios; 7° Las Leyes de Indias penales, atroces; 8° Las Leyes de Indias que establecieron una extensión territorial del virreinato que hacía imposible moralmente gobernarlo bien; 9° Las Leyes de indias que establecieron la separación de los habitantes de la Nueva España, formando diversas clases sociales (españoles, europeos, criollos, indios e individuos de la raza negra), fomentaba los odios y rivalidades entre esas diversas clases.

1.3. La incorporación de las indias a la corona de Castilla

Un término utilizado en la época para justificar la presencia española en las tierras a descubrir o bien ya descubiertas, era, entre otros, el de los llamados "justos títulos" cuyos orígenes se remontan a la llamada "Donación de Constantino" que se refiere al regalo que este conspicuo emperador le hace al Papa Silvestre I de algunas partes de la península itálica con el supuesto motivo de que lo curó de la lepra. Más de mil años después el llamado Papa Borgia, Alejandro VI confirmó aquel acontecimiento y ratificó, por medio del tratado de Tordesillas, aquel regalo, aunque en su época dividiendo el mundo con la Línea Alejandrina, otorgándoles a España y Portugal las tierras a descubrir y descubiertas. Por supuesto, siendo el mismo español, de Játiva, Valencia, y siendo los Reyes Católicos de la misma nacionalidad, le dio a estos últimos la mayor parte. Y como lo dijimos párrafos arriba, la constante de España era tratar de legislarlo todo, a lo que no escapó el acto del descubrimiento de América, con toda sus instituciones jurídicas, políticas, geopolíticas y religiosas.

Esta citada "Donación" es sin duda el meollo de este asunto que estamos tratando en esta unidad. Y lo es porque constituye el primigenio documento que se basa y justifica, desde el punto de vista moral y religioso —quizá jurídico, aunque su veracidad está en duda— la toma de posesión de las Indias Occidentales, o sea el derecho de los Reyes Católicos para tomar posesión de las tierras descubiertas.[3] Según esta lógica, ya se estaba tomando posesión de lo que ya les pertenecía, esto gracias a la llamada donación de Constantino, que fue confirmada después por las Bulas Alejandrinas y adaptadas por el Tratado de Tordesillas suscrito por los Reyes Católicos y el Rey de Portugal.

¿En qué consistió? fue un documento apócrifo? Un académico español, señala que es especialmente significativo. En efecto, Raúl Cadena Cepeda nos indica:[4]

> "Quienes lean lo siguiente, se llevarán la impresión que el presente ensayo es una crítica injustificada sobre la actuación de la Iglesia Católica, en el siglo VIII. Esto porque trató de la falsificación del documento de la donación del Emperador Constantino".[5]

No es así; los católicos deberíamos estar enterados de la historia de nuestra Iglesia, para no volver a cometer errores en el futuro, es mejor conocer el pasado.

Seguramente nuestra historia, no la conoceremos en predicación dominical. Es por eso que es necesario recurrir a las fuentes de la información, las cuales nos fueron negadas, por siglos.

El caso de este estudio, es una exceptuación del comportamiento de la jerarquía católica. No obstante, es por ello que debemos interesarnos, sin perder el criterio de que es un hecho aislado, pero políticamente trascendente.

El relato siguiente, es la historia del gran Estadista y papa: Zacarías I. Y el turbio (sic) asunto de la donación de Constantino.[6]

---

3 FEHER Luis Eduardo, *La Toma de Posesión de la Indias Occidentales*, México, Editorial Porrúa, p. 61.

4 RAUL CADENA Cepeda, *La Donación (La herencia de Constantino a la Iglesia Católica*, disponible en: http://rcadena.com/ensayos/CONSTANTINO.htm.

5 FEHER Luis Eduardo, *La Toma de Posesión de la Indias Occidentales, op. cit.*, p. 61.

6 *Ibídem*, p. 62.

1. Constantino.

Emperador Romano, nació en 280 D.C., en los Balcanes, en una familia de campesinos.

Santa Helena fue su madre, fue mesera de un bar. Y quizá trabajadora sexual.

El General Constantino Cloro fue su padre, llegó a ser César pero nunca emperador, del imperio de occidente. La religión de Constantino Cloro, era el paganismo monoteísta del sol.

En el momento en que el emperador Dioclesiano se retiró en 306 D.C., el sistema de gobierno entro en crisis.

Inicia la guerra civil de tres contendientes por el poder: Constantino en el occidente, Magnetius en Italia, Licinus en el Este.

En el 312 D.C. Constantino marchó contra Magnetius en Roma, y lo derrota en la batalla del puente de Milvian. De acuerdo al balance militar que existía, la batalla del puente de Milvian, debería haber sido ganada por Magnetius.[7]

Pero esto no fue así, Constantino aseguró que su victoria, se debió a la fe cristiana.

En ese momento, da inicio a la época de oro del cristianismo. En donde la religión une al poder imperial, para desplazar a las demás.

En el año 395 D.C., se da por cancelada la libertad religiosa en el Imperio, y se impone que la única fe permitida es el cristianismo. Sin embargo la historia que nos concierne, se desarrolla cuatro siglos después.

2. La Monarquía y la Iglesia, en el siglo VIII D.C.

El imperio de occidente desapareció, Roma fue conquistada por los bárbaros quienes constituyeron diversos reinos, dentro del territorio imperial.

Existían en ese momento tres grandes regiones en Europa: la zona al este del Río Rin, dominada por tribus germánicas; al oeste del mismo río, se encontraba el reino de los francos y al sur; los Ostrogodos primero y después los Bizantinos y lombardos, gobernaban la zona del mediterráneo.[8]

---

7 *Ídem.*

8 *Ibídem*, p. 63.

Los Francos eran el reino mas importante, y la dinastía imperante era de los Merovingios.

Durante la octava década del siglo VII, una familia de aristócratas provenientes de la parte oriental del reino, dominó el panorama político. Fueron llamados los Carolingios. Su representante más famoso fue "Carlos Martel".[9]

Esa época presenta un fenómeno particular. Había caído Inglaterra en el oscurantismo y la barbarie luego del retiro de las legiones romanas. Como un hecho inexplicable, en Irlanda se arraiga el cristianismo.

Fue Irlanda quien por dos siglos doto de eruditos y pensadores, a el mundo cristiano.

Regresando al reino del mediterráneo; son expulsados los bizantinos en el 750 D.C. mientras que el papado se emancipa del tutelaje del Imperio Romano de Oriente.

Este año refiere el momento más importante de la historia medieval.

Se disputan la hegemonía de Europa el poder de la Monarquía de los Francos, y el poder del papado.

Hasta ese momento, los conflictos entre ambos poderes se limitaban a las investiduras y temas de herejía religiosa. Ahora por primera vez, el papa incursiona directamente en el gobierno civil.[10]

Como una consecuencia de la Iconoclasta en Constantinopla, se formuló en 1730 D.C., la doctrina de la autoridad papal.

Durante ese tiempo, fue prohibida por el emperador la veneración de pinturas religiosas. Y por dos siglos, ferozmente los griegos bizantinos lucharon sobre ese tema. En esta lucha se acaparo el poder civil en contra del religioso, en el Imperio Oriental.

Mientras tanto, fue electo en Roma el Papa Gregorio II. Quien con motivo de la controversia iconoclasta, Gregorio II envió una carta al emperador bizantino, por el motivo de no intervenir en asuntos de religión. Y si este se negaba, amenazo con unir el occidente para invadir al imperio de Oriente.

Al parecer Gregorio II no tenía noción clara de las realidades políticas de la época.

---

9 *Idem.*

10 *Idem.*

El Papa siguiente, Zacarías I, fue más afortunado. En el momento en que Pipino III hereda la regencia en año 751, se presenta la oportunidad de oro.

Pipino y Zacarías encontraron una solución común a sus problemas. Pipino necesitaba del reconocimiento de la iglesia para obtener la investidura real. El Papa necesitaba del poder militar de los francos para consolidar su reinado temporal.[11]

La situación no era fácil ya que los francos eran apegados a sus tradiciones, y el coronar a Pipino traía consigo destruir la dinastía merovingia.

En cuanto a que el Papa manejara a su antojo la voluntad política de los soberanos de Europa por medio del concepto de la supremacía del poder religioso sobre el temporal, tenía sus objeciones.

Igualmente, los lombardos no se irían de Italia fácilmente, pero lo peor, era que el imperio Bizantino había recobrado algo de su fuerza.

Para que se lograra esto último, se requería poner en práctica el concepto de la monarquía teocrática.

Pero para ello hacía falta la fundamentación filosófica, que en ese momento no existía.

3. El Golpe

La investidura de Pipino, fue realizada de acuerdo a la ley canónica, por medio de un rito muy elaborado.

Pipino fue ungido en aceite y coronado, se le otorgo el título de: Patricius *Romanorum*: Protector de los Romanos.

Era imprescindible que el pontífice obtuviera el poder de consagrar a los reyes, y a su vez, el poder de quitarlos de su cargo en caso de así convenir.

La supremacía de poder espiritual sobre el temporal, debía consolidarse permanentemente.[12]

Para darle fundamentación legal y filosófica a la nueva relación Iglesia y Estado; el Papa entregó a Pipino, un antiguo documento que databa del siglo IV, y denominado: "La donación de Constantino".[13]

---

11 *Ibídem,* p. 64.

12 *Ibídem,* p. 65.

13 *Idem.*

La leyenda de San Silvestre se basa en el documento que aparece en la "historia de los francos" de Gregorio de Tours, que fue escrita en Italia en el siglo V.

De acuerdo con este relato el Papa Silvestre I, había curado a Constantino de la lepra.

En agradecimiento, el emperador hizo a Silvestre, jefe de todos los sacerdotes de Roma, y renuncio a su título imperial, a favor de Silvestre.

Como muestra de respeto hacia Silvestre el emperador, llevo a pie el caballo que cabalgaba el pontífice.

El dadivoso Papa devolvió a Constantino su título y la corona imperial.

Sin embargo, Constantino dejó Roma, Italia y todo el imperio Occidental, en manos del Papa. Viajó a Oriente, donde fundó su imperio Bizantino.[14]

El pontífice tenía derecho de ejercer su autoridad sobre reyes y emperadores, en el instante que lo desease.

Con los convenios mencionados anteriormente, se logró una mezcla de Iglesia y Estado.

Poco tiempo después, fallece el Papa Zacarías y es electo Esteban II. El cual sigue con las negociaciones tal vez ajeno a la trama urdida por sus antecesores.

Pipino cumplió su parte del convenio; invadió Italia en 754 D.C., expulsó a los Lombardos de la ciudad de Ravena y le entregó al Papa el dominio de la ciudad. En contra de las protestas del emperador bizantino, que la consideraba como suya.[15]

En el 756 D.C. antes de volver a Francia realizó una visita a la tumba de San Pedro, en donde depositó el documento original de la donación de Constantino.

La donación de Constantino rindió óptimos frutos a la jerarquía.

Pero había un problema, este documento era más falso que una moneda de papel.

---

14 *Ibídem*, p. 66.

15 *Idem*.

Aunque por otro lado, si analizamos la Donación como un hecho jurídico, esto quiere decir dentro del Derecho Romano tenemos lo siguiente: este derecho lo podemos situar desde el año 753 A.C., hasta 865 D.C.; en esta hipótesis, la Donación sucedió en el siglo IV o sea situado dentro de esta legislación.

Siguiendo esas ideas, Constantino "donó" al Papa Silvestre I, la Basílica de San Juan de Letrán, la ciudad de Roma, los terrenos para la Basílica de San Pedro, así como varios territorios dentro de la bota itálica, etc. Según esto "donó" lo que no le pertenecía según en agradecimiento a que el pontífice lo curó de lepra.

Este personaje, posteriormente, fue en su época llamado "El desbaratador de Fraudes".[16] En efecto y como lo señala el autor, usando un curioso sarcasmo, nos dice que Lorenzo de Valla era un polígrafo del renacimiento italiano. Un hombre controvertido, rudo, crítico, arrogante y pedante. Fue atacado por sus contemporáneos por sacrílego, impúdico, temerario, y presuntuoso. No era una monedita de oro, pero tenía una gran cualidad; era erudito y hábil para detectar falsificaciones.[17]

Realizó un estudio en donde sostiene que por razones gramaticales el credo de los apóstoles no pudo haber sido escrito por los doce apóstoles. Esto provoco que lo declararan hereje y lo llevaran a la hoguera. Se salvó gracias a la hábil mediación de un amigo llamado Alfonso, el Rey de Nápoles, el cual pudo ayudarlo.

Todos creían que se quedaría tranquilo después de ese susto.

Pero él era de otra manera, en el año 1440 publicó un tratado, probando que el documento de Donación de Constantino era una basta falsificación.

Nadie sabe con certeza que Papa tramo el fraude, aunque Zacarías redactó el escrito donde Constantino entregaba los poderes imperiales al Papa Silvestre I.

Otro autor, J.P. Kirsch[18] abunda en el tema ofreciéndonos su punto de vista. Así señala que este nombre se le conoce desde el fin de la Edad Media, un documento falsificado del Emperador Constantino el Grande, por

---

16 CRUZ BARNEY, Oscar, *Historia del Derecho en México*, México, Oxford University Press, 2005, pp. 155-156.

17 FEHER, Luis Eduardo, *La Toma de Posesión de la Indias Occidentales*, *op. cit.*, p. 67.

18 *Ibídem*, p. 68.

el cual, grandes privilegios y ricas posesiones eran conferidas al Papa y a la Iglesia romana.[19]

1.4. La bula de patronato

Las relaciones entre la iglesia y el Estado no siempre fueron inestables, al inicio de la conquista colaboraron juntos con el objetivo de llevar a buen puerto esa empresa.

El Regio Patronato Indiano es un "Patronato extraordinario, concedido por el Papa a los reyes de Castilla, para premiar el celo de éstos y alentarlos en orden al establecimiento y propagación de la Iglesia en Indias."[20]

La Historia del Regio Patronato tiene tres etapas, la primera que es conocida como la patronal situada en el siglo XVI, la segunda que es la del vicariato que se desarrollo a inicios del siglo XVII y la tercera que corresponde al regalismo, que es a principios del siglo XVIII.[21]

La etapa patronal

El Regio Patronato deviene de las renombradas Bulas Alejandrinas, donde el monarca Fernando el católico centro sus fuerzas en tres puntos relevantes para mantener a raya al poder espiritual: los diezmos quedarían en manos de la Corona española para propagar la fe; el derecho de presentación de las autoridades de la iglesia se haría desde la metrópoli, así como la fijación de las diócesis en las demarcaciones del reino.

El Regio Vicariato Indiano

En 1578 mediante bula del 28 de febrero, emitida por el Papa Gregorio XII, la Corona asume el control pleno de las cuestiones religiosas que se susciten en las Indias, con ello los asuntos eclesiásticos eran ventilados en los tribunales del reino sin la posibilidad de apelación en Roma. Además

---

19 *Ídem.*

20 GOMEZ ZAMORA, Matías, *Regio Patronato Español é Indiano*, Madrid, Imprenta del Asilo de Huérfanos del S.C. de Jesús, 1897, p. 287.

21 CRUZ BARNEY, Oscar, *relación iglesia-estado en México: el regio patronato indiano y el gobierno mexicano en la primera mitad del siglo XIX*, Revista mexicana de historia del derecho, 2013, p. 119.

de que la Corona obligó a los clérigos a jurar fidelidad a la misma sin tener que estar sujetos a otra autoridad.[22]

Para el año de 1629 no se aceptaba el pase de las misivas provenientes de Roma por el territorio de los reyes españoles sin la previa autorización del Consejo de Indias.

A. Leyes de burgos de 1512 y la guerra justa

Las leyes de burgos fueron sancionadas por el rey Fernando II en 1512, van a ser de suma importancia ya que se considera una declaración de derechos de los pueblos indígenas. La elaboración de dichas leyes fueron encargadas a Martín Fernández Enciso, Pedro García de Carrión, y Alonso de Espinar.

La Junta de Burgos creó las leyes de Burgos de 1512 pero a su vez se edificaron los parámetros del requerimiento de Palacios Rubios, como sabemos es un documento de suma importancia ya qué tenía como objetivo que se leyeran a los indígenas para explicar la existencia de un dios único y que el Papa era el representante de él en la tierra, todo ello bajo la famosa teoría de la donación que hizo Constantino a los reyes católicos para que pudieran ocupar las Indias.

Sobre el tema fray Antonio de Montesinos criticaba la conquista ya que decía que los indígenas fueron tratados con brutalidad sometidos bajo el yugo de la Corona española poniendo en duda los cánones de la religión cristiana.

El tema fue que el rey Fernando el Católico decidió convocar a fray Antonio de Montesinos así como a un gran número de teólogos y juristas como fue fray Tomás Duran, Fray Matías Paz, Fray Pedro de Covarrubias, el obispo de Palencia llamado Juan Rodríguez de Fonseca así como a los licenciados Santiago y Sosa y Juan López de Palacios Rubios, dicha reunión se conocería como la junta de Burgos que brindo derechos a las personas que fueran incorporadas a las Indias. En total son 35 ordenanzas, que se pueden resumir en las siguientes líneas:

- El rey tenía que trabajar con diligencia para que los indios se convirtieran a la religión católica.

22 *Ibídem*, p. 121.

- Los indios no serán considerados vasallos del rey, ni siervos sino que van a ser considerados súbditos del rey.
- Los indígenas realizarían ejercicios corporales o espirituales con la finalidad de que no cayeran en la idolatría.
- Para ello la Corona española tuvo que poner encomenderos para que les enseñarán las buenas costumbres y la religión católica.
- Además el rey tenía que tasar el trabajo indígena, dotarles de casa así como tratarlos como hombres libres.
- La evangelización de los indios era necesaria, por lo tanto tuvieron que estar en contacto con los españoles.

B. El requerimiento de Palacios Rubios

Podemos ver que Gines de Sepulveda en su libro *democrates alter* estableció que la guerra justa o injusta sirvió para que los reyes de España sometieran a la gente bárbara que habitaba en tierras occidentales.

Otra de las grandes ideas que se mencionaron en esa discusión acalorada fue tomada de la autoría de Aristóteles proveniente de su libro "La política" donde aseguraban que lo perfecto gobierna a lo imperfecto, en ese orden de ideas los españoles tenían el derecho de someter a los aborígenes.

La teoría de Aristóteles va a servir para justificar la conquista ya que decía que había individuos que nacen con razón y otros que vienen al mundo sin ella, por lo tanto aquellos que tenían razón estaban obligados a conquistarlos y enseñarles la religión católica.

Aristóteles también creía que en la vida existían hombres que nacieron para mandar y otros para ser esclavos bajo esa interpretación de la teoría de Aristóteles vamos a ver que se van a justificar las acciones de la corona de Castilla y los ultrajes que sufrieron los pueblos indígenas.

Hay que recordar que los españoles no redactaron una teoría nueva sobre la guerra justa sino que se basaron en la escolástica que venía de san Isidoro, del decreto de Graciano y del libro de santo Tomás. Lo cual evidentemente generaba un reto para los intelectuales españoles que tenían que compaginar los textos clásicos con la conquista injusta que estaba haciendo la Corona.

La primera posición que encontramos sobre la guerra justa va a estar sustentada en la teoría del poder temporal del Papa sobre los infieles, misma que seguía Palacios Rubios.

El Requerimiento de Palacios Rubios trajo varias discusiones primero que las tierras encontradas y nombradas como las Indias Occidentales no se encontraban sin dueño ya que los estudios han demostrado que existía un tlatoani, quien era el gobernante y dueño de las tierras.

Sin embargo otros teólogos y juristas de la época señalaban que la conquista se hizo conforme a derecho ya que contaban con el permiso del Papa Alejandro VI quien había creado bulas exprofeso para la conquista de los nuevos territorios en razón de la donación de Constantino.

Es curioso el requerimiento de Palacios Rubios porque tenía la intención de notificar a los bárbaros que estaban siendo sometidos bajo la potestad del rey de España, todo ello bajo el argumento de que contaban con el beneplácito del poder celestial que se transmite a través del Papa Alejandro VI por lo cual si los indios no querían someterse por las buenas tendría que ser por la guerra y condenando a todos a la esclavitud, sin embargo si lo hacían de manera pacífica los reyes concederían privilegios.

Hay que recordar que el requerimiento de Palacios Rubios se leía en castellano o en latín.

C. Aportaciones de fray Bartolomé de las Casas

A pesar de ser considerado como el padre de los derechos humanos en el continente americano vamos a ver qué de las Casas no era un intelectual racional ya que aún sus argumentos van a recaer en posiciones religiosas que le van a nublar el pensamiento teórico.

Es importante mencionar que fray Bartolomé participó en la segunda expedición colombina en América en 1493, era uno de los intelectuales de la escuela de Salamanca.

Cabe decir que Bartolomé era un hombre acomodado pues su padre había tenido encomiendas en la Española, mismas que había heredado a su muerte. Lo cual no le pareció y renunció a ellas en 1514 a favor del gobernador de Cuba don Diego de Velásquez.

Fray Bartolomé era un fiel crítico del requerimiento de Palacios Rubios ya que el castellano no era la lengua de los indígenas, segundo que no necesitaban otro dios ya que ellos tenían sus deidades, tercera los españoles no le daban muestra de su dios a los aborígenes, de las Casas pensaba que primero se debía instruir a los indígenas y después leer el requerimiento.

De las Casas escribió 30 proposiciones jurídicas, sobre la conquista, al final reconoció en su proposición número 30 que los reyes son los dueños de las Indias por virtud de la donación papal pese a las técnicas injustas de los conquistadores y pese a los requerimientos que habían solicitado los reyes.

De las Casas va a tener una contradicción y al final va a tratar de alejarse de lo religioso para aceptar que las guerras contra los indígenas no eran justas porque ellos no habían ofendido a la religión y solo era un pretexto para someterlos.

D. Leyes nuevas de 1542-1543

Las nuevas Leyes de 1542-1543 se promulgaron por el emperador Carlos V en Barcelona en 1542 y fueron añadidas en 1543. Su título es *Leyes y ordenanzas nuevamente hechas por S.M. para la gobernación de las Indias y buen tratamiento y conservación de los indios (Leyes Nuevas del 20 de noviembre de 1542)*; se referían sobre todo a las principales instituciones de gobierno en las Indias. Se regulaba la condición de los indios y se reiteraba su libertad, ya que prohibía su esclavitud por causa alguna. En cuanto a las encomiendas, se estableció la imposibilidad de heredarlas, por lo que quedarían extintas a la muerte de los actuales titulares. Esta disposición provocó la protesta airada de los encomenderos quienes incluso llegaron a intentos independentistas en el Perú y por ello Carlos V se vio obligado a derogar en 1545 esa disposición, lo que permitió la consolidación del régimen de la encomienda.

No cabe duda que una constante histórica española era tratar de mejorar la vida de los indígenas siempre y cuando mantuvieran su estatus y recibieran la religión católica, misma que fue introducida por diferentes métodos, estimamos con gran efectividad, aunque el proceso fue más lento de lo esperado, no sin varias excepciones.

Al respecto, recuérdese el escandaloso caso del obispo Fray Juan de Zumárraga quien mandó quemar vivo a un nieto de Nezahualcóyotl por haberlo sorprendido practicando idolatría y habiendo encontrado en su casa diversas figuras al respecto. Fueron tales las repercusiones de este hecho que el mismo rey cayó en cólera desautorizando enfáticamente este terrible acontecimiento, dando cauce a discusiones filosóficas de alto nivel y envergadura que tuvieron como resultado legislaciones más humanas, al menos en el papel, porque en la realidad los abusos contra los naturales continuaban de manera constante, como está perfectamente documentado en diversos textos de distintas épocas.

El descubrimiento de América, planteó a la Corona Española no sólo grandes expectativas en el orden económico, político, social y religioso sino, aún más en el propiamente jurídico. Los filósofos, teólogos y juristas de la época se plantearon sin duda esta compleja problemática.

El año de 1492 fue clave para España, año de guerra y exploración, lleno de euforia patriótica. Si el descubrimiento de una ruta a través del Atlántico abría el camino a los asentamientos de ultramar, la caída de Granada marcó la culminación de una lucha vieja, ya de siglos, por reconquistar la península a la dominación musulmana. Ambos trascendentales acontecimientos brotaron de la unión de las coronas de Castilla y de Aragón en 1474, pues fueron los recursos sumados y la fuerza política de los Reyes Católicos, Isabel y Fernando, los que permitieron a los españoles sostener una campaña en contra del reino moro, y luego financiar la expedición de Colón al Caribe.

Huelga decir que, en la estimación de la época, fue la victoria sobre el Islam la que causó mayor júbilo, especialmente porque la partida del Rey moro con su nobleza fue acompañada por la expulsión de todos los judíos profesos de España. Mientras que en un tiempo los fieles de las tres creencias habían vivido en relativa armonía, en adelante sólo se toleraría el cristianismo más ortodoxo.

Ya en el Concilio de Basilea de 1434-1436, los delegados de Castilla habían exigido precedencia sobre los ingleses, citando los servicios de su monarca en defensa de la cristiandad contra los musulmanes. A mediados del siglo XV, cronistas patriotas celebraban a los belicosos antepasados góticos de los castellanos, y a la vez declaraban que sus reyes habían sido elegidos por la Providencia para encabezar la perenne guerra contra el Islam.

Así pues, no es de sorprender que la caída de Granada intensificara el ambiente de expectativas mesiánicas que recorrió España, así como otros muchos países de la Europa occidental a finales de la Edad Media. Fueron tales consideraciones las que motivaron el envío de una expedición, en 1509, al norte de África, que logró tomar el puerto de Orán. Más importante, en el marco de la política europea, fue la campaña de Gonzalo Fernández de Córdoba, "el Gran Capitán", quien en 1503 derrotó unas fuerzas francesas en el sur de Italia, reivindicando así la pretensión dinástica del rey Fernando al reino de Nápoles y Sicilia.

El círculo de engrandecimiento territorial fue completado por la adquisición de la Navarra, con lo cual todos los Estados de la Península salvo Portugal, quedaron al fin unidos bajo un rey común. En una sola generación, los Reyes Católicos habían transformado España, de un conglomerado de Estados fronterizos, en una poderosa monarquía que ocupaba el centro mismo de la política y la guerra en Europa. No es de sorprender que humanistas italianos elogiaran a Fernando de Aragón como encarnación misma del estadista.

En la propia España, cronistas y humanistas rivalizaban por celebrar los grandes acontecimientos de aquellas décadas. En su *Gramática de la lengua castellana (1942),* Antonio de Nebrija (1444-1522), sobresaliente humanista español educado en Salamanca y en Bolonia, declaró que el ejemplo de los antiguos griegos, judíos y romanos demostraba, fuera de toda duda, que "la lengua siempre fue compañera del imperio"; la literatura y la conquista florecían en unión. Por consiguiente, informó la reina Isabel, había formado su gramática con el objeto de hacer de la lengua castellana el medio apropiado para la composición de narraciones históricas, que pronto serían escritas, destinadas a asegurar que "no perezca el recuerdo de vuestras hazañas". De hecho, con perceptible emoción, Nebrija proclamó que "esta gran compañía que llamamos reino y república de Castilla" estaba en marcha, purificada ahora su religión, unidos su pueblo, victoriosas por doquier sus armas. Y los hechos justificaban sin duda esta retórica.

E. Aportaciones De Francisco de Vitoria

El pensamiento de Vitoria se centra en analizar el comportamiento entre las partes y si los indígenas causaban alguna injuria se daba la condición para la guerra conforme a la escolástica.

Vitoria fundaba su teoría de la guerra en razón de la teoría de san Agustín de que la guerra no se da por sí misma sino por salvar un bien superior, por necesidad o por buscar la paz.

Victoria no fue un defensor ni un impugnador de la conquista.

Vitoria en "Las Relecciones sobre los indios" va a exponer el derecho de gentes de los españoles para comerciar pacíficamente con los naturales. Si se explica a los naturales que los españoles son huéspedes y solo quieren comerciar, ellos pueden entablar relaciones pero si los naturales quieren agredir a los españoles estos tienen derecho a defenderse, porque es lícito rechazar la fuerza con la fuerza.

Si los bárbaros no permiten anunciar libremente el evangelio pueden los españoles predicarselo a la fuerza y para que la gente se salve es necesario declarar la guerra, lo pueden hacer.

Si los bárbaros no se convierten al cristianismo y por cualquier motivo los obligan a regresar a la idolatría, los españoles pueden declararles la guerra.

Si los indios se niegan a dejar el rito homicida puede obligárseles por las armas y ejercitarse el derecho de guerra contra ellos.

F. Ordenanzas de descubrimiento

El día 13 de julio de 1573 Felipe II promulgó en el bosque de Segovia las ordenanzas de descubrimientos, nueva población y pacificación de las Indias.

Es un texto compuesto de 148 capítulos, los primeros 31 dictan los descubrimientos, asignando nuevas poblaciones del 32 al 37 y los capítulos finales se dedican a regular las especificaciones.

La promulgación de dichas capitulaciones se hace con la necesidad de llenar los vacíos que no contemplaban las legislaciones viejas y problemas que se estaban presentando en la colonia además de que tenía como objetivo terminar con las discusiones de los juristas y teólogos de la época sobre la conquista de la Nueva España.

Hay temas que se deben resaltar:

Las capitulaciones van a ser más estrictas y se va a privilegiar la figura del adelantado y no la de gobernador.

Se pone como condición a los expedicionarios que en cada viaje deben acompañarlos misioneros ya sea por tierra o mar.

Se suprime el término de conquista y se busca romper con la penetración violenta.

Se dedican a definir los asentamientos de los lugares descubiertos, que podían ser ciudades, villas o cualquier lugar.

Su redacción se da en forma de recomendación y no imperativo.

Se mencionan las autoridades de los nuevos asentamientos.

Gran parte de ellas se dedican a definir las funciones del adelantado, así como de los capitanes generales y gobernadores.

Regula la parte de los encomenderos como una merced que daban los reyes de España a los que realizaban la empresa, la concesión de los títulos nobiliarios se fue haciendo cada día menor pues no querían crear una nueva nobleza en las Indias.

El tema central de estas ordenanzas es la pacificación que buscaba la Corona, es decir se quería terminar con la guerra Indiana, para ello introducen la figura del misionero para llevar la religión a los indios.

Con esa pacificación se buscó terminar con el debate teológico y jurídico sobre la posesiones de las Indias Occidentales.

Las Ordenanzas de descubrimiento, nueva población, y pacificación dieron como resultado una ordenación sistemática de la experiencia acumulada de los años de penetración en América por lo tanto es un marco jurídico dentro del cual se detallan las consecuencias de las expediciones, así como difundir la cristiandad de manera justa y evitando la forma bélica.

3. INSTITUCIONES JURÍDICAS EN LA CONQUISTA DE TENOCHTITLAN

Existía una empresa en la época de la conquista, dirigida por Hernán y sus compañeros de viaje, los cuales lograron la rendición de México-Tenochtitlan el 13 de agosto de 1521, los cuales utilizaron bases jurídicas de la época romana pero con una reformulación en la época Alfonso X el Sabio y por los soberanos Isabel de Castilla y Fernando de Aragón.

A la corona lo que realmente le importaba era que el imperio de México-Tenochtitlan fuera incorporado a su imperio bajo las leyes de la época en el mundo occidental, con el cumplimiento de las capitulaciones de Santa Fe, de las Bulas Alejandrinas y del testamento isabelino, conforme a derecho.

3.1. Capitulaciones e instrucciones

La Capitulación consistía en un pacto suscrito entre un particular y la Corona mediante el cual ésta autorizaba a aquél la realización de una determinada empresa que se encargaba de descubrir, conquistar, explorar a cambio de recibir una parte de tal producción.[23]

Los primeros años de descubrimiento en el nuevo continente se hicieron por medio de unas cuantas empresas que celebraron capitulaciones entre los reyes y los capitulantes, dichos convenios daban certeza a ambas partes con el objetivo de que los nuevos territorios descubiertos pasaran a los soberanos y en cierta manera a los súbditos les dieron la oportunidad de encontrar una nueva forma de hacer riqueza y cambiar su suerte.

Entre los beneficios que poseía un capitulante estaban las de tener funciones administrativas, hacerse de tierras, explotación de los recursos, mano de obra gratuita proveniente de los indios, establecer estancos, participar en los beneficios que arrojara la empresa náutica, etc.[24]

Es importante resaltar que las capitulaciones siempre eran celebradas por la Corona, con el correr del tiempo dicha facultad se cedió a otras autoridades como fue la Casa de Contratación de Sevilla, algunos virreyes, Audiencias o gobernadores.

3.2. La hueste

La "Hueste indiana" es una figura de origen medieval que tuvo gran desarrollo en el período de conquista que emprendió Castilla, tal cual, la definición de la hueste consistía en contratar personas de guerra a las órdenes de un caudillo, con la tarea de emplear su fuerza y recursos en una expedición que fuera a descubrir, conquistar, poblar, rescatar alguna misión encargada por la Corona.[25]

Las capitulaciones fueron la fuente que alimentaron la creación de las huestes, donde personas particulares se unían a las empresas de guerra,

---

23 GUTIÉRREZ ESCUDERO, Antonio *Las capitulaciones de descubrimiento y rescate: La Nueva Andalucía Araucaria.* vol. 1, núm. 21, Revista Iberoamericana de Filosofía, Política y Humanidades, 2009, p. 260.

24 *Ibídem.*

25 GRAJALES CERON, Russell, *Instituciones jurídicas en la conquista de Yucatán y fundación de Mérida,* Revista de la Biblioteca Jurídica Virtual del Instituto de Investigaciones Jurídicas de la UNAM, p. 223, https://revistas-colaboracion.juridicas.unam.mx/index.php/rev-facultad-derecho-mx/article/download/31353/28340, consulta: 27 de abril 2023.

con los elementos que pudieran aportar a la empresa, mismos que serían remunerados en el momento del botín.[26]

Lo que deja en claro que la conquista no se hizo por el ejército de Castilla sino por diversos grupos de particulares que quisieron participar en el descubrimiento, claro está que también buscaban recibir beneficios.

3.3. El repartimiento y encomienda

El repartimiento, al igual que la hueste, deviene de la firma de una capitulación, lo que viene a establecer que el repartimiento consistía en la asignación de determinado número de indios a cargo y protección de un español. Fue una institución que permitió que los conquistadores tuvieran mano de obra barata, a su vez generaba ingresos a la Corona, ya que por cada indio se tenía que pagar un impuesto y como única obligación tenían que enseñarles la religión.[27]

La encomienda fue una institución de corte medieval, que permitió organizar a los indios con la idea de que estos fueran aprendiendo la religión occidental así como los usos españoles, fue así como cientos de familias indígenas quedaron en manos de unos cuantos españoles con la idea de que iban a ser evangelizados, por otro lado, los encomenderos tenían que recabar el tributo.[28]

FUENTES

CRUZ BARNEY, Oscar *et al.*, *Diccionario de Historia del Derecho,* México, Porrúa, 2015.

CRUZ BARNEY, Oscar, *Historia del Derecho en México,* México, Oxford University Press, 2005.

__________, *Relación iglesia-estado en México: el regio patronato indiano y el gobierno mexicano en la primera mitad del siglo XIX,* Revista mexicana de historia del derecho, 2013.

FEHER, Eduardo Luis, *El choque de las culturas hispano-indígenas,* vol. 52, México, Metropolitana, 1976.

---

[26] CRUZ BARNEY, Oscar et al., Diccionario de Historia del Derecho, México, 2015, Porrúa, p.179.

[27] PÉREZ DE LOS REYES, Marco Antonio, *Historia del Derecho en México,* México, Enciclopedia Jurídica de la Facultad de Derecho UNAM, p. 105.

[28] Ibídem, p. 107.

GÓMEZ ZAMORA, Matías, *Regio Patronato Español é Indiano*, Madrid, Imprenta del Asilo de Huérfanos del S.C. de Jesús, 1897.

GUTIÉRREZ ESCUDERO, Antonio *Las capitulaciones de descubrimiento y rescate: La Nueva Andalucía Araucaria.* Vol. 1, núm. 21, Revista Iberoamericana de Filosofía, Política y Humanidades, 2009.

MARGADANT FLORIS, Guillermo, *La Iglesia ante el derecho mexicano,* Esbozo histórico-jurídico, México, Miguel Ángel Porrúa, 1991.

PÉREZ EMBID, Florentino, *Los viajes a Indias en la época de Juan de la Cosa*, Santander, 1950, y Estudios de Historia Marítima, Sevilla, 1979, pp. 219-237

PÉREZ DE LOS REYES, Marco Antonio, *Historia del Derecho en México, Enciclopedia Jurídica de la Facultad de Derecho UNAM.*

ZAVALA, Silvio, *Las instituciones jurídicas en la Conquista de América*, 3a ed., México, Editorial Porrúa, 1988.

Fuentes electrónicas

GRAJALES CERON, Russell, *Instituciones jurídicas en la conquista de Yucatán y fundación de Mérida*, Óp. cit., p. 223 en línea: https://revistas-colaboracion.juridicas.unam.mx/index.php/rev-facultad-derecho-mx/article/download/31353/28340, consulta: 27 de abril, 2023.

RAUL CADENA Cepeda, *La Donación (La herencia de Constantino a la Iglesia Católica,* disponible en: http://rcadena.com/ensayos/CONSTANTINO.htm

Unidad 5. El virreinato de la nueva España y el derecho novohispano

Introducción: En este capítulo se debe estudiar la organización política del virreinato, que fue la forma de gobierno que tuvieron algunas regiones de América, por ejemplo, México, Perú, Colombia y Argentina[1]

Después de que, en la Unidad anterior, con el tema de "El descubrimiento y conquista de las Indias", se analizaron los momentos iniciales del contacto entre dos culturas diferentes, la de la Europa cristiana y la de los pueblos originarios con su propia concepción cultural, era el momento propicio para observar que pasos se siguieron para incorporar a la Corona de Castilla la vastedad de territorios indianos y los primeros intentos de organizar política y jurídicamente estos lugares, ahora llega el momento de ver, aunque de manera muy general, las especificidades del Derecho Indiano, a lo largo de los tres siglos que, en números redondos, duró la dominación hispana.

El Derecho Indiano constituye una parte muy amplia y rica en temática dentro de la Historia del Derecho Mexicano, porque a lo largo de su vigencia se crearon instituciones que, con las adaptaciones obvias subsisten en el sistema jurídico nacional. Por esa razón, el Derecho Indiano se constituye en algunas escuelas profesionales como asignatura de carácter optativo.

Se denomina Derecho Indiano, al conjunto de normas, instituciones, procedimientos y principios filosófico-jurídicos que España aplicó en sus territorios de ultramar, a los que por un error geográfico histórico inicial denominó las Indias Occidentales, esto debido a que el Almirante Cristóbal Colón creyó haber llegado a la India y, aunque después se superó esta equivocación, la denominación permaneció hasta el momento de la emancipación de los países de América en el siglo XIX.

Debe aclararse que el Derecho Indiano se aplicaba a los habitantes de estos lugares independientemente de su origen étnico y social, es decir, regía a los aborígenes, pero también a los españoles, criollos, mestizos y a cuantas personas habitaban en Indias.

---

1 Existen antecedentes de otras partes del continente que también durante un tiempo se ostentaron como virreinatos.

Igualmente, se aclara que el momento inicial de este derecho se reconoce en 1492, cuando se firmaron las Capitulaciones de Santa Fe, documento que permitió que Colón realizara su primer viaje de descubrimiento bajo el patrocinio de la Corona castellana. En cuanto hace a la fecha de conclusión, depende del momento en que cada país del continente americano logro su independencia, en el caso de México fue en 1821 con la firma de los Tratados de Córdoba, independientemente de que España desconoció este documento y vino a reconocer al nuevo país hasta 1836.

En ocasiones este Derecho recibe otras denominaciones, pero es discutible o limitado su empleo, por ejemplo se le llama: a) Derecho colonial, pero se objeta que, ni en documentos públicos ni en privados, España se refirió a estos territorios como sus colonias, vocablo que implica dependencia y dominación, b) Derecho virreinal, que solamente aplica a aquellos lugares de América que se erigieron como virreinatos, cuando muchos otros tuvieron un régimen de gobierno diferente, incluso México (Nueva España) tuvo varias formas de organización política antes de que se instituyera el virreinato, c) Derecho cortesiano, recordando a Hernán Cortés como el conquistador, pero este personaje fue inicial y exclusivamente para el caso de México, d) Derecho colombino, por el descubridor Colón, igualmente inicial, por lo que después de su fallecimiento ya no tiene sentido llamar así al Derecho que se fue configurando para estos territorios y, finalmente, e) Derecho novohispano, lo que lo limita a la sola visión de la Nueva España, restándole la que ocurría en otros lugares del nuevo mundo. Por todo lo anteriormente expuesto, el nombre más adecuado es el de Derecho Indiano.

Por otra parte, se dice en la definición apuntada "...aplicó en sus territorios de ultramar...", y no en América, porque estuvo vigente en lugares que ya no pertenecen a dicho continente, caso de las Islas Felipinas o Filipinas, es decir, las del Rey Felipe II.

Resulta evidente que, si este Derecho perduró por tres siglos, en números redondos, igualmente fue desarrollándose y presentando cambios importantes, en todos sus órdenes normativos y, eso es precisamente lo que debe estudiarse en esta Unidad del Programa. Se presenta ahora el siguiente cuadro evolutivo del Derecho Indiano:

Etapa	**Siglo**	**Característica relevante**
Caribeña	Fines del XV y principios de XVI	Primeros establecimientos en las Antillas
Carlista	XVI (primera parte)	Conquista del macizo continental
Felipista	XVI (segunda parte)	Fortalecimiento de las instituciones

Etapa	Siglo	Característica relevante
Decadencia intermedia	XVII	España pierde hegemonía en Europa
Resurgimiento borbónico	XVIII	Cambia la dinastía Habsburgo por la de Borbón
Decadencia final	XIX	España sufrió una grave crisis que dio origen a la emancipación de casi todos sus territorios en América

Objetivos particulares de la Unidad: Analizar el origen y desarrollo de la Nueva España, así como el Derecho que se aplicaba en esa época. Indicar los principios rectores de la administración y los niveles en los que operaba el gobierno y la justicia e identificar la importancia de las reformas implementadas por la dinastía borbónica en el siglo XVIII.

1. EL VIRREINATO

Cuando la Corona de Castilla incorporó los territorios indianos a su dominio, se enfrentó a la tarea, nada sencilla, de implementar formas idóneas de gobierno en cada región, esto porque ni la geografía, ni las opciones económicas, ni la composición poblacional, social y cultural eran uniformes, sino que variaban de región en región, por ejemplo, mientras en algunas zonas los indígenas habían alcanzado altos índices de civilización y de organización política, había otras en franca barbarie.

Una de las formas de gobierno que se establecieron fue la del virreinato, de la cual tenían los castellanos una amplia experiencia histórica, porque el cargo surgió en la zona catalana-aragonesa, para gobernar originalmente los reinos de Sicilia y Cerdeña, islas lejanas a la costa de España que habían caído en poder de la Corona de Aragón en la época de la expansión mercantil en el Mediterráneo, esto es entre los siglos XIV y XV de nuestra era. Se derivó de lo que tiempo atrás se denominaba lugartenencia, es decir, especie de gobernadores responsables de una región dependiente finalmente de un Rey. El origen de este nombramiento aún se presta a controversia, incluso se ha dicho que los lugartenientes eran comandantes de tropas en tierra y los virreyes de flotas.[2]

Don Fernando "El Católico", lo estableció definitivamente para la gobernanza de varios de los dominios del Reino de Aragón y, en las Capitulaciones de Santa Fe de 1492, se concedió el título de "Visorrey" al Almirante

2 Tesis que sostienen especialistas como RUBIO MAÑÉ, José Ignacio

Cristóbal Colón, de todos los territorios que tomara en posesión para la Corona de Castilla. No obstante, las controversias que después se dieron entre los Reyes Católicos y el descubridor, que llegaron incluso a ventilarse en los tribunales de la época, hicieron desaparecer momentáneamente el cargo, hasta que, en el segundo cuarto del siglo XVI, Carlos V lo reestableció para organizar a sus dos dominios más importantes en América, la Nueva España (1535) y Perú (1544). Finalmente, ya en el siglo XVIII, se amplió este tipo de administración indiana con la creación de los virreinatos de Nueva Granada (1739), hoy Colombia y de Rio de la Plata (1777), Argentina.

Más tarde, con la expedición de la Constitución Política de la Monarquía Española o Constitución de Cádiz de 1812, desapareció definitivamente la figura política del Virrey, por lo que los últimos funcionarios que encabezaron la administración de esas cuatro regiones ya no eran denominados virreyes sino Jefes Superiores[3]

Definición:

El vocablo deriva del latín, de las voces vice regis, en lugar del Rey. Lo que significa que quien ostenta esta calidad gobierna en nombre y con la autoridad del monarca.[4] De aquí surgió el protocolo para su tratamiento; al Virrey se le daba en público el homenaje y el ceremonial que se le otorgaban al Rey, pues era su representante personal y directo.

Dicho protocolo para el tratamiento de un Virrey puede hoy parecer anecdótico e intrascendente, pero no lo era en la época, porque tenía la intención de mostrar a los habitantes de los reinos indianos, el poder del Rey, a través de símbolos de etiqueta que se le atribuían, es decir, crearles conciencia del sometimiento que le debían a su real voluntad.

A manera de ejemplo, se cita parte de una carta enviada por Don Pablo de la Laguna, Presidente del Real, Universal y Supremo Consejo de Indias a Don Juan de Mendoza y Luna, marqués de Montesclaros que gobernó a la Nueva España de 1603 a 1607, para que tuviere éxito en su gobierno: "...Ha de tener gran composición, modestia y gravedad en su persona y en todos sus actos...El vestido honesto, la capa siempre más larga que corta y

---

[3] El artículo 324 de la Constitución de Cádiz manifiesta: "El gobierno político de las provincias residirá en el gefe superior (sic), nombrado por el Rey en cada una de ellas"

[4] Enciclopedia Salvat Diccionario, Tomo 12, p. 3289.

los vestidos de camino de colores graves y autorizados, sombreros sin plumas, y así en esto como en todo lo demás ha de parecer siempre más viejo que mozo. El andar muy despacio siempre y con mucho orden, sosegado y autorizado. En la iglesia y calles no mirar jamás ahincadamente a una parte hacia la gente, aunque...procure verlo y notarlo todo...Palabras pocas, graves, dulces y con término blando. Cuando se enojare, sin descomposición, y que con una sola palabra o un mirar baste para castigo..."[5]

Origen y desarrollo:

Se ha dicho con antelación el origen y aplicación de esta figura en América se dio esencialmente en el Reino de Aragón, para gobernar lugares lejanos que quedaron bajo su potestad, encomendando su gobierno local a lugartenientes o visorreyes y que, para efectos de iniciar la organización política de los reinos de las Indias, se otorgó, en las Capitulaciones de Santa Fe (17 de abril de 1492) a Cristóbal Colón, entre otros nombramientos, el de Visorrey de los lugares de que tomara posesión en nombre de la Corona de Castilla, esto le permitió al descubridor que al establecerse en La Española, hoy Santo Domingo iniciara su gobierno que vino a ser el primero que Castilla establecía en territorio americano, pero lo cierto es que esta experiencia inicial fue desastrosa y se puede resumir en el siguiente cuadro comparativo.

Gobierno inicial de la isla La Española (hoy República Dominicana)

Período de gobierno	Gobernante	Hechos relevantes
1492-1500	Cristóbal Colón	El cargo de Visorrey, como los demás que le otorgaron eran de carácter vitalicio y heredable, lo cual se confirmó el 28 de mayo de 1493, pero su gobierno estuvo plagado de errores y arbitrariedades, mal aconsejado por su hermano Bartolomé, por lo que fue destituido y Solamente conservó el de Gran Almirante de la Mar Océano.
1500-1502	Francisco de Bobadilla	Fue Juez Pesquisidor y Gobernador, a fin de restaurar a la población de los males que se le causaron en tiempos de Colón, por ello envío encadenado al descubridor a España, aunque éste logró salir bien librado de ello, pero Bobadilla se caracterizó por los abusos que en su administración se infringieron a los indígenas, por lo que fue sustituido.

[5] CAÑEQUE, Alejandro "De sillas y almohadones o de la naturaleza ritual del poder en la nueva España de los siglos XVI y XVII", p. 615.

Período de gobierno	Gobernante	Hechos relevantes
1502-1509	Nicolás de Ovando	Nombrado también Juez y Gobernador para someter a juicio de residencia a Bobadilla, sin embargo, fue apático para cumplir las órdenes reales y su ineficiencia causó un desfalco considerable en las finanzas públicas, por lo que fue destituido.
1509-1523	Diego Colón	Primero fue Juez y Gobernador, luego se le reconoció como Virrey de La Española y algunas islas cercanas, pero se creó la Real Audiencia y se le quitaron sus facultades jurisdiccionales, además, se le enviaron unos monjes jerónimos con amplias facultades para intervenir en la administración de Santo Domingo. Regresó a España, lo que permitió que fuera desplazado por una Audiencia presidida por el Obispo Sebastián Ramírez de Fuenleal, que también tenía el cargo de gobernador.

Como puede observarse, tanto Cristóbal Colón, como su hijo si ostentaron el cargo de Virrey, pero sus administraciones resultaron fallidas, por su torpeza política; Diego Colón murió en 1526 en Montalván, cerca de Toledo, en medio de sus instancias impugnativas judiciales reclamando los derechos heredados de su padre.

Con estas malas experiencias en la zona caribeña, la Corona consideró el inconveniente de dotar de amplias facultades a los funcionarios indianos y por ello se inclinó por formar gobiernos con órganos colegiados, como las audiencias, o con instituciones de contrapeso político como los oficiales reales, de los que hablaremos más adelante.

Creación del Virreinato de la Nueva España:

Este criterio varió sensiblemente a raíz de que se inició el descubrimiento, conquista y colonización del macizo continental de América, abarcando territorios de enorme extensión como fue el caso de la Nueva España, por lo que se hizo necesario encontrar una organización política adecuada, lo que requirió un camino largo y controvertido.

El origen de ello se tuvo, cuando el gobernador de Cuba, Diego Velazquez se dio a la tarea de formar una escuadra con once buques para realizar la conquista de México, el gran imperio de Moctezuma II, del que ya tenía noticias por dos expediciones realizadas anteriormente en la zona, la de Francisco Hernández de Córdoba en 1517, en la que, el piloto Antón de Alaminos descubrió Isla Mujeres, en la península de Yucatán, y la de Juan de Grijalva en 1519, quien bordeando la costa del Golfo de México, llegó hasta la desembocadura del rio Pánuco. Al frente de esta flota nombró, como Capitán General a Hernán Cortés, que se dio a la tarea de enrolar hombres para la expedición, buscar recursos para avituallarla y, en fin, disponer lo necesario, porque en la época las expediciones de descubrimiento y conquista se realizaban con el esfuerzo de los particulares y no con los recursos públicos. No obstante, sabedor de que cerca del gobernador se intrigaba para despojarlo del mando, decidió partir sin su autorización expresa, lo que lo convertía en reo de alta traición.

Por esa razón, después de recorrer las costas de Quintana Roo, Yucatán, Campeche y Tabasco, en cuanto tocó tierra en la zona de Quiahuiztlán el viernes santo (22 de abril de 1519), fundó la Villa Rica de la Vera Cruz (Verdadera Cruz, la del martirio de Cristo) lo que permitía, según el derecho de la época, que una "poblazón de hombres libres" pudiera nombrar autónomamente a sus autoridades, configuradas en la figura política del Ayuntamiento.

Efectivamente, este primer Ayuntamiento quedó integrado por personas de su confianza, quienes, como autoridad independiente del gobierno de Cuba, a su vez le otorgaron a Cortés los cargos de Capitán General y Justicia Mayor, convirtiéndolo de hecho en el primer gobernador de un territorio que aún tenía que conquistar.

Posteriormente, en su camino hacia el centro del país, estableció un segundo ayuntamiento en Tepeaca, Puebla, a la que nombró Segura de la Frontera y ya hacia 1521, un tercero en Coyoacán, desde donde planeó su ataque final a Tenochtitlan, la capital de los aztecas. De esta manera, se puede afirmar que, en México, antes que el idioma o la religión lo que implementaron de inmediato los europeos fue la figura del Ayuntamiento.

En cuanto al nombre de Nueva España, éste fue sugerido por el propio Hernán Cortés, quien en su segunda Carta de Relación dirigida a Carlos V, fechada el 30 de octubre de 1520, en Segura de la Frontera, en la parte conducente expresa"... Por lo que yo he visto y comprendido acerca de la similitud que toda esta tierra tiene a España, así en la fertilidad como en la grandeza y fríos que en ella hace, y en otras muchas cosas que la equiparan a ella, me pareció que el más conveniente nombre para esta dicha tierra era llamarse la Nueva España del Mar Océano, así, en nombre de vuestra majestad se le puso aqueste nombre. Humildemente suplico a vuestra alteza lo tenga por bien y mande que se nombre así..."[6]

---

6 CORTÉS, Hernán, "Cartas de Relación", p. 96.

Por supuesto, no solamente contaron para Cortés las similitudes geográficas, de paisaje y de clima entre España y México, para sugerir este nombre, sino también el hecho de que en el imaginario de la época lo volvía el territorio más importante de la zona indiana, lo que aumentaba considerablemente la trascendencia de su hazaña al conquistarlo.

Con base en este doble nombramiento otorgado por el Ayuntamiento de Veracruz, Cortés expidió las siguientes Ordenanzas: a) Las pregonadas en Tlaxcala en las proximidades de llevar a cabo la expedición para ponerle sitio a Tenochtitlan, el 26 de diciembre de 1520, de carácter civil y militar, en donde, entre otras cosas, ordena que se procure eliminar la idolatría entre los indígenas, quedan prohibidos los juegos de naipes y de dados, así como los pleitos y duelos entre españoles, las blasfemias y las habladurías en su ejército, todo ello para evitar actos de indisciplina; por otro lado, agrupa organizadamente su ejército e igualmente, señala que la guerra contra los naturales tiene por objeto acabar con las prácticas idólatras y establecer el cristianismo, ya que sin esta meta la guerra sería injusta y debería devolverse a sus dueños originales lo que se les hubiere quitado, b) Las ordenanzas de 1524 y, c) Las ordenanzas de 1525, en estas dos se regulaban, entre otras cuestiones: el servicio militar que debían prestar los vecinos de las ciudades, dado que no se contaba con un ejército profesional y oficial para la defensa de los territorios conquistados, la implementación del repartimiento de indios y la encomienda, derivada de la behetría medieval y establecida años atrás, en el Caribe por el Rey Fernando "El Católico," un plan agrícola para arraigar a los pobladores en estas regiones, la política a seguir para cristianizar a los indígenas, el establecimiento de penas para los delitos más comunes y, el nombramiento de autoridades e instalación de cabildos y recaudación de tributos y contribuciones,[7] se trataba entonces de las primeras disposiciones para organizar el gobierno de la recién conquistada Nueva España y, de esta forma, Cortés se convirtió en el primer legislador europeo de México.

No obstante, de España había llegado Don Cristóbal de Tapia nombrado gobernador de la Nueva España, lo que causó un gran disgustó en el grupo de allegados de Cortés, dado lo cual, no se le recibió y si, en cambio, se gestionó ante la Corona que el conquistador fuere nombrado en 1522 gobernador y capitán general de la Nueva España, sin dependencia del gobierno de Cuba. Debe observarse que, a la vez se nombraron cinco individuos como oficiales reales, estos fueron: Alonso de Estrada (tesore-

[7] QUINTANA ROLDÁN, Francisco, "Derecho Municipal", p. 54.

ro), Rodrigo de Albornoz (contador), Gonzalo de Salazar (factor), Pedro Almidez Chirinos (veedor) y Alonso De Zuazo (asesor), todos ellos con funciones hacendarias, pero con la intención de servir de contrapeso al poder de Cortés, consecuentemente investidos de funciones más amplias que las referentes a cuestiones fiscales.

Cuando en 1524 el conquistador hizo su histórico viaje a Las Hibueras (Honduras), para combatir la insurrección de uno de sus capitanes Cristóbal de Olid, el gobierno de la Nueva España quedó en manos de los oficiales reales, quienes cometieron todo tipo de excesos y arbitrariedades, al grado de encarcelarse unos a otros, por ello, a su regreso en 1526, Cortés tuvo que tomar medidas drásticas para neutralizarlos, por lo que lo acusaron ante la Corona, con todo tipo de cargos, motivo por el cual se ordenó que se le sometiera a juicio de residencia, y, en consecuencia se nombró a Luis Ponce de León gobernador de la Nueva España, que desembarcó en Veracruz el 4 de julio, pero murió unos días después, dejando en el cargo a Marcos de Aguilar, quien a su vez falleció un poco después. Entonces el oficial real Alonso de Estrada y el capitán Gonzalo de Sandoval, que había militado a las órdenes de Cortés, tomaron provisionalmente el poder y persiguieron al conquistador, pero éste logró salir para España, en donde se entrevistó con el Rey Carlos V, quien lo exoneró de toda responsabilidad y le concedió el marquesado del Valle de Oaxaca, pero ya no le refrendó su cargo de gobernador de la Nueva España

El gobierno entonces recayó en una audiencia gobernadora, con integrantes que cumplían funciones jurisdiccionales y administrativas, dado que en la época no existía el principio de división de poderes. Esta primera audiencia estuvo integrada por un presidente que lo fue Nuño Beltrán de Guzmán y cuatro oidores, su gobierno fue un verdadero caos, lleno de injusticias y arbitrariedades, por lo que a pesar de que los oidores establecieron un régimen de terror y amenazas, lograron filtrarse cartas de distintas personas de la aristocracia novohispana quejándose ante el Rey, quien al saber tal estado de cosas, disolvió esta audiencia y entablo juicio de residencia a sus integrantes, a la vez que nombró una segunda audiencia en 1531 presidida por el Obispo Sebastián Ramirez de Fuenleal, que ya había desempeñado un cargo similar en Santo Domingo y ahora en México estuvo acompañado de gente tan calificada como el oidor Vasco de Quiroga, que más tarde sería Obispo de Michoacán, en donde realizó una gran labor en beneficio de los indígenas.

Esta segunda audiencia era de carácter provisional porque ya se tenía la intención de formar un virreinato en la Nueva España, lo que sucedió cuando, el 17 de abril de 1535, Don Antonio de Mendoza tomó posesión del cargo de Virrey. Como puede apreciarse, desde el momento que, el 22 de abril de 1519, Cortés recibió del Ayuntamiento de Veracruz su nombramiento de Capitán General y Justicia Mayor, hasta 1535 en que asumió el cargo de Virrey Don Antonio de Mendoza, transcurrieron 16 años casi exactos en los que la Nueva España no era virreinato, sino que se fueron instalando distintas opciones de gobierno que no resultaron adecuadas, por lo que no es conveniente designar a toda la época como la del Derecho virreinal.

Cabe advertir que, hacia el siglo XVIII, con el cambio de dinastía de los Habsburgo a los Borbón quedaron sin efectos los virreinatos de los dominios españoles en el viejo mundo, pero los de América perduraron hasta concluir la dominación española, aunque, como se ha dicho, la Constitución de Cádiz ya utilizó el término de jefes superiores para referirse a los virreyes.

2. ORGANIZACIÓN DEL VIRREINATO

Al erigirse el Virreinato de la Nueva España, se le asignó un radio de jurisdicción muy amplio, ya que comprendía: Los distritos de la Audiencia de Santo Domingo (con las gobernaciones de La Habana, Santiago de Cuba, San Juan de Puerto Rico, Venezuela, Cumaná y Margarita); de la Audiencia de México (con el corregimiento de ciudad de México, gobernación de Yucatán, castillo de Acapulco, alcaldías mayores de Tabasco, Cuautla o Amilpas, Tacuba e Ixtlavaca (sic) o Metepeque y el corregimiento de Veracruz); de la Audiencia de Guatemala (con las gobernaciones de Guatemala, Comayagua, Costa Rica, Honduras, Nicaragua y Soconusco y las alcaldías mayores de Chiapas, Nicoya, Sonsonate, Zapotitlán o Suchitepeque y San Salvador); la de la Audiencia de Guadalajara (con las gobernaciones de Guadalajara y Nueva Vizcaya y el corregimiento de Zacatecas) y de la Audiencia de Manila, con su respectiva gobernación. La Gobernación de Florida, aunque sujeta directamente al Consejo de Indias, debía cumplir las órdenes de superior gobierno y otras de que hubiere costumbre del virrey de Nueva España.[8]

A la cabeza del Virreinato novohispano estaba el Virrey, nombrado por el propio monarca y confirmado por el Real, Universal y Supremo Consejo de Indias. Algunas de sus funciones más relevantes eran:

---

8 DOUGNAC RODRÍGUEZ, Antonio. Manual de Historia del Derecho Indiano, p. 101

Facultades en materia:	Aspectos principales
de gobierno	Representar personal y directamente al Rey, gobernar sobre los territorios de su virreinato, en todos los aspectos, excepto los que el propio monarca le hubiera limitado, procurando el buen gobierno y la paz de su reino, debía encargarse de las obras públicas, conceder licencias, confirmar elecciones municipales y responder a las consultas que le plantearan otras autoridades de cualquier rango. Era gobernador general, es decir, gobernador de los gobernadores de los reinos y provincias que integraban su territorio. En el siglo XVIII cambió el régimen de geopolítica creando las intendencias, en consecuencia, el Virrey fue el intendente general o intendente de todos los demás.
Judicial y legislativa	Decretar ordenanzas e interpretar las leyes, conocer judicialmente de casos en que estuvieren involucrados los oidores o magistrados de la Audiencia. El Virrey fungía como presidente de la Real Audiencia de la ciudad de México.
de asuntos eclesiásticos	Si el Rey era el patrón (protector) de la iglesia, el Virrey debía actuar como vice patrón, por lo que apoyaría la evangelización y procuraría mantener el orden y la convivencia entre el clero regular y el secular y las diferentes órdenes monásticas
militar	Fungir como comandante supremo de las fuerzas de tierra y mar en su territorio, disponer expediciones militares y cuidar la construcción y mantenimiento de fortalezas y murallas
hacendaría	Realizar el cobro de los ingresos y la distribución del caudal público, y llevar a su cuidado los libros anuales de ingresos y egresos de la Real Hacienda.
de protección a los indios	Actuar como protector o patrón de los indios y conocer de sus causas judiciales en primera instancia
de nombramientos	Designar alcaldes mayores y corregidores y otros funcionarios y fiscalizar su desempeño
de perdones e indultos	Otorgar perdón en algunos casos, si se trataba de delitos menores, o el indulto a reos sentenciados a la pena capital
diversa	Dejar sin efecto una orden real, utilizando el principio de "obedézcase, pero no se cumpla" (que se expondrá más adelante); proveer el abasto de alimentos en almacenes denominados alhóndigas y evitar ciclos de inflación, otorgar mercedes reales o concesiones en nombre del Rey, además, en la ciudad de México era responsable de los servicios públicos, funciones de policía y de buen gobierno, por lo que expedía las ordenanzas municipales del caso.

Aunque a simple vista parezcan facultades muy amplias las que se asignaban al Virrey, no por ello la corona descuidaba el control de estos funcionarios para evitar que cayeran en actos de prepotencia y de corrupción. Entre las principales medias que se fueron adoptando para limitar su poder político estuvieron las siguientes: 1) El Virrey no podía contraer matrimonio con mujer de su territorio, salvo autorización expresa del Rey, prohibición que se extendía a sus hijas e hijos, 2) Informar al Virrey que lo supliera sobre los asuntos a su cargo y el estado en que entregaba la administración pública (Memorias o Relaciones del estado general del reino), si fallecía en el ejercicio del cargo, era práctica común que dejara el "pliego de mortaja", en donde, además de destacar los aspectos importantes de la administración, recomendaba el nombre de su sucesor, a manera provisional, 3) la duración del cargo no fue definida oficialmente, el promedio fue de cuatro años, pero hubo virreyes que duraron mucho más o que, al terminar su ejercicio, eran nombrados al virreinato de Perú, y otros que duraron menos, por lo que el Virrey en turno no sabía en qué momento y circunstancia se daría su remoción, 4) Antes de ejercer el cargo debían otorgar fianza, jurar su buen desempeño y presentar inventario de sus bienes, 5) Debían enfrentar visitas y auditorías, de toda su administración o de algún aspecto en particular respectivamente, a lo largo de su administración, 6) Se les impedía que tuvieren comercio de ganado, tierras de labranza ni negocios en general, pedir u otorgar préstamos, adquirir bienes raíces, tener trato cercano con personas de su reino, acudir a fiestas o simplemente a casas de sus subordinados, ni jugar naipes o dados, ni recibir regalos por concepto alguno, 7) Los libros anuales de la Hacienda pública eran revisados en España por el Real Consejo de Indias y por la Casa de Contratación, para señalar observaciones y, en su caso, aprobarlos, 8) Al terminar su gobierno, si había denuncia grave, someterse a juicio de residencia (de responsabilidad), posteriormente esta práctica se extendió y, aún sin denuncia todo Virrey cesante debía enfrentar juicio de residencia, para deslindar cualquier comisión ilícita en el ejercicio de su cargo, el nombre de residencia se daba porque el procesado se sometía a arraigo, mientras se desahogaba su causa, generalmente eran las ciudades de Texcoco o de Tulancingo las seleccionadas para que permaneciera hasta que se decidiera su situación jurídica.

En cuanto a la obediencia a las órdenes del monarca, éstas se expresaban generalmente en documento llamados Cédulas Reales o en Reales Provisiones, que, al llegar a manos del Virrey, éste se percataba de que el sello del documento no había sido violado, lo rompía, extraía la cédula, besaba el texto y leía ante sus colaboradores su contenido. En ese momento podía ejercer su facultad de inaplicación, colocándose el documento en la cabeza, en señal de sometimiento y decía la frase "Obedézcase, pero no se cumpla", pasado lo cual debía rendir un informe al rey en donde le explicara la razón de su decisión. Si el monarca insistía en enviar otra orden con el mismo contenido, ya no era posible volver a aplicar el principio para esta segunda ocasión.

Obedecer (escuchar con respeto y muestras de sumisión), era distinto a cumplir (realizar lo que se había ordenado), en ese sentido, ya no se trata de un contrasentido que indicara la desobediencia a un mandato real, como en muchas ocasiones se quiere manifestar con ironía, sino que se trataba de un procedimiento permitido por el derecho de la época y tomando en cuenta que la distancia y la falta de medios adecuados de comunicación, hacía que el monarca se enterara con retraso de los sucesos de sus dominios indianos, por lo que, al dictar sus instrucciones, era muy probable que las circunstancias hubieren cambiado sensiblemente. El procedimiento de obedecer, pero no cumplir, también se conocía como suplicación de leyes, en este caso ejercido por los virreyes.

Lo que podía justificar esta decisión era el desconocimiento de los hechos a los que se refería la Cédula (obrepción) o el falseamiento de los mismos y que pudieren causar un daño irreparable (subrepción), en última instancia se contaba con el recurso de "suplicación de leyes" que ejercieran ya los particulares, por medio del cual, el gobernado podía solicitar a las autoridades judiciales que no se le aplicará determinada disposición que pudiera perjudicarle notablemente, se valoraba el caso y, si procedía, se tomaban las medidas necesarias para determinar la inaplicación, para los especialistas esta figura es un antecedente de lo que luego sería el Juicio de Amparo.[9]

3. SOCIEDAD CORPORATIVA

En la Nueva España la sociedad se configuraba con estamentos o grupos sociales bien definidos y de difícil movilidad social, éstos se formaron con la participación de tres grupos étnicos, los indígenas, los blancos y los negros, los cuales al mezclarse formaron castas, con diferentes denominaciones, estatus económico y político y oportunidades diferentes. Hacia principios del siglo XIX se reconocían las siguientes castas:

Grupo social	Origen
español peninsular, gachupín o chapete	nacido en España
criollo	hijo de españoles y nacido en América
mestizo	de español e india
castizo	de español y mestiza

9 DOUGNAC RODRÍGUEZ, Antonio, ob. cit., p. 236.

Grupo social	Origen
mulato	de español y negra
morisco	de español y mulata
zambo	de negro e india
chino o albino	de español y morisca
Salta atrás	de español y china o de albina
lobo	de indio y salta atrás
jíbaro	de lobo y china
zambaigo	de lobo e india
cambujo	de zambaigo e india
calpamulato	de zambaigo y loba
albarazado	de cambujo y mulata
tente en el aíre	de calpamulato y cambuja
barcino	de albarazado y mulata
no te entiendo	de tente en el aíre y mulata
coyote	de barcino y mulata
toma atrás	de no te entiendo e india
barnocino	de albarazado y mestiza
coyote (también)	de indio y mestiza
chamizo	de coyote e india
ahí te estás	de chamizo y mestiza

Mediante roles definidos y observados con rigurosidad, que incluían la manera posible de vestirse en cada casta y mediante una educación tradicional muy rígida, impartida por la familia, la iglesia y el gobierno, cada individuo permanecía atento a desempeñarse en el papel que le correspondía, lo que permitió que este tipo de sociedad prevalecieron por tres siglos, aunque de tiempo en tiempo se dieron muestras de descontento, como en el caso de los criollos, quienes se sentían injustamente postergados en la obtención de cargos políticos, religiosos o militares, por el solo hecho de ser nacidos en América, aunque fueran del mismo grupo racial que sus padres y tuvieren, en muchos casos, educación universitaria.

4. EL DERECHO INDIANO Y EL DERECHO NOVOHISPANO

Los indianistas clásicos, resaltan como ámbitos específicos de aplicación, el derecho indiano, tomado como género y, el derecho novohispano como especie. Esto porque, dada la diferencia potencial en recursos y en sociedades en cada región del nuevo continente, se pueden apreciar subgrupos jurídicos, a los que el Dr. Alfonso García Gallo, menciona como derechos provinciales indianos, en el caso específico de México, novohispano.

En este sentido, si resulta acertado mencionar el derecho de la época, como novohispano, como lo hace Guillermo Floris Margadant en su libro,[10] siempre que se haga referencia al sistema jurídico imperante en forma exclusiva en este territorio, lo que resulta entonces un área específica del derecho indiano.

4.1. Conceptos y características

El derecho indiano es el conjunto de normas, instituciones, procedimientos y principios filosófico-jurídicos que España aplicó en sus territorios de ultramar.

El derecho novohispano es el conjunto de normas, instituciones, procedimientos y principios filosófico-jurídicos que se aplicaron en el territorio de Nueva España, durante la época de la transculturación europea (siglos XVI a las dos primeras décadas del XIX), esto porque, aunque después de la creación del Estado mexicano en 1821, se siguió aplicando una buena parte de este derecho, en ausencia de normas nacionales, esto se realizó por decisión soberana del gobierno mexicano.

Como puede apreciarse en Derecho Indiano es el todo y el novohispano el ámbito específico de aplicación. Al respecto se puede indicar que las normas que integran al Derecho Indiano, algunas son de aplicación general, tanto en España como en el nuevo mundo, como las relativas a las facultades del Rey, otras exclusivas de toda América, como las del buen tratamiento a los indios, y otras específicas de una región de América como las del trato especial (más severo) a los indios caribeños o las de explotación y venta de mercurio en Chile. Esta diferencia provincial, permite incluso el estudio de la comparación de sistemas jurídicos indianos o el derecho Indiano comparado.

4.2. Fuentes del Derecho Indiano

En materia de fuentes del derecho indiano el espectro es muy amplio y comprende:

---

10 MARFADANT S., Guillermo Floris. "Historia del Derecho Mexicano", p. 37.

a) Leyes. Cuya denominación fue variada: Reales pragmáticas, emitidas por el Rey y equivalentes a las que emanaban de las Cortes, es decir, del Congreso, Reales Cédulas, a manera de instrucciones u órdenes dictadas por el monarca, Reales provisiones, también firmadas por el Rey para regular casos específicos, Reales Ordenanzas, disposiciones del monarca respecto de alguna institución en particular y, Reales instrucciones, que se daban a un funcionario al iniciar su administración. Ya para el siglo XVIII se añadieron las Reales órdenes, los Reales decretos y los Reglamentos; también existieron los Autos acordados del Real Consejo de Indias, de las Reales Audiencias o de los Virreyes.

Debe tomarse en cuenta que en el tiempo del Derecho Indiano, no era vigente el principio de división de poderes o de facultades, debido a ello, las autoridades administrativas estaban facultadas para elaborar normas de aplicación general, además de que, el fundamento de toda legislación era la Corona, por lo que, si la norma la emitía una autoridad diferente al Rey, surtía efectos provisionales, en espera de la ratificación real, en tanto que las que emanaban de gobernadores y ayuntamientos requerían la autorización del virrey o de la Audiencia y después la de la Corona.

En materia de legislación se distinguía la castellana, la peninsular y la criolla, es decir, la emanada del derecho castellano medieval, la de las autoridades indianas radicadas en España y las que se elaboraban en órganos de autoridad indiana en América. Por otra parte, en un derecho tan casuístico como lo fue el Indiano, el orden de prelación de las normas, es decir, de preferencia para su aplicación era también minucioso, a saber:

a) Las normas dictadas específicamente para aplicarse en las indias,

b) Las costumbres desarrolladas en los municipios de españoles o "costumbre criolla"

c) Las costumbres indígenas que no fueren contrarias a las normas o la religión,

d) La Novísima Recopilación de 1805,

e) La Nueva Recopilación de 1567,

f) Las Leyes de Toro de 1505,

g) El Ordenamiento de Alcalá de Henares de 1348 y,

h) Las Siete Partidas de Alfonso X "El Sabio"[11]

b) Doctrina. Sobre este punto, a lo largo de tres siglos resulta abundante el cúmulo de obras que se pueden consultar, algunas de las cuales representan verdaderos pilares formales del Derecho Indiano y a ellos nos referiremos en este mismo capítulo, más adelante.

c) Costumbre. Que fue una fuente muy utilizada, además de aplicarse con tal generosidad que, si se podía demostrar que hubieren ocurrido dos actos similares en diez años entre presentes, es decir, vecinos de la misma localidad, o en veinte años entre ausente, habitantes de comunidades diferentes, ya podía ser prioritaria respecto de las propias leyes vigentes.

d) Jurisprudencia, que sorprendentemente no fue tan abundante como era de suponerse, porque en los tribunales indianos no era común tomar en cuenta el caso de precedentes como sucedió en los de la edad media europea, especialmente en los del sistema anglosajón; incluso en el siglo XVIII, Carlos III implementó la práctica de no motivar, en el cuerpo de la sentencias, dando por tácitas las razones para aprobar o no los argumentos de las partes en litigio, sin embargo, era práctica frecuente que las autoridades judiciales de las Indias fallaran en un mismo sentido en casos similares que fueren de su conocimiento[12]

e) Principios generales del Derecho, fuente que se cita de manera excepcional, finalmente es evidente que si el Derecho Indiano, tiene como fundamento de origen el Derecho Romano-Germano-Canónico, presenta entonces un basamento humanista que toma en cuenta los principios generales del derecho, como los de justicia, equidad, interés público, seguridad jurídica y otros más y esto se refleja tanto en la legislación como en su aplicación, por ejemplo, al tratar asuntos del trabajo de los indígenas.

4.3. La aplicación del Derecho Castellano en Indias

Dentro de este rubro se inserta el estudio de la manera como se configuró el derecho indiano y especialmente el novohispano, asunto que aún despierta polémica entre los especialistas, al respecto se plantean las siguientes posiciones:

---

11 CRUZ BARNEY, Óscar, "Historia del Derecho en México", p. 233.

12 DOUGNAC RODRÍGUEZ, Antonio, ob. cit., p. 263.

a) Se trata de una implantación del derecho castellano en Indias, es decir, simplemente se trajeron a América las normas e instituciones que ya existían en el reino de Castilla, Jorge Basadré habla de un fenómeno de recepción del derecho castellano; Lalinde Abadía de una recepción de carácter político, Alfonso García Gallo de un trasplante y María del Refugio González y Ariel Rojas Caballero de una implantación del derecho castellano porque: 1) el derecho de los naturales no desapareció por completo, sino que quedó sujeto a un orden jurídico nuevo y, 2) el derecho castellano se impuso a la población indígena, pero no a la española, dado que se trataba del sistema jurídico propio al que ya estaban acostumbrados.

b) Si bien en un principio, por razones evidentes, al no haber disposiciones propias, el sistema jurídico indiano se configuró con elementos del derecho castellano, luego se fueron creando instituciones y normas propias, que, aunque dictadas por las autoridades españolas, eran específicas de la realidad indiana[13]

A la vez, Óscar Cruz Barney[14] proporciona las características del Derecho Indiano y dice que se trata de un derecho:

a) Casuista, lo que provocó una amplia labor legislativa,

b) Sumamente reglamentado, con diversidad de denominaciones, para regular tanto a los grandes aspectos de las Indias, como a situaciones específicos de pequeñas comunidades,

c) Con tendencia asimiladora y uniformista, en el afán de que estos reinos quedaran organizados a la manera de los de Europa, lo cual no se logró del todo,

d) Con un profundo sentido religioso, por el afán de evangelizar lo más pronto posible a la población aborigen y consolidar la fe cristiana en el continente, no solamente por motivos de convicción religiosa, sino porque también ello contribuía a fortalecer el dominio hispano en estas tierras.

13 PÉREZ DE LOS REYES, Marco Antonio. "Historia del Derecho Mexicano", p. 145.

14 CRUZ BARNEY, Óscar. "Historia del derecho en México", p. 225.

4.4. Costumbres jurídicas de los naturales

Desde el siglo XVI se consideró válida la costumbre arraigada en los pueblos y comunidades indígenas y correspondía a los corregidores indios, creados, en el caso de la Nueva España, desde 1530, ser los encargados de indagar las buenas prácticas de sus comunidades, para informar de ello a los oidores de la Real Audiencia, para que éstos a su vez lo hicieran del conocimiento del Real Consejo de Indias y que continuaran vigentes dichas costumbres, teniendo como limitantes: a) Ser acordes con las leyes vigentes y, b) No contrarias a la fe cristiana.

Sobre ese particular se dividieron las opiniones, algunos alababan el buen orden y policía de los indios, como Juan Polo de Ondegardo, que escribió "Relación de los fundamentos acerca del notable daño que resulta de no guardar a los indios sus fueros", hasta los que hacen crítica severa de sus prácticas consuetudinarias, como en las Leyes de Burgos de 1512 en donde se dice de los indios caribeños que: "...de su natural son inclinados a ociosidad y malos vicios...".[15] Para invocar la costumbre como fuente formal del derecho era necesario probar que se habían dado de menos dos casos similares, en los plazos que se han dicho entre presentes y ausentes, que la costumbre fuera calificada por los jueces como racional y que se hubiera ejercido de manera pública.

A. El impacto del orden jurídico de los pueblos originarios en el orden jurídico novohispano

Es importante hacer algunas diferencias sobre lo que es el derecho indiano y el derecho novohispano, el primero es el conjunto normas, instituciones, principios filosóficos-jurídicos que España aplicaba a los territorios de ultramar, mismos que se conocían como las indias occidentales, de ahí que muchos se refieran al derecho que regia en ese amplio territorio como derecho indiano. De tal modo que el derecho novohispano es el derecho e instituciones que regulaban la vida jurídica del territorio de la Nueva España y el primero que comienza a hacer esa acotación fue Hernán Cortés en sus *Cartas de relación.*[16]

Suele ser tan basta la normatividad jurídica que conforman el derecho novohispano, por ello es que retomaremos la subdivisión que hizo la pro-

---

15 DOUGNAC RODRÍGUEZ, Antonio, ob. cit., p. 261 y 262.

16 PÉREZ DE LOS REYES, Marco Antonio, *op. cit.*, pp. 163-164.

fesora María del Refugio González: en primer lugar, está el conjunto de ordenamientos jurídicos que eran derecho aplicable en Castilla y que su vigencia se amplio al territorio conquistado, tales como las Partidas, Fuero Real, Fuero Juzgo, Ordenamiento de Alcalá, otros ordenamientos y no hay que olvidar el derecho canónico. En segundo lugar, están las disposiciones que se creaban ex profeso para la Nueva España y que en algunas ocasiones necesitaban de la aprobación del Consejo de Indias; en tercer lugar, están las disposiciones dictadas por las autoridades metropolitanas como las que promulgaba el rey, el Consejo de Indias, la Casa de Contratación de Sevilla y lo aplicable al derecho canónico.[17]

En cuarto lugar tenemos las disposiciones dictadas por las autoridades locales que podían ser las emitidas por la republica de indios y la de españoles, se podría decir que este tipo de normas son las que tenían plena vigencia porque regulaban la vida diaria de la Nueva España, las únicas autoridades que podían dictar normas locales eran el Virrey, la Real Audiencia por acuerdo de la Audiencia de México y de Guadalajara, los alcaldes mayores, los corregidores, los cabildos, los capitanes generales y los tenientes de capitán general. Por parte de la república de indios sólo era el gobernador y el cabildo. En quinto lugar, tenemos las leyes y costumbres de los naturales previos a la conquista, siempre y cuando no fueran contrarias a la religión y a las buenas costumbres españolas, en sexto lugar está la costumbre, la cual no se considera que tuviera un carácter formal, pero con el paso del tiempo eran de observancia obligatoria.

De lo anterior uno puede percatarse que eran muchos los ordenamientos que estaban vigentes en el territorio de la Nueva España, lo cierto es que muchos otros que eran promulgados en España no eran acordes con la vida que se vivía del otro lado del continente, o bien, eran contrarias a lo que se había legislado en el territorio novohispano, es por ello, que muchas de las normas que eran implantadas en el nuevo mundo traían la consigna de "obedézcase pero no se cumpla".[18]

A manera de conclusión el estudiante se puede percatar de la importancia del estudio de las civilizaciones prehispánicas, las cuales eran socie-

---

17 CRUZ BARNEY, Oscar y José Luis SOBERANES FERNÁNDEZ, coords., *Diccionario de historia del Derecho,* México, Porrúa, Instituto de Investigaciones Jurídicas, 2015, pp. 131-132.

18 ARROYO MORENO, Jesús, "El origen del juicio de amparo", en Margarita MORENO-BONETT y María del Refugio GONZÁLEZ DOMÍNGUEZ, coords., *La génesis de los derechos humanos en México,* México, UNAM, 2006, pp. 43-60.

dades estamentales sumamente religiosas, que contaban con un sistema de normas que regía cada paso de su vida cotidiana y el incumplimiento a ellas merecían una sanción, muchas de ellas son consideradas extremas ya que podían incluso extenderse a los familiares.

4.5. Literatura jurídica

Algunas de las obras más destacadas de la amplia doctrina del Derecho Indiano son:

Autor	Obra
Juan Matienzo	Gobierno del Perú (1567)
Castillo de Bobadilla	Práctica para corregidores y señores de vasallos en tiempos de paz y de guerra (1585)
Juan de Hevia Bolaños	Curia Philipica (1603) y Laberinto de comercio terrestre y naval (1617)
Juan de Larriñaga Salazar	Tratado sobre el oficio de protector general de los indios (1626)
Diego González Holguín	Los privilegios concedidos a los indios (1608)
Duarte Gómez Solis	Discurso sobre el comercio de los indios (1623)
Fray Antonio Vázquez Espinoza	Confesionario general con los contratos y tratos de los indios (1624)
Pedro de Oñate	De contractibus (1646)
Gaspar de Escalona y Agüero	Gazophilacium regium perubicum (1647)
Antonio de León Pinelo	Discurso sobre la importancia, forma y disposición de la Recopilación de Leyes de las Indias Occidentales (1623), Tratado de confirmaciones reales de encomiendas, oficios y casos en que se requieren para las Indias Occidentales (1630)
Juan de Solorzano y Pereira	De indiarum Iure (1628), Política Indiana (1648)
Juan Francisco de Montemayor y Córdoba de Cuenca	Discurso político, histórico y jurídico del derecho y repartimiento de presos y despojos aprehendidos en justa guerra, premios y castigos de los soldados (1658)
Gerónimo de Ustaniz	Teoría y práctica de comercio y marina (1724)
Dionisio de Alsedo y Herrera	Memorial de la Real Hacienda y Comercio de los indios (1726)
José Gutiérrez Rubalcaba	Tratado histórico, político y legal del comercio en las Indias Occidentales (1750)
Joaquín de Rivadeneyra y Barrientos	Compendio del Regio Patronato Indiano (1755)
Pedro Murillo Velarde	Curso de Derecho Canónico hispano e indio (1743)

Autor	Obra
Francisco Javier Gamboa	Práctica de Testamentos (1745), Comentarios a las ordenanzas de Minas (1761)
Manuel de Lardizabal y Uribe	Discurso sobre las penas contraído a las leyes criminales de España (1782)

Nota: Algunos de los nombres de estas obras son más amplios[19]

4.6. Recopilación de las Leyes de los Reinos de las Indias de 1680

Esta importante recopilación se decretó en el reinado de Carlos II de Habsburgo, pero el Derecho Indiano fue tan amplio y complejo que prácticamente durante toda la época de su vigencia se llevaron a cabo varias compilaciones, las que pueden reseñarse brevemente de la siguiente manera:

Año	Acontecimiento y compilación
1510	Se intentó recopilar las disposiciones de la Casa de Contratación, pero no se logró
1512	Leyes de Burgos, para regular las encomiendas
1522	Andrés de Carvajal recopila lo referente a la Casa de contratación
1526	Provisión de Granada, para descubrir, conquistar y colonizar
1542	Nuevas Leyes, para el tratamiento de los indios, se prohíbe en lo sucesivo su esclavitud
1543	Se ordena enviar copia al Real Consejo de todas las disposiciones normativas
1548	Ordenanzas y compilación de Leyes de la Audiencia de la Nueva España
1550	Se ordena al Virrey de la Nueva España registrar todas las disposiciones legales
1555-1562	Repertorio de Cédulas para las Indias en General, de Luis Maldonado
1562	El Real Consejo ordenó a todas las Audiencias que recopilaran e imprimieran sus disposiciones legales
1563	Cedulario de Vasco de Puga, oidor de la Real Audiencia de México, conteniendo todo tipo de disposiciones en vigor
1569	Copulata de leyes de Indias o Libro de la Gobernación Espiritual y Temporal de las Indias, del Real Consejo de Indias
1573	Proyecto de Código de Juan de ovando o Recopilación de Indias de Felipe II, elaborado en el Real Consejo de indias
1574	Leyes y Ordenanzas Reales de las Islas del Mar Océano o Cedulario de Alonso de Zorita, se concreta al caso de la Nueva España
1575	Gobernación Espiritual y Temporal de las Indias

19 PÉREZ DE LOS REYES, Marco Antonio, ob. cit., p. 172 y 173.

Año	Acontecimiento y compilación
1590	En Perú se trató de hacer una compilación de las disposiciones de la Audiencia de Lima, pero este esfuerzo no tuvo éxito
1596	Cedulario de Diego de Encinas, con normas desde la época de los Reyes Católicos
1602-1609	Proyecto de Recopilación, de Diego de Zorrilla
1628	Sumarios de la Recopilación General de las Leyes y otras disposiciones acordadas, de Rodrigo de Aguilar y Acuña
1635	Recopilación de las Indias, de Antonio de león Pinelo
1680	Recopilación de las Leyes de los Reinos de las Indias
1754	Reforma Agraria, de Fernando VI, para regularizar la propiedad y limitar el poder económico de la Iglesia
1791-1798	Recopilaciones de Xavier Pérez y López, de España y de José de Matraya y Ricci, de Perú
1792	Proyecto del Nuevo Código de las leyes de Indias
1797	Recopilación sumaria de todos los autos acordados de la Real Audiencia y Sala del Crimen de esta Nueva España, de Eusebio Ventura Beleña

La compilación más trascendente fue la denominada popularmente como Leyes de Indias, de 1680, tomó como antecedente inmediato los proyectos de Antonio de León Pinelo y de Juan de Solorzano y Pereira, en su momento se la reconoció como la ley general y suprema para todos los reinos de las indias y consta de 9 libros, a saber:

I. Asuntos eclesiásticos,

II. Leyes del Consejo de Indias, Junta de Guerra y Audiencias,

III. Facultades del Virrey y aspectos militares,

IV. Descubrimientos y nuevos establecimientos, derecho municipal, casas de moneda, pesquerías, obrajes y muchos aspectos más,

V. Sobre corregidores y miembros de ayuntamientos y aspectos procesales,

VI. Tratamiento de los indios,

VII. Aspectos morales, penales, penitenciarios, vagabundos, juegos prohibidos y fugitivos,

VIII. La Real Hacienda y,

IX. La Casa de Contratación, el comercio, la navegación, etc.

5. PRINCIPIOS RECTORES DE LA ADMINISTRACIÓN INDIANA

Se pueden señalar siete principios rectores que imperaron en la administración pública indiana, a saber:

a) Delegación de funciones, todo acto de autoridad se fundaba en la delegación que el Rey hacía de ciertas funciones que a él competían como cabeza política del Estado, esta idea descansaba en la afirmación de que Dios es fuente de toda soberanía y todo poder se desprende de su potestad, la que deposita, para su ejercicio mundano, en el Rey, por lo cual éste era también nombrado, con toda razón, soberano,

b) Acumulación de funciones, una misma autoridad podía ejercer funciones que competían al ámbito de la legislación, la administración y la impartición de justicia,

c) Derecho de queja, toda persona podía acudir ante autoridades superiores para quejarse, por escrito o de viva voz, por actos de arbitrariedad cometidos por autoridades subordinadas,

d) Suplicación de leyes, que era un recurso que cualquier persona podía intentar para que se derogara, modificara o inaplicara una norma que le perjudicaba de manera sensible y aparentemente injusta,

e) Venta de oficios, se podían vender ciertos cargos, pero esto lo debería hacer la Corona en subasta pública, no se vendían cargos que implicaran impartición de justicia, se podía comprar un cargo y luego cederlo a otra persona, pero con la anuencia y pago de derechos a la Corona, algunos cargos se podían adquirir por una vida o más o a perpetuidad, en las repúblicas o comunidades indígenas no se vendían cargos, el comprador debía pagar un impuesto equivalente a medio año de sueldo (media anata), quien compraba un cargo podía cobrar en su ejercicio honorarios, costos y propinas,

f) El buen tratamiento a los indios, que fue una preocupación constante de la Corona y,

g) Control y supervisión, que se ejercía permanentemente sobre todo tipo de funcionario, para vigilar su buen desempeño, procurando que unas autoridades vigilaran a otras y todas fueran a su vez vigiladas por funcionarios nombrados por la corona, como era el caso de los visitadores generales.

5.1. Acumulación de competencias: Gobierno, justicia, guerra y hacienda

Ya hemos dicho que en la época no se establecía el principio de división de poderes o de competencias, por lo que una autoridad podía ejercer conjuntamente funciones legislativas, administrativas y jurisdiccionales, tal era el caso, por ejemplo, del Virrey, según se puede apreciar en el cuadro en donde se han apuntado sus principales funciones. Otro ejemplo se tiene en el hecho de que el Gobernador del Reino de Nueva Galicia, presidía la Real Audiencia de Guadalajara.

En España, a lo largo de la edad media, fue muy arduo el camino que siguió la corona para ir posesionando su mandato en medio del predominio de los señores feudales y de la iglesia, como grandes factores de poder, pero en los dominios de las Indias, resultó más fácil llegar a un absolutismo real, porque no se habían arraigado ni los nobles ni los clérigos de manera sólida. Por eso privó la concepción patrimonialista del monarca, que implicaba ejercer de manera centralizada, por ejemplo, a través de sus Virreyes, las funciones de gobierno, justicia, guerra y hacienda, por medio de las cuales, de hecho, se ejerce todo el poder político y el control social absoluto[20]

5.2. Delegación de competencias

Igual que el principio filosófico-jurídico de que toda autoridad era delegada de la Corona, también las autoridades podían delegar su competencia en funcionarios de menor jerarquía, como el Virrey respecto de los gobernadores de las provincias de su reino, donde efectivamente ellos también tenían facultades en materia de gobierno, justicia, guerra y hacienda, y el caso frecuente de que, en ausencia del Virrey, pasaba a ejercer sus funciones la Real Audiencia.

5.3. Venta de oficios

Ya se ha mencionado esta práctica como un principio rector del gobierno indiano, la razón que justificaba este tipo de venta era la de recaudar impuestos y obtener ingresos por parte de una Corona siempre en problemas de déficit debido a las frecuentes guerras que sostenía en Europa;

---

[20] GONZÁLEZ, María de la luz. "De la acumulación de funciones a la división de poderes. Nueva España-México", p. 336.

por otra parte, se justificaba el derecho de que los funcionarios cobraran propinas, debido a que los sueldos solían pagarse con considerable retraso. La venta de estos oficios llegaba también a ser afectada por la ley de la oferta y la demanda, lo podemos ver claro en el siguiente ejemplo: En 1604 el cargo de regidor a perpetuidad se vendía en ocho mil pesos, pero era tan demandado que, para 1609 alcanzaba el precio de once mil pesos. Este procedimiento propició la corrupción de manera alarmante y, para fines del siglo XVIII varios sectores políticos se pronunciaban por una reforma radical en indias en materia de ayuntamientos, lo que ya no se llevó a efecto por la intervención francesa y la posterior guerra de independencia.

Aparte de los requisitos que se han señalado respecto a la venta de oficios, también se tenía en cuenta que los adquirentes debían cubrir requisitos de elegibilidad, como ser vecino de la localidad en donde ejercerían el cargo, personas de buena conducta, cristianos viejos, es decir, de tradición personal y familiar como practicantes de la fe, y oficio reconocido; la venta se hacía previo pregón convocando a los interesados a acudir a la subasta, además, el cargo se perdía por la comisión de un delito grave.

5.4. Control de los oficiales reales

Para controlar el desempeño de los funcionarios indianos la Corona se valió generalmente de dos medios que ya se utilizaban en Europa, a saber: a) el juicio de residencia y b) Visitadurías. El primero se aplicaba para los cargos temporales como el del Virrey y las segundas para los vitalicios que solían serlo los que integraban cuerpos colegiados como la Real Audiencia o los órganos universitarios. Se podían utilizar indistintamente ambos controles según lo hicieran necesario las circunstancias específicas.

A. Visitas

Las visitas tienen su origen en el Derecho Canónico, cuando se instruyó a los obispos a realizar una visita de inspección a las iglesias y comunidades religiosas de su diócesis, en forma anual o de menos cada cinco años, a fin de percatarse del estado de cosas de los inmuebles, del manejo de los recursos y del comportamiento moral de los religiosos y de los fieles, los obispos deberían actuar con medidas paternalistas de corrección suave y prevención y, solamente en casos graves, proceder a la sustitución temporal o definitiva de cargos. Posteriormente, en las Cortes de Toro en 1371, Enrique II creó la visitaduría en materia administrativa, manifestando que hombres buenos vigilarían el desempeño de los oficiales reales o funcionarios públicos.

Al principio tales visitas se llevaban a cabo por haber denuncia grave, pero después ya fue en forma rutinaria y, para el siglo XVIII, con los Borbones las visitas también se utilizaron como basamento para llevar a cabo importantes reformas administrativa, como fue el caso de la que realizó Bernardo de Gálvez en la Nueva España entre 1765 y 1771[21]

La visita era una inspección realizada a un organismo público para revisar la gestión de los funcionarios. El Visitador era nombrado por el Rey y se le dotaba de suficiente poder para hacer verdaderas auditorías e indagaciones, por lo que su desempeño era visto con recelo por parte de los funcionarios visitados. Los visitadores por razones obvias se desempeñaban con mucha secrecía y con todo dinamismo para evitar que se encubrieran hechos o circunstancias o se ocultara o alterara información. La gente común podía tener audiencia con el visitador para quejarse de acciones arbitrarias y el visitador podía impartir justicia pública y sumaria sobre el particular. Igualmente podía nombrar a alguna o algunas personas para que le allegaran información o hicieran diligencias de investigación en diferentes localidades.

El visitador, como resultado de su auditoría general, podía presentar cargos a todo el cuerpo colegiado inspeccionado o a algunos de sus integrantes en particular, a los afectados se les daba a conocer estos resultados y podían, en un plazo breve responder lo que a su derecho conviniera, mostrando pruebas de la verdad de su dicho. Si se había encontrado una situación particularmente grave, se podía destituir del cargo, a manera de medida precautoria, sin tomar en cuenta la decisión final del Real Consejo de Indias, excepto en el caso del Virrey. También se podía ordenar el destierro y la confiscación de los bienes del mal funcionario.

Concluida la visita se elabora un informe o memorial ajustado que era enviado junto con todos los documentos atingentes al Real Consejo de Indias, en donde se emitía la sentencia correspondiente, pero en caso de destitución o de pena corporal era necesario informar con toda oportunidad al Rey, para que éste dispusiera en consecuencia.

---

21 Véase MALAGÓN PINZÓN, Miguel. "Las visitas indianas, una forma de control de la administración pública en el Estado absolutista", disponible en página electrónica.

B. Residencias

Igualmente, ya se ha hablado del juicio de residencia o de responsabilidad de funcionario público, tan importante que Cruz Barney lo califica como "nervio vital" en el sistema de fiscalización y control aplicado por España respecto de sus funcionarios en Indias,[22] al principio solamente se actuaba ante denuncias graves, pero luego todo Virrey debía someterse a él al concluir su mandato. Se desarrollaba entre 60 y 120 días, pero para el caso de virreyes no había un término específico, si bien en 1667 se fijó un máximo de seis meses. Las penas que solían imponerse eran multas, inhabilitación temporal o definitiva, destierro o traslado a otra sede.

La sentencia podía apelarse ante el Real Consejo de Indias, pero para los cargos menores ante las Reales Audiencias. Estaban sujetos a este juicio los virreyes, corregidores y alcaldes mayores, fabricantes de naos de Filipinas que hubieren tenido Hacienda Real, correos mayores, visitadores de indios, jueces repartidores de obrajes y grana, oficiales de la Real Hacienda, alcaldes ordinarios, regidores y oficiales de los consejos.[23]

Debe anotarse que todavía en la redacción del Decreto Constitucional para la Libertad de la América Mexicana o Constitución de 1814, bajo la orientación política de Don José María Morelos y Pavón se regula el juicio de residencia en los artículos 212 a 231.

6. EL GOBIERNO TEMPORAL Y EL GOBIERNO ESPIRITUAL

La Corona y la Iglesia fueron dos instancias de poder supremo durante una gran parte de la historia universal, por lo que en muchas ocasiones confrontaron sus respectivos intereses y para evitar situaciones de mayor desgaste mutuo tuvieron que pactar diversas alianzas y pactos, uno de ellos, el más trascendente fue el Regio Patronato, que tiene su antecedente en la edad media, pero que, para el caso de las Indias Occidentales surgió con las Bulas Alejandrinas, del papa Alejandro VI reconociendo la potestad de los Reyes Católicos sobre los territorios descubiertos en el nuevo mundo. La bula eximiae devotionis, concedió a la Corona los diezmos como compensación por los gastos que se hicieran por la evangelización de los indios. La Bula Universalis Ecclesiae de Julio II confirmó y reunió los privilegios que

---

22 CRUZ BARNEY, Óscar. "Historia del Derecho Indiano", p. 210.

23 CRUZ BARNEY, Óscar. Obra anterior, p. 210.

se habían dado a la Corona en materia religiosa. Posteriormente, en 1574 Felipe II, mediante Cédula trató de fijar y ampliar sus derechos en la Iglesia que se iba estableciendo en Indias, con lo cual demuestra que el patronato no procede solamente de concesión papal, sino que la Corona puede también determinar algunos de sus privilegios, lo que después se asentó en las Leyes de indias de 1680, consecuentemente, el papa ya no podría retirar esos derechos al Rey. Tales privilegios eran principalmente:

a) Presentación o propuesta para nombramientos eclesiales,

b) Paso o censura de toda comunicación venida de Roma para los fieles o para los clérigos,

c) Autorización para establecer diócesis o para modificar su territorio,

d) Autorizar la celebración de concilios en Indias y participar en ellos

e) Supervisar la vida monástica, a través de los obispos,

f) Vigilar el movimiento migratorio de clérigos,

g) Suprimir órdenes monásticas,

h) Permiso para nuevas construcciones religiosas,

i) Prohibición de recursos procesales ante tribunales religiosos fuera de las Indias,

j) Cobro de diezmos, que se destinaba a la propia Iglesia, salvo una parte para la Corona,

k) Posibilidad de, con el dinero de la iglesia, apoyar el crédito estatal, incluso presionar a la Iglesia para vender sus inmuebles y con el producto financiar la deuda estatal y,

l) Restringir el fuero eclesiástico, el asilo sagrado y la jurisdicción de tribunales eclesiásticos, si así convenía a la Corona.[24]

6.1. El patronato de la iglesia de Indias

La evolución del Regio Patronato Indiano se dio en tres etapas consecutivas: a) La patronal (siglo XVI), b) el vicariato (siglos XVII) y, c) el regalismo (siglo XVIII). Respecto de la etapa patronal, en 1578, Gregorio XIII, por bula, decidió que cualquier controversia sobre el Regio Patronato

---

24 MARGADANT S, Guillermo, ob. cit., pp. 128 a 131

se decidiera en los tribunales de gobierno, además todo conflicto interno religioso debería igualmente resolverse ante los tribunales competentes, sin apelación hacia El Vaticano. En 1629 los obispos de las Indias juraron fidelidad al Regio Patronato y en 1649 se ordenó no tomar en cuenta los comunicados de Roma que no hubieren obtenido aprobación del Real Consejo de Indias.

Para el siglo XVII, se consideró que era tantos los privilegios que se le habían otorgado a la Corona que ya no podrían comprenderse dentro del campo de una simple compensación por la protección o patronato prestado a la Iglesia, por lo que en realidad los reyes adquirían el papel de vicarios papales, por concesión de la Santa Sede. El ejercicio de ese vicariato en la Nueva España corría a cargo de los virreyes o de los presidentes de las audiencias y los gobernadores, ello por delegación de funciones.

Una de las consecuencias de ese poder temporal conjunto con el espiritual, fue la decisión tomada por Carlos III en 1767 de expulsar a la Compañía de Jesús de todos los territorios del Imperio español, que tanto descontento provocó entre los habitantes de buena parte de América.

Finalmente, el regalismo parte de la base de que los derechos de la Corona sobre los asuntos religiosos no se basan en concesiones de la Iglesia, sino en el principio de soberanía que ejerce el Rey en sus dominios, en los cuales están asentadas las instituciones religiosas, luego él puede legítimamente regular y ordenar su desarrollo y su organización.

6.2. La evangelización

Evangelizar significa transmitir el evangelio cristiano a los pueblos, tarea que asignó el propio Cristo a sus discípulos en los primeros momentos de la formación de la Iglesia. A su vez, evangelio es la buena nueva y se refiere a la redención que abarca a la humanidad entera. Tanto la Iglesia como la Corona se manifestaron desde un principio preocupadas por extender la fe a los pueblos indígenas de América. La evangelización de la Nueva España se dio prácticamente desde el primer contacto de los europeos con los indígenas; en la segunda expedición procedente de Cuba, comandada por Juan de Grijalva venía el clérigo Juan Díaz, quien celebró la primera misa en tierra firme en nuestro actual territorio; en la expedición de Cortés en 1519 estaba Fray Bartolomé de Olmedo, quien predicó y bautizó a los primeros indígenas, entre ellos a los señores principales de Tlaxcala.

Al caer la ciudad de Tenochtitlan, el conquistador solicitó constantemente que se enviaran frailes y sacerdotes para evangelizar el nuevo reino, en 1523 llegaron fray Juan de Tecto, fray juan de Ahora y fray Pedro de Gante, quien realizó una gran labor misional y educativa en Texcoco, posteriormente, en 1524 llegó un grupo de doce franciscanos con la instrucción de evangelizar diferentes regiones de la Nueva España.

Son importantes seis bulas papales para impulsar inicialmente las misiones: 1) La de León X que autorizó a los franciscanos a impartir los sacramentos, 2) la de Adriano VI que permite a los frailes mendicantes pasar a América para evangelizar, salvo en los casos en que se opongan el Rey o el Real Consejo de Indias, 3) Tres cédulas de Paulo III, que declara a los indios seres de razón y, por lo mismo, su calidad de hombres libres, la que permite que los indios puedan comulgar y, la que autoriza que los frailes mendicantes puedan ejercer algunas funciones episcopales si se encuentran distantes de una sede obispal, 4) la de Clemente VII que erige la misión de los dominicos en la Nueva España, en provincia autónoma bajo el patrocinio de Santiago Apóstol.

Las órdenes religiosas que más destacaron en su misión evangelizadora fueron: a) franciscanos, como fray Juan de Zumárraga, primer Obispo de México, fray Bernardino de Sahagún, autor de la "Relación de las cosas de la Nueva España" y fray Andrés de Olmos quien escribió la primera gramática náhuatl, los franciscanos colonizaron Yucatán, el centro de México, Querétaro, Guanajuato, San Luis Potosí, Nayarit y la alta California, muy destacada en el siglo XVIII fue la labor de fray Junípero Serra, ahora canonizado b) dominicos, que además colonizaron la región de Oaxaca, Chiapas y Centroamérica y entre los que destaca, por su labor protectora a los indígenas, fray Bartolomé De las Casas, quien fuera obispo de Chiapas y estableció su sede episcopal en San Cristóbal, c) agustinos, que colonizaron la zona de las Huastecas, Michoacán y Guerrero, entre ellos sobresale el padre Tomás de Villanueva, quien fue elevado a la santidad y, d) jesuitas, colonizadores de Chihuahua, Sonora y Baja California, de entre los cuales destaca fray Eusebio Kino, gran colonizador de la Baja California Sur.

En general las órdenes religiosas se dividieron según su tarea específica en: a) misionales, las que llevaron a cabo la evangelización de los naturales, b) pastorales, las que se dedicaron a atender espiritualmente a la población en general y a administrar los sacramentos, c) asistenciales, las que se aplicaron a la atención de enfermos o de necesitados y, d) las monásticas o contemplativas, que se dedicaron a la oración y práctica religiosa en el interior de sus conventos.

La labor de estas órdenes no solamente fue de carácter religioso, sino que contribuyó a la culturización de los indígenas y apoyó de manera notable el proceso de colonización de los nuevos territorios conquistados, por eso se procuraba que en las campañas de penetración se unieran religiosos que irían paralelamente logrando la pacificación y la incorporación cultural y espiritual de los indígenas sometidos.

6.3. La jurisdicción eclesiástica

En la época indiana muchas corporaciones gozaban de fuero en materia jurisdiccional, es decir, contaban con sus propios tribunales, caso de los militares, los comerciantes, los universitarios y varios más, entre ellos los religiosos, para el caso de los asentados en territorios indianos, el papa Gregorio XIII, en un Breve que se dio a conocer en 1578 y que después quedo consignado en las Leyes de Indias de 1680, manifestó que el juez ordinario para los casos de justicia civil o criminal aplicable a los religiosos sería el obispo o arzobispo de la jurisdicción territorial correspondiente y que la resolución podría ser recusada ante otro obispo cercano. Esta jurisdicción era compleja porque se involucraban las jerarquías eclesiales en la organización de la Iglesia, de cualquier manera, no debían los jueces ordinarios conocer de las causas que se sucedieran entre los religiosos.

No obstante, existía el "recurso de fuerza", que permitía atraer procesos religiosos que, por su trascendencia, interesaban a la Corona, para que fueran del conocimiento y resolución de la Audiencia correspondiente; contra este recurso protestó en varias ocasiones la Iglesia, pero no tuvo éxito, a pesar de que la Bula In coena Domini daba censura a quien no siendo eclesiástico juzgara casos de competencia eclesiástica. "En 1646 hubo inclusive tumultos callejeros en Roma, dirigidos contra la embajada de España, a causa de la insistencia de los regalistas alrededor de Felipe IV en esta importante institución"[25]

7. EL GOBIERNO SUPREMO

En un régimen de monarquía, como el que privaba en la época indiana, la organización gubernamental era compleja e implicaba diferentes niveles de desempeño, en el entendido de que, como se ha dicho, se partía del principio de que toda autoridad derivaba su potestad de la del Rey. De esta manera podemos hablar de los siguientes niveles de autoridad:

---

[25] MARGADANT S., Guillermo, *ob. cit.*, p. 59.

a) Dispositivo central peninsular, encabezado por el titular de la Corona, es decir, el Rey, sus secretarios, el Real Consejo de Indias y la Casa de Contratación, autoridades todas radicadas en España,

b) Dispositivo central novohispano, con el Virrey y la Real Audiencia de la Ciudad de México,

c) Dispositivo provincial o distrital, con el gobernador, los corregidores y alcaldes mayores de cada reino y provincia integrante del virreinato de la Nueva España y,

d) Dispositivo local, con los ayuntamientos y cabildos y sus oficiales, tanto de repúblicas o comunidades de españoles, como de indígenas.[26]

Por supuesto los dispositivos b), c) y d) se integraban con autoridades radicadas en Indias. Se habla de dispositivos, porque comprendían autoridades, facultades, fundamentos de legalidad y atribuciones, es decir, todo un complejo administrativo.

7.1. El Rey

Era la máxima autoridad en todo el Imperio, fungía como jefe de Estado y jefe de gobierno. El tipo de monarquía a lo largo de la época indiana fue variando su modelo político de la siguiente manera: a) monarquía feudal, b) absolutismo, c) despotismo ilustrado y d) monarquía constitucional. En principio, al Rey se le reconocían una serie de facultades o regalías, tales como formar ejércitos, declara la guerra, pactar la paz, impartir justicia, acuñar moneda, enviar y recibir embajadas con otros Estados, así como la obligación, por medio del Regio Patronato, de proteger a la Iglesia e intervenir entonces en varios asuntos eclesiásticos.

En algunos casos el Rey participaba en los asuntos indianos a través de sus válidos, personas en las que se depositaba una gran confianza, si bien, siempre se procuró actuar en común acuerdo con el Real Consejo de Indias. Finalmente debe decirse que, respecto de México, fueron dos las dinastías reinantes, primero la de los Habsburgo desde Carlos I (o V de Alemania) hasta Carlos II inclusive, y luego la de los Borbón desde Felipe V hasta Fernando VII, el último Rey español de nuestro país.

También se destaca el hecho de que, precisamente Carlos I abdicó en favor de su hijo Felipe II, quien heredó los reinos de España, norte de

---

26 CRUZ BARNEY, Óscar, Historia del Derecho Indiano, p. 120.

África, dominios en Italia y en Francia y América y, de su hermano Fernando I, que quedó como soberano de Alemania, Austria y Hungría, en ese momento la casa de Habsburgo se dividió, la de España terminó, como se ha dicho con Carlos II, quien murió sin dejar sucesor, pero la de Austria subsistió hasta los inicios del siglo XX a la muerte del emperador Francisco José. Este dato es importante para la historia de México, porque el archiduque Fernando Maximiliano era hermano de Francisco José, por lo que, para los simpatizantes del gobierno imperial, en el siglo XIX, de alguna manera era legítima su corona mexicana, si se tomaba en cuenta su linaje que lo emparentaba lejanamente con Carlos V, alguna vez emperador de Nueva España.

7.2. Casa de Contratación

Debe recordarse que una razón fundamental que originó el descubrimiento de América fue la de lograr una ruta comercial hacia la India que fuera competitiva de la que ya utilizaban los portugueses dando vuelta al continente africano. A poco del descubrimiento de Colón, el puerto fluvial de Sevilla fue la sede para realizar el comercio de salida y entrada del comercio a las Indias, pero, iniciado el siglo XVIII fue el puerto de Cádiz la nueva ubicación de esta institución que tan importante papel desempeñó en la organización económica del imperio español

La Casa de Contratación de hecho se formó desde la época de los Reyes Católicos y sus primeras Ordenanzas se dictaron en 1503, luego se le dictaron nuevas ordenanzas y reglamentos a lo largo de los siglos en que estuvo en funciones. Era prácticamente una gran empresa que monopolizaba todo el comercio hacia las Indias y entre los territorios de éstas, tenía entonces oficinas aduanales; toda operación de traslado de mercaderías de cualquier tipo se hacía a través de esta institución, que igualmente contaba con almacenes y supervisores para que los viajes al nuevo mundo se hicieran conforme a la normatividad vigente. Sus atribuciones fueron las siguientes:

Comerciales, para controlar y regular el comercio y, además, procurar su protección en sus recorridos por alta mar, debido al ataque frecuente de piratas. Contaba con una universidad de mareantes o gremio de dueños de navíos y miembros de sus tripulaciones, además de que todo barco al partir a Indias debía ser supervisado para ver la licitud de los documentos de pasajeros y mercancías.

Hacendarias, porque recaudaba los impuestos que originaba el comercio, aunque luego mucho de esa tarea la asumió el Real Consejo de Indias.

De custodia, dado que era la responsable de la custodia de oro, plata, joyas y piedras preciosas provenientes de las Indias.

Sobre los bienes de difuntos, se convertía en depositaria de los bienes de personas fallecidas, fueren testadas o intestadas, para en su oportunidad entregarlos a sus herederos.

Respecto a migrantes, cuidando que quienes pasaban a las Indias fueran cristianos viejos (con varias generaciones que practicaban la fe), se prohibía el paso de judíos, herejes, personas provenientes de países en guerra con España, mujeres casadas solamente podían pasar con sus maridos, o contando con su permiso, o probando que éstos ya radicaban en Indias, malvivientes, delincuentes, personas enfermas de gravedad o muy ancianas, etc.

De correo mayor, era responsabilidad de la Casa de Contratación la captura, traslado y distribución de correspondencia y paquetería entre España e Indias recíprocamente

Náuticas, Un piloto mayor de la Casa de Contratación examinaba a los pilotos de carrera de las naves mercantes; también, se contaba con un cosmógrafo que vigilaba la exactitud de las cartas marítimas, los instrumentos de navegación y los mapas. Por eso, para ser piloto o cartógrafo se requería licencia de esta institución.

De celebración de capitulaciones, para autorizar expediciones de descubrimiento, conquista o colonización, en ocasiones el Rey delegaba la firma a la Casa de contratación o también al Real Consejo de Indias.

Judiciales, actuaba como consulado o tribunal de comerciantes para casos litigiosos en materia comercial. En 1511 se amplió su jurisdicción a casos civiles y criminales, por lo que ya se tuvo que contar con letrados o abogados, igualmente en forma inicial sus resoluciones debían ser apoyadas por los jueces ordinarios, pero luego alcanzó plena jurisdicción si se trataba de asuntos de hasta 40 000 maravedíes, si el asunto era de mayor cuantía pasaba al Real Consejo de Indias. Por eso contaba la Casa de contratación con letrados o jueces, fiscales, relatores, alguaciles, escribanos, portero y carceleros.

Ya en el siglo XVIII, muchas de sus funciones en materia náutica se perdieron a favor de la intendencia General de Marina, y ya en 1778, con la expedición del Reglamento para el comercio libre de España e Indias, quedó reducida de manera significativa en cuanto a sus funciones, por lo que fue cerrada el 18 de julio de 1790.

7.3. Real y Supremo Consejo de Indias

Llamado también Real, Universal y Supremo Consejo de Indias o simplemente Real Consejo de indias, se trataba de un cuerpo colegiado que validaba algunos actos reales en materia de asuntos indianos. Tenía como antecedentes los consejos de Castilla, de Aragón, de Flandes y otros lugares bajo el dominio de España, a fin de que en los asuntos de sus respectivos territorios fueran escuchadas las voces de personas que cuidaran los interese de cada región.

Al principio, la Reina Isabel "La Católica" tomaba en cuenta para asuntos de las Indias al Consejo de Castilla, después le encargó al Obispo Juan Rodríguez de Fonseca, que junto con algunos colaboradores se hiciera cargo de la política de los reinos de Indias, lo que derivó a que se formara una junta, a fin de que quedaran separados los asuntos de España de los de las indias. El Rey Carlos V, en 1519, formó el Real Consejo de Indias, como una parte del Consejo de Castilla, pero luego, en 1524 surgió ya como un ente separado del de Castilla, siendo su primer presidente fray García de Loayza, dominico que luego fue arzobispo-cardenal de Savilla. Felipe II le expidió sus Ordenanzas en 1571, las que fueron modificadas en 1636.

Funcionó como cuerpo legislativo, porque emitía leyes y disposiciones de aplicación general, también como órgano de consulta, al respecto emitía dictámenes, igualmente como órgano administrativo para ciertos asuntos locales y, finalmente como órgano de impartición de justicia en suprema instancia.

Se integraba con un presidente y un número variable de consejeros de toga o abogados, que valoraban los argumentos de los fiscales y de los defensores en las causas litigiosas, y consejero de espada, para ejecutar las resoluciones que se emitieran; inclusive podían nombrar consejeros en comisión para ir a ciertas regiones para allegarse información o realizar determinadas diligencias

En la Recopilación de Leyes de los Reinos de las Indias, de 1680, se encuentran las principales disposiciones de esta importante autoridad indiana superior, concretamente en el Libro II, Título III. Se observa que el fiscal tenía, entre otras funciones, la defensa de los intereses de la Corona y lo concerniente a litigios respecto de los indígenas; también se contaba con dos secretarios del Consejo, uno para el Reino de la Nueva España y el otro para el de Perú. Muy importante era también la labor del cronista del Consejo, porque llevaba la memoria de lo actuado a través de su larga existencia, además de tomar nota cuidadosa y archivada de los recursos naturales de las Indias, su historia, sus antigüedades, etc.

Hacia el siglo XVII surgió la Secretaría del Despacho Universal para acordar lo referente a la política y administración de los asuntos de las Indias, con lo cual el Consejo perdió mucho de su presencia e importancia en el campo político y para 1705 comenzó el total declive de este organismo, cuyas facultades tradicionales fueron paulatinamente tomadas por diferentes ministros de los gabinetes reales, por lo que, en 1790, los asuntos indianos ya eran del conocimiento, según la materia de que se tratara de las Secretarías Reales de Estado, Guerra, Marina, Justicia y Hacienda. Finalmente, la Constitución de Cádiz de 1812 formó la Secretaría de Ultramar y se estableció que los asuntos litigiosos civiles o criminales deberían resolverse en Indias, por lo cual, el Real Consejo terminó por disolverse definitivamente, en 1834, quedando sus funciones distribuidas entre varias dependencias del gabinete del Rey, aunque esto ya no afectó a México, que había logrado su independencia en 1821.

8. EL GOBIERNO SUPERIOR EN LA NUEVA ESPAÑA

Situación aparte la constituía el gobierno de cada región de las Indias, en su nivel superior, caso del Virreinato de la Nueva España, que como se ha observado comprendía varias provincias y gobernaciones y que tenía por cabeza política al Virrey, acompañado de la Real Audiencia.

Ya se han señalado las funciones que ejercía un Virrey,[27] solamente queda apuntar que se procuró que los virreyes fueran personas de buenos antecedentes y conducta apegada a valores, por lo que los casos de malos funcionarios, si los hubo, pero no eran frecuentes y, en cambio fueron varios los que son recordados como excelentes gobernantes, tales son los casos de Antonio de Mendoza, los Velasco, padre e hijo ambos de nombre Luis, Bucareli, los Condes de Revillagigedo, padre e hijo que ocuparon en su momento la silla virreinal y varios más.

El total de virreyes de México son 62 o 63, si se toma en cuenta o no el caso del penúltimo, Francisco de Novella, quien gobernó de junio a septiembre de 1821, en calidad de virrey sustituto a la caída del Virrey Juan Ruiz de Apodaca, nombrado por una junta militar, pero que nunca fue confirmado por España y a quien solamente le tocó entregar la ciudad de México al triunfante Don Agustín de Iturbide, comandante supremo del ejército de las tres garantías.

---

[27] Véase el rubro 5.1.4. de este Capítulo.

8.1. Virrey y Presidente Gobernador

El virrey fungía como representante personal y directo del Rey y el conjunto de sus potestades lo revestían de la dignidad real, por ello encarnaba la suprema autoridad política, administrativa, militar y de impartición de justicia en su territorio, por eso fungía también como presidente de la Real Audiencia, en el caso, de la Ciudad de México y como gobernador general, respecto de los gobernadores de su provincia, o de intendente general vinculado a los otros intendentes de su territorio, a partir de una importante reforma en el siglo XVIII con la Real Ordenanza de Intendentes de 1786, que dividió el territorio de la Nueva España en 12 intendencias, a saber: 1) México, 2) Puebla, 3) Guadalajara, 4) Oaxaca, 5) Guanajuato, 6) Mérida, 7) Valladolid (Michoacán), 8) San Luis Potosí, 9) Durango, 10) Veracruz, 11) Zacatecas y, 12) Arispe (Sonora)

8.2. Real Audiencia

En general implicaba una audiencia el hecho de que los funcionarios oyeran a las personas, podía ser o no dentro de un procedimiento judicial, en principio esta era una función que esencialmente debía cumplir el Rey respecto de sus súbditos de cualquier rango o condición, si bien éste solía depositar su ejercicio en algunos servidores de su confianza, quienes actuaban en consecuencia y lograban dar soluciones respaldadas por la oficina del monarca o cancillería. De entre estos asuntos destacaban los que tenían naturaleza procesal, para lo cual se requería la experiencia de uno o varios juzgadores, a los que entonces se dio el nombre oficial de oidores, lo que originó que hacia 1387, con Juan I de Castilla y la reorganización de las cortes de Briviesca, quedara ya constituido un verdadero tribunal que conocía causas civiles y penales, llamadas en la época criminales, en donde el Rey delegó sus funciones jurisdiccionales.

Al descubrirse las Indias, se requirió prácticamente de inmediato, la presencia de jueces para conocer y fallar en las causas litigiosas, por eso hasta 1511 Fernando "El Católico", envió a La Española o Santo Domingo a los primeros jueces, lo que provocó un conflicto de competencias con el Virrey Diego Colón, quien también tenía funciones judiciales.

Posteriormente se creó una audiencia en la ciudad de México que tuvo funciones también de gobierno y que luego fue sustituida por otra del mismo rango, como ya se ha apuntado anteriormente, Cuando se crearon los virreinatos, las Reales Audiencias perdieron gran parte de sus funciones administrativas y eran presididas por el virrey en turno, casos de las ciudades de México, Lima, Santa Fe Colombia y Buenos Aíres.

Las audiencias se dividían en: 1) Virreinales, cuando las presidía un virrey, como las cuatro antes señaladas, b) Pretoriales, si las presidía un gobernador de provincia, como la de Guadalajara, en Nueva España, presidida por el Gobernador de Nueva Galicia y c) Subordinadas, presididas por un letrado o abogado, como la de Quito en Ecuador.

Se integraban las audiencias con: el presidente, un regente, que era una especie de enlace entre el Virrey y la audiencia, un número variable de oidores o jueces, el alcalde del crimen, los fiscales, los alguaciles mayores, que ejecutaban las resoluciones, un teniente del gran canciller o encargado del sello real, escribanos de cámara o secretarios, solicitadores o acuarios, abogados adscritos, tasadores para repartir con cierto criterio los asuntos entre los oidores, receptores de multas, que las cobraban, receptores ordinarios, para desahogar las pruebas, procuradores que representaban a alguna de las partes, intérpretes, para cuando había partes que no conocían el idioma, como los indígenas y porteros. En caso de muerte súbita de un Virrey, sus funciones debían ser tomadas de inmediato por la Audiencia, en espera de las instrucciones reales correspondientes.

9. EL GOBIERNO PROVINCIAL

En un principio, conforme se iban conquistando y colonizando los territorios de la Nueva España, se fueron formando las siguientes entidades: a) Reino de México (Ciudad de México, Estado de México, Morelos, Tlaxcala, Puebla Nueva Antequera, hoy Oaxaca, Querétaro, Hidalgo y Michoacán); Gobiernos: 1) Nueva Galicia (Jalisco, Zacatecas, Aguascalientes y Colima), 2) Nuevo Reino de León (Nuevo León), 3) Nueva Vizcaya (Durango y Chihuahua), 4) Yucatán (Yucatán, Campeche y Quintana Roo) y, 5) Texas (Texas); Provincias: 1) Nueva Extremadura (Coahuila), 2) Nueva Navarra (Sonora y Sinaloa), 3) Santa Fe (Nuevo México), 3) Las Californias (Alta, Baja y Baja Sur), 4) Nueva Toledo o San José (Nayarit) y 5) Nueva Santander (Tamaulipas). Ya en el siglo XVIII, como se ha dicho se crearon 12 intendencias[28]

En estos reinos, provincias y gobernaciones, el gobierno lo encabezaba el gobernador correspondiente, en algunos casos con una audiencia específica.

---

[28] Los nombres entre paréntesis corresponden a la geopolítica actual del país

9.1. Gobernador

Cuando se realizaba la conquista de un lugar se nombraba a un jefe de la expedición que llamaban Capitán General y Gobernador de la provincia que lograra dominar, esto se hacía por Capitulación, pero, una vez realizada la conquista se nombraba al Gobernador por designación real a propuesta del Real Consejo de Indias. Se les exigía presentar un inventario de sus bienes al comenzar su gestión y proporcionar una fianza para garantizar su buen desempeño. Generalmente su cargo duraba tres años.

En ejercicio de sus funciones podían fundar lugares, villas o ciudades, denominaciones que se daban a los nuevos asentamientos según su alcance poblacional e importancia política. Además, tenían a su cargo las obras públicas y la organización del comercio en su región, así como el buen tratamiento a los indios, debían conceder mercedes reales o terrenos, como recompensa de los servicios prestados a la Corona, nombrar a funcionarios menores, como a los tenientes generales que podían representarlos en su ausencia, realizar la venta de oficios, debían cuidar la moral pública y el orden sus territorios; podían emitir bandos de policía y buen gobierno. En caso de ausencia, el Virrey podía nombrar al sustituto. También se les consideraba, como a los virreyes, vice patronos de la iglesia

10. EL GOBIERNO DISTRITAL

En la distribución de funciones de gobierno de la época indiana, se consideraban los siguientes niveles: a) Autoridades centrales o supremas, que correspondían al Rey, el Real Consejo de Indias y la Casa de Contratación, b) el gobierno superior de los Reinos, conformado por el Virrey y la audiencia y, en varios casos, como Centroamérica y Chile, por los Capitanes Generales, también con sus audiencias, c) gobierno provincial, de las provincias que integraban un reino, como Nueva Galicia en Nueva España, con un gobernador, d) el gobierno distrital, que correspondía al gobierno municipal, al nivel de cabeza o máxima autoridad y e) el gobierno local que se concentraba en las funciones de los cabildos

El municipio es la célula básica de la estructura de la estructura política de cualquier país, su origen se remonta a la administración de las poleis griegas (ciudades-estados) y a la de las civitas o ciudades romanas, luego paso a las provincias del Imperio romano, por ejemplo, a Hispania (España), en donde se enriqueció con el modelo gubernamental de los árabes, de donde derivó varios vocablos, como el caso de alcaldía, alcalde, alhóndiga, etc.

Al momento inicial del descubrimiento y conquista de América el municipio, con su gobierno de ayuntamiento se estableció en los nuevos territorios en la parte caribeña, para luego trasladarse al macizo continental, por ejemplo, en la Villa Rica de la Vera Cruz, tema del que ya se ha tratado en este mismo capítulo. Actualmente, el artículo 115 de la Constitución Política de los Estados Unidos Mexicanos establece al municipio y al ayuntamiento como elementos esenciales de la estructura política del país. De aquí, la importancia de estudiar este tema con minuciosidad para encontrar sus orígenes y su primer desarrollo en la época novohispana.

10.1. Alcalde Mayor

El tratamiento de alcalde mayor suele confundirse con el de corregidor, en ambos casos se trata del funcionario que encabeza el ayuntamiento, lo que ya en el México independiente se conoce como presidente municipal. Algunos autores consideran que existían diferencias entre los cargos de alcaldes mayores y corregidores, los primeros podrían ser los de poblaciones pequeñas o de escasa población, los segundos los de las ciudades importantes o de mayor densidad demográfica, otros consideran que alcaldes mayores se denominaban en la Nueva España y en Perú corregidores.

Igualmente, si se atiende a sus orígenes, parece que el término de alcalde se daba preferentemente a quien ejercía funciones judiciales y corregidor al que tenía funciones político-administrativas.

En las Indias se denominaron alcaldes mayores a personas letradas o profesionales del Derecho, nombradas por el Rey para ejercer justicia en asuntos civiles y criminales.

10.2. Corregidor

Los corregidores se implementan en el Derecho Indiano a partir de 1631, según parece para suplir el poder político que ejercían en sus localidades los antiguos encomenderos, eran nombrados por el Rey, si bien después ya podían ser nombrados por los virreyes y los gobernadores de provincias. El corregidor usaba como símbolo de su cargo la vara de la justicia. Su cargo solía durar tres años.

Además de sus funciones judiciales, tanto los alcaldes mayores como los corregidores se encargaban de las labores de policía y buen gobierno, así como de funciones referentes a la Real Hacienda.

Para el siglo XVIII la mala fama de estos funcionarios, como personas proclives a actos de deshonestidad y corrupción, era tan alarmante que ya se pensaba en sustituirlos dentro del esquema de gobierno, pero la intervención napoleónica en España y la consecuente guerra de independencia de los reinos de las Indias dejó sin efectos esta iniciativa.

11. EL GOBIERNO LOCAL

Correspondiente propiamente a las funciones de los cabildos, lo que implica revisar las funciones de los ayuntamientos. En la edad media y ante la debilidad política de algunos monarcas que no eran más dueños que del territorio donde tenían sus sedes, las ciudades fueron ganando terreno en cuanto a su autonomía, cuanto más, que los monarcas tenían que hacer concesiones graciosas a las villas y ciudades para que accedieran a enviar hombres para engrosar sus ejércitos, en las constantes guerras que sostenían unos monarcas con otros, lo que hizo que a algunos lugares les reconocieran fueros o privilegios que les daban la oportunidad de elaborar sus propias disposiciones municipales y mantener funciones de gobierno y de justicia autónomas.

Los funcionarios que integraban los cabildos municipales eran, en términos generales, los regidores, quienes debían ser personas de buen vivir, con un trabajo decoroso y saber leer y escribir, entre los cargos que ostentaban tenemos:

Cargo	Función
Alférez Mayor	Cargo honorífico, para portar el pendón real en las ceremonias
Alguacil mayor	Mantener el orden público, lo apoyaba en sus funciones la ronda o piquete de hombres armados
Depositario general	Para recibir distintos depósitos en causas legales, entre ellos, las multas
Fiel ejecutor o fiel de alhóndiga	Para el abastecimiento de alimentos y control de sus precios, evitando el encarecimiento
Alcalde provincial	Encargado de la Santa Hermandad o grupo paramilitar que cuidaba la seguridad en los caminos y en las zonas rurales
Defensor y juez de menores	Cargo que no siempre existía en los cabildos
Regidores honorarios	Acudían a las sesiones de cabildo con voz, pero sin voto
Otros	Los que estaban adscritos a la junta de bienes de difuntos, o las obras públicas, el aseo de las calles, el alumbrado público, a la mesta (asociación ganadera), corredores de lonja o notarios, procuradores que representaban al ayuntamiento ante otras autoridades, alcaldes ordinarios para hacer justicia en primera instancia, uno para materia civil y otro para lo criminal, etc.

Originalmente estos cargos los designaba el Rey, pero luego fueron sujetos a elección de la comunidad. Efectivamente, el primer domingo del año, a la salida de la misa principal (tal vez la de las 12.00 horas), se presentaban los funcionarios que ya se retiraban de sus cargos, casi todos anuales y pedían a las personas reunidas en el atrio de la iglesia de la comunidad que emitieran su apoyo para nombrar a las personas que debían sustituirlas, deberían ser cristianos viejos, gente domiciliada en el lugar, con reputación intachables y oficio lícito, los jefes de familia proponían y votaban a los sujetos propuestos. Estas elecciones debían ser ratificadas por el gobernador de la provincia o, en su caso, por el Virrey.

Era posible la reelección en el cargo, pero con un período intermedio, es decir, la reelección diferida, a este requisito el pueblo lo llamaba "la ley del hueco"

11.1. Ayuntamiento de españoles: alcalde ordinario

Desde las Instrucciones dadas al gobernador de La Española, Nicolás de Ovando en 1501 y luego en las Leyes de Burgos de 1512, se hizo manifiesta la intención de la Corona de agrupar en comunidades específicas a los indígenas, que se denominaron reducciones de indios, donde ellos estuvieran reunidos comunitariamente para facilitar su castellanización y cristianización, el pago de sus tributos y la debida vigilancia respecto de sus costumbres, que no debían contrariar las normas legales ni religiosas.

Ello dio origen a las agrupaciones de la población en general, en dos repúblicas, las de los españoles y las de los indígenas. En este sentido, la palabra república no tenía el significado actual de la palabra, se trataba de comunidades con cierto grado de autonomía organizadas con su respectivo cabildo o agrupación de gobierno (ayuntamiento), que procuraban no entremezclar sus grupos de origen. Por eso, si se requería servidumbre indígena en las casas de las repúblicas de españoles, las mujeres debían ser acompañada de sus padres, maridos o hermanos, según fuera el caso, para garantizar que no se las faltaría al decoro que merecían.

Debe advertirse que en el título segundo del Libro 5° de la Recopilación de Leyes de Indias, se regula conjuntamente las funciones de los gobernadores, corregidores y alcaldes mayores, por lo que, si bien si había diferencias entre estos cargos, en la práctica sus funciones llegaron a ser similares, esto dificulta más la comprensión del gobierno indiano en materia municipal, por lo que es preferible, señalar casos concretos para enfocar su regulación y desempeño.

En los ayuntamientos se contaba con dos alcaldes ordinarios, que generalmente encabezaban el cabildo. Al principio se procuraba que uno de los alcaldes fuera español y el otro criollo, el oficio no fue vendible. Debe destacarse que en las comunidades o repúblicas de españoles las autoridades correspondientes eran igualmente personas de origen europeo, ya fueren peninsulares o criollos, por eso los ayuntamientos permitieron, a partir del siglo XVIII, tener un verdadero bastión para que los criollos inconformes comenzaran a alzar sus voces contra el régimen indiano.

11.2. Ayuntamiento de indios: Cacique

En los pueblos indios no se permitía la llegada de gente europea, salvo en caso de verdadera necesidad y solamente por el tiempo indispensable para salvarla, por ejemplo, si había tenido un accidente en el camino, una descompostura de su carruaje, o se encontraba delicado de salud, la excepción la constituían los religiosos que impartían la doctrina y los sacramentos a los indígenas.

En ese entorno, el ayuntamiento se integraba con indígenas y se contaba con un corregidor indio, pero además con un corregidor de indios, que era un español o criollo que supervisaba de tiempo en tiempo a estas comunidades para verificar que cumplieran las normas legales y religiosas vigentes, dado que los indígenas podían ejercer su antiguo régimen jurídico y de justicia, siempre que no contraviniera a la ley española o a los principios de la fe cristiana.

Las elecciones de las autoridades municipales indígenas, se llevaban a cabo ante la presencia de un religioso para que fuera testigo de que el proceso se había desarrollado con toda legalidad.

En cuanto a los caciques, se trataba, en los primeros tiempos del Derecho Indiano, de los nobles indígenas o señores "muy principales", que paulatinamente se convirtieron en aliados valiosos para la colonización europea. Ellos disfrutaron de privilegios que podían heredar a sus descendientes, ese régimen especial de tratamiento se conocía como cacicazgos. Por ejemplo, se les permitía tener y montar caballos, comerciar con ganado, edificar construcciones a la usanza de los españoles, pero a cambio debían responder del orden público de sus comunidades y del pago de los tributos de la población, incluso actuaban en ocasiones como jueces de repartimiento, para designar a las personas de sus comunidades que debían trabajar en las minas.

Algunos de estos caciques llegaron, ya en los siglos XVII y XVIII a poseer bienes de considerable cuantía y a ostentar un tren de vida tan lujoso que podían alternar con la élite española, incluso procuraban adaptarse completamente a las costumbres españolas, pero sin perder contacto y poder sobre sus comunidades de origen, porque de ellas obtenían los recursos para alcanzar ese nivel social para sí y para sus descendientes.

12. ADMINISTRACIÓN DE JUSTICIA

Uno de los temas más relevantes y que requieren mayor cuidado en materia de Derecho Indiano es el de la administración de justicia. Procurando hacer una apretada síntesis del tema se puede dar el siguiente panorama sobre el tema:

12.1. Jurisdicción ordinaria

Casos de poca monta en lo civil o en lo penal, eran juzgados, en primera instancia por el alcalde ordinario correspondiente (civil o criminal) y, en caso de apelación, se contaba con una impugnación ante el cabildo. Si en el asunto estaban implicado los indígenas, era el alcalde ordinario indio de su comunidad quien conocía y resolvía el litigio, que luego podía pasar en apelación al cabildo indígena.

En asuntos de importancia media, la primera sentencia la pronunciaba el alcalde mayor o el corregidor correspondiente, pudiendo pasar en apelación a la Audiencia de México o a la de Guadalajara, según la circunscripción geográfica referente a las partes en litigio.

Si el asunto era de alta monta o de extrema gravedad, o por alguna circunstancia, relevante, como los que se vinculaban al Regio Patronato y, por lo mismo a la iglesia, se iniciaba su resolución en las audiencias y la apelación podía pasar al Real Consejo de Indias, para lo cual era necesario depositar fianza, para evitar que la medida fuera simplemente retardataria y sin posibilidad de obtener una sentencia de modificación o de revocación.

Como sabemos, ya casi al final de la época indiana el Real Consejo de Indias perdió esta facultad de suprema instancia, incluso dejó de fungir en todas sus funciones, por lo cual, las audiencias indianas se constituyeron en la máxima autoridad judicial.

Casos especiales en materia de justicia fueron, los ya explicados anteriormente, juicios de residencia, que al principio se aplicaba solamente a altos funcionarios indianos y previa denuncia grave, pero que después ya fue incoado de manera ordinaria al término del ejercicio de gobierno, así como que se hizo extensivo a muchos otros funcionarios menores, finalmente, este tipo de juicios se constituyen en antecedentes de los juicios de servidor/a publico/a de nuestro tiempo.

12.2. Fueros y Jurisdicciones privativas:

En materia de justicia se contaba con varios tribunales especiales, entre los que destacan:

Tribunal	Función jurisdiccional
Consulado	Para asuntos de comercio entre comerciantes
Protomedicato	Para conceder licencia de ejercicio a médicos, parteras y barberos (que además fungían como oculistas, otorrinolaringólogos y dentistas), igualmente conocían de casos de delitos en el ejercicio de estas actividades, a fin de retirar temporal o definitivamente tales licencias
Santo Oficio o Inquisición	Para castigar herejías, sacrilegios, apostasía, blasfemia, judaísmo y otras conductas atípicas de carácter religioso, pero también asuntos de moralidad como bigamia, actos contra natura, fornicación extraconyugal, así como conductas supersticiosas, como astrología, misas negaras, hechicería, etc. igual que lectura de libros prohibidos por la iglesia
Acordada	Su nombre se debe a un Acuerdo de la Real Audiencia de México y era para juzgar a los asaltantes de caminos.
De Minería	Para los litigios sobre concesiones mineras
Juzgado general de indios	Que procuraba tener traductores y defensores de indios, se creó en 1591 y se financiaba con un tributo que se cobraba a los indígenas, llamado medio real de ministros
De Cuentas	Para cuestiones de impuestos
Del fuero universitario	Para juzgar casos de estudiantes y docentes universitarios, se podía apelar ante las audiencias
Del fuero eclesiástico	Cuando los implicados pertenecían al clero regular (monjes) o al secular (sacerdotes)
De los fueros militar y de marina	Para juzgar a militares y miembros de la marina, en primera instancia conocían los capitanes correspondientes y en apelación las audiencias o el Virrey
Tribunal de la mesta	Para asuntos ganaderos
Tribunal de bienes de difuntos	Para las sucesiones testamentarias o intestadas

Tribunal	Función jurisdiccional
Tribunal de la bula de la santa cruzada	Para litigios entre la Iglesia y los fieles que aportaban este tipo de donativos para fomentar la fe en lugares remotos
Tribunal de composiciones	Para regularizar la tenencia de terrenos rústicos y urbanos
Otros: de estancos de pólvora, de estancos de tabaco, de montes píos, de alcabalas, de bebidas prohibidas y de provincia[29]	Para litigios que se dieran entre los beneficiarios de los monopolios para fabricar pólvora, tabaco, personas que tuvieran prendas en empeño, pago de impuestos por traslado de mercancías, para quienes fabricaban bebidas que requerían autorización, como el pulque y para asuntos menores de policía y buen gobierno respectivamente

13. LAS REFORMAS BORBÓNICAS

En el siglo XVIII, cambió la casa reinante en España, terminando la dinastía de los Habsburgos y entronizándose la de los Borbón. Con ello se dieron importantes cambios en la legislación y en la estructura política y administrativa de las Indias, de aquí que se hable de las reformas borbónicas, si bien no todos los autores están de acuerdo con esta denominación, lo cierto es que la filosofía surgida del movimiento de la ilustración que permeaba en Europa influyó decididamente en tales reformas y constituyó un evidente avance hacia formas más organizadas y avanzadas de estructura política, lo que a la postre redundaría en beneficio de la Corona española.

De esta manera, se crearon dos virreinatos más, en 1717 el de San Fe, en Bogotá, Colombia y, en 1776 el de Rio de la Plata, en buenos Aíres, Argentina, incluso se llegó a considerar la creación de un virreinato en el norte de la Nueva España, para atender a las muy alejadas provincias de la zona, pero no se pudo concretar nada al respecto.

En cuanto al rubro de justicia, se estableció el Tribunal de Minería en 1783. Se crearon también los alcaldes de barrio y de cuartel, que asumieron varias de las tareas que, en materia de justicia, correspondían a los cabildos y, se organizaron varios tribunales de consulado en Guadalajara y Veracruz, así como en Guatemala, La Habana, Caracas, Santiago de Chile y Buenos Aíres.

---

29 Cada uno de estos tribunales especiales requiere un estudio específico que puede realizarse tomando en cuenta cualquiera de los libros generales de Historia del Derecho Mexicano que se citan en las fuentes de información de este Capítulo.

13.1. Secretarías de Estado y del Despacho

En el afán de centralizar más el poder de la Corona sobre los territorios indianos y ante la evidente corrupción en que se encontraba el Real Consejo de Indias, Felipe V, primer Rey Borbón, aprovechó la figura del Secretario del Despacho Universal, miembro de los colaboradores del monarca, desde 1621, para que en adelante estuviera al frente de lo que se llamó la vía reservada, para que determinados asuntos pasaran directamente a la tramitación y resolución de este funcionario, con la anuencia del Rey, sin la intervención del Real Consejo de Indias.

Para 1705 esta Secretaría del Despacho Universal, se dividió en dos departamentos, el de Guerra y Hacienda y, otro para las demás materias. Pero en 1714 a su vez tales departamentos quedaron divididos en cuatro (Estado, Guerra, Marina e Indias y Justicia). En tanto que lo referente a la Real Hacienda se encargó a un veedor general y a un intendente universal.

Posteriormente se realizaron nuevos cambios, lo que repercutió en mayor número de Secretarías dentro del gabinete de trabajo del Rey. Hasta que en 1790 se suprimió el Departamento de Indias y se optó por cinco Secretarías del Despacho, a saber: Estado, Guerra, Marina, Justicia y Hacienda.

13.2. Régimen de Intendentes

Esta figura política se tomó el derecho francés, en donde existían desde 1555 en Córcega y en Lyon, se trataba de un comisario del monarca que representaba al monarca y vigilaba el cumplimiento de las leyes en vigor, así como coadyuvaba a mantener el orden público en las provincias, si bien, la revolución francesa eliminó a este tipo de funcionarios.

En España, mediante la Ordenanza de 4 de julio de 1718, Felipe V estableció las intendencias en España, dotando a los intendentes de facultades en materia de hacienda, guerra y policía y, hacia 1749, Fernando VI suprimió los corregimientos en las capitales de provincia y, en cuanto hace a sus funciones jurisdiccionales se las pasó a los intendentes.

Con esta experiencia vivida en España, en 1764 se creó la Intendencia en la Habana y en 1765 la de Luisiana (entonces parte del imperio español). Para el caso de la Nueva España, Carlos III en 1765 envió a José de Gálvez como visitador general para hacer un minucioso estudio del estado que guardaba la administración, el resultado fue que el 10 de agosto de 1769 se dictó una Real Orden para crear el sistema de Intendencias, lo que debería cumplir el Virrey marqués de Croix, no obstante, el nuevo virrey Bucareli y Ursúa se manifestó en contra del nuevo sistema, a la vez que se creaba otra en Caracas en 1776 y al año siguiente la de buenos Aíres, lo que evidenciaba que el sistema era imparable.

En 1782, Carlos III decretó la Real Ordenanza para el establecimiento e instrucción de Intendentes de Ejército y Provincia de Buenos Aíres, y así en cadena se fueron formando las de Perú, Ecuador, Puerto Rico y muchos lugares más. Finalmente se expidió el 4 de diciembre de 1786 la Real Ordenanza para el establecimiento e instrucción de Intendentes de ejército y provincias en el Reino de la Nueva España, que como se ha dicho dividió territorialmente en 12 intendencias al reino y cada una en diversos partidos con un subdelegado al frente. Los intendentes sustituyeron a los gobernadores de provincias, aunque subsistieron los corregimientos.

Este nuevo régimen originó una reorganización profunda en el sistema de impartición de justicia, tratando de hacerla más ágil y eficiente, pero la intendencia asumió facultades antes delegadas al Virrey en materia hacendaria.

La división geopolítica que estableció el sistema de intendencias dio origen, ya en la Constitución de Cádiz a las diputaciones provinciales y a la primera configuración del territorio nacional a raíz de la consumación de la guerra de independencia en 1821,

13.3. Comercio libre

El comercio ultramarino en la época indiana fue regulado con minuciosidad excesiva, lo que burocratizó el sistema y perdió eficacia, por eso hacia el siglo XVIII se procuró establecer un sistema comercial más abierto. Por ejemplo, en 1765 se habilitaron como puertos para el comercio a las Indias, además de Cádiz los de Sevilla, Alicante, Cartagena, Málaga, Barcelona, Santander, La Coruña y Gijón. Igualmente, se liberó el pago de algunos impuestos, además ya no se requirió formar flotas para navegar, bastaba que cada barco cumpliera los requisitos de seguridad y armado vigentes para que pudiera ser autorizado a viajar.

En 1776 se expidió el Reglamento y aranceles reales para el comercio libre de España y Las Indias y la Pragmática de libertad de comercio, posteriormente se fueron expidiendo nuevas disposiciones para dar cada vez mayor cobertura al comercio indiano.

Las mercaderías extranjeras, sobre todo las inglesas y francesas estaban vetadas, por lo que tenían que pasar mediante intervención de comerciantes españoles, lo que encarecía su precio, ello propiciaba el contrabando que fue un verdadero dolor de cabeza para las autoridades de Nueva España. No obstante, el Tratado de Utrecht de 1713, que en realidad es un paquete de documentos sobre diversas materias, logró abrir el comercio con esas naciones, aunque también abrió el comercio negrero o de esclavos provenientes de África, comercio que fue de dominio inglés.

No debe olvidarse que, en el caso de la Nueva España, a través del puerto de Acapulco, se tenía comunicación comercial con Filipinas, de donde procedía anualmente la nao, trayendo mercancías muy apreciadas para el comercio del Virreinato, como sedas, perfumes, especias, marfil, tapices y muchas cosas más.

De cualquier manera, la apertura comercial propició que en las Indias se reactivara la economía, muy decaída durante el siglo XVII, y que algunas familias accedieran a un nivel de vida con la misma calidad que en Europa.

13.4. Regio Vicariato Indiano

Como se ha dicho en su oportunidad, el Regio Vicariato Indiano fue la manera como se interpretó doctrinalmente, el conjunto de facultades que la Corona ejercía respecto de los asuntos eclesiales, porque éstas ya no podían surgir solamente de concesiones otorgadas por el papado, sino que eran producto del ejercicio de la soberanía o poder supremo, cuya titularidad estaba en manos del monarca. Desde esta perspectiva el Rey es considerado vicario para la Iglesia indiana, con amplias posibilidades para ejercer actos de mandato y administración. Esta posición política-jurídica tendría una gran influencia en el pensamiento de los primeros ideólogos de la independencia y de la posterior reforma liberal en México.

FUENTES DE INFORMACIÓN

Que se clasifica de la siguiente manera:

Bibliografía especializada

CORTÉS, Hernán. “Cartas de Relación”, México, Colección “Sepan cuantos…”, 1973, 7ª. edición

CRUZ BARNEY, Óscar. “Historia del Derecho en México”, México, Colección Textos Jurídicos universitarios, Oxford University Press, 2004, 2ª. Edición

______________ “Historia del Derecho Indiano, México, Tirant lo Blanch, 2012

DOUGNAC RODRÍGUEZ, Antonio. "Manual de Historia del Derecho Indiano", México, Serie C; Estudios históricos, No. 47, Instituto de Investigaciones Jurídicas, UNAM, México 1994.

MARGADANT S., Guillermo FLORIS. "Introducción a la Historia del Derecho Mexicano", México, Editorial Esfinge, 1986, 7ª. edición

PÉREZ DE LOS REYES, Marco Antonio. "Historia del Derecho Mexicano. México, Colección Textos Jurídicos universitarios. Oxford University Press, 2019, 2ª. Edición

QUINTANA ROLDÁN, Carlos Francisco, México. "Derecho Municipal", Porrúa, 1998

RUBIO MAÑÉ, José Ignacio. "El Virreinato", México. Instituto de Investigaciones Jurídicas, UNAM y Fondo de Cultura Económica, 1992

SOBERANES FERNÁNDEZ, José Luis. "Historia del Derecho Mexicano", México, Editorial Porrúa, 1995, 3ª. edición

Consulta en línea

CAÑEQUE, Alejandro. "De sillas y almohadones o de la naturaleza ritual del poder en la Nueva España de los siglos XVI y XVII" (revistadeindias.revistas.csic.es/index.php/revistadeindias/article/view/427/495)

GONZÁLEZ, María del Refugio. "De la acumulación de funciones a la división de poderes (Nueva España-México) (ifc.dpz.es/recursos//publicaciones/19/75/14gonzalez.pdf)

MALAGÓN PINZÓN, Miguel. "Las visitas indianas una forma de control de la administración pública en el Estado absolutista" (redalyc.org/pdf/825/82510821.pdf)

Obras de consulta general

Enciclopedia Salvat Diccionario, Tomo 12, España, Salvat Editores, 1971

Historia de México, México, Tomos 5, 6 y 7, Salvat Mexicana de Ediciones, 1978

Constituciones

Constitución Política de los Estados Unidos Mexicanos, 2021

Decreto Constitucional para la Libertad de la América Mexicana, 1814

Constitución Política de la Monarquía Española, 1812

Unidad 6. La Independencia Mexicana y el Derecho de Transición

INTRODUCCIÓN

Antes de hablar en sí del proceso de independencia y de sus aportes en el ámbito jurídico es importante señalar que existen diferentes interpretaciones historiográficas sobre el tema; evidentemente, la finalidad de este texto no es incluir todas sino hacer un muy breve repaso sobre lo que se ha escrito del independentismo mexicano. En ese sentido, existen autores que han puesto su atención en el desarrollo de las ideas políticas en la primera parte del siglo XIX; por ejemplo, Alfredo Ávila señala que se ha dejado de centrar a la experiencia emancipadora a partir del liberalismo, al hacer referencia a François Xavier Guerra explica que ahora se piensa en el arraigo de la tradición novohispana y una impronta liberal española, incluso se llegan a mencionar influencias liberales dentro del Plan de Iguala.[1]

En ese contexto, también los llamados revisionistas invertirán las explicaciones que, hasta el siglo XX, se daban en torno a la independencia, al pasar de pensar que la Ilustración había impactado en todo el pensamiento novohispano para centrarse en los aportes venidos desde la metrópoli (España).[2] Sin embargo, también existen posturas que señalan la influencia del movimiento ilustrado en el independentismo; autores como Cristina Gómez explican que no se puede entender el pensamiento en favor de la independencia sin las obras de Rousseau o de Montesquieu. Además, toma en cuenta la prohibición sobre la circulación de este tipo de obras por parte de las autoridades coloniales.[3] Tampoco debe olvidarse que existe una discusión sobre si fue un movimiento cuya finalidad desde el inicio fue tendiente a la separación total o a la autonomía.

---

1 ÁVILA, Alfredo y Virginia GUEDEA, *La independencia de México. Temas e interpretaciones*, México, UNAM, 2010, p. 18. *Cfr.* Guerra, François-Xavier, *Modernidad e independencias. Ensayos sobre las revoluciones hispánicas*, México, FCE-MAPFRE, 1993, pp. 319-350.

2 *Ibidem*, p. 21.

3 GÓMEZ, Cristina, "El liberalismo en la insurgencia novohispana: de la monarquía constitucional a la república, 1810-1814", en *Secuencia. Revista de historia y ciencias sociales*, núm. 89, mayo-agosto, 2014, pp. 9-12.

Después de este muy pequeño esbozo historiográfico alrededor de la independencia sólo queda decir que esto es lo que se ha discutido hasta el día de hoy; pero tampoco deben olvidarse las obras de los autores que vivieron dicho proceso, como: el *Cuadro Histórico de la Revolución Mexicana* de Carlos María de Bustamante (el título no debe confundir, cuando se habla de la revolución mexicana se está refiriendo a la independencia, ya que esta obra fue escrita en el siglo XIX), el *Ensayo de las Revoluciones de México desde 1808 hasta 1830* escrito por Lorenzo de Zavala, también José María Luis Mora hará su aporte con la obra *México y sus revoluciones* y no se debe olvidar a la *Historia de Méjico desde los primeros movimientos que prepararon su independencia en el año 1808 hasta la época presente* de Lucas Alamán. Aquí también hay que decir que al momento de leerlas se deberá hacer un análisis de cada uno de los textos porque los autores tienen sus propias perspectivas y opiniones del movimiento emancipador.

1. BASES JURÍDICAS DE LA INDEPENDENCIA

Ya que se han abordado las perspectivas sobre la independencia, se entrará al estudio de los aportes jurídicos que se hicieron durante dicho periodo, porque la finalidad del presente texto no es hacer un recorrido de los principales eventos políticos y militares del periodo sino rescatar y analizar las contribuciones y los contenidos jurídicos que los principales insurgentes hicieron. Antes de 1810, uno de los primeros momentos por dotar de un gobierno autónomo en la Ciudad de México fue en el año de 1808. Hay que recordar que este movimiento fue propiciado por la invasión napoleónica a España, la deposición de la dinastía borbónica y el inicio del reinado de Luis Bonaparte.[4]

1.1. La invasión de Napoleón a la Península Ibérica

La invasión francesa a España partió del interés de Napoleón Bonaparte por tomar el control de una buena parte de Europa. En 1807 se firmó el Tratado de Fointenableau en el que se reforzaron los lazos de amistad

---

4 RIVA PALACIO, Vicente, Juan DE DIOS ARIAS, Alfredo CHAVERO, *et. al.*, *México a través de los siglos. Historia general y completa del desenvolvimiento social, político, religioso, militar, artístico, científico y literario de México desde la antigüedad más remota hasta la época actual*, t. VIII. "La Guerra de Independencia", México, Editorial Cumbre, 1987, pp. 37-59.

entre Francia y los españoles, además se determinaba el régimen jurídico de Portugal y los que le permitió que las fuerzas galas tuvieran acceso a la península Ibérica a partir de ese año. Sin embargo, la alianza se fragmentó debido a que Napoleón seguía en tierras españolas y se negaba a repartir los territorios portugueses.[5]

La familia real española empezó a preparar su huida a América frente a la invasión francesa, a la par la relación entre el rey español Carlos IV y su hijo Fernando se fragmentaba. Así que el 8 de marzo de 1808 en Aranjuez inició un motín para exigir la abdicación y la llegada de un nuevo monarca, así como la renuncia de Manuel Godoy que para ese momento era primer ministro. Hay que decir que la sublevación se debió a la antipatía generalizada en contra de Godoy y por el rumor de la huida de la casa reinante. Los efectos de la insurrección se propagaron rápidamente hasta Madrid, así que el 19 de marzo se dio la abdicación del rey, para que posteriormente se diera el ascenso de Fernando VII al trono.[6]

Durante todo el mes de mayo los españoles prestaron resistencia a los franceses, mientras Carlos IV y Fernando VII se trasladaban a Bayona, ciudad en la frontera entre España y Francia. En donde el primero abdicó el trono español en favor de Napoleón Bonaparte y el segundo regresaba la corona a su padre. Cuando Napoleón se hizo de los derechos al trono español, convocó a varios notables españoles para legitimar la ocupación a través del diseño de una constitución que sustentara el reinado de su hermano José iniciado para el 6 de junio. Mientras que la llamada Constitución de Bayona fue promulgada hasta el 7 de julio.[7]

Por otro lado, se inició la resistencia popular española frente a la invasión francesa y el establecimiento de un rey extranjero, a este suceso se le ha denominado la guerra de independencia española. Sin embargo, los nobles españoles empezaron a conformar juntas, la más importante fue la de Sevilla formada el 27 de mayo de 1808, mejor conocida como la Junta Suprema de España. Sin embargo, empezó a surgir la idea de una sola junta que agrupara todos los esfuerzos de defensa, así que para el 25 de septiembre se creo la Junta Suprema Central en Aranjuez, misma que dio

---

5 SÁNCHEZ, Miguel Ángel, "La invasión napoleónica. ¿Guerra de independencia o guerra civil?", en MONTE BUCIERO, núm. 13, 2008, pp. 72-95.

6 *Idem.*

7 *Idem.* La Constitución o el Estatuto de Bayona contenía una división de poderes, la construcción de un Estado confesional, además se contenían algunas libertades como la personal, la inviolabilidad del domicilio y derechos de los detenidos.

pie a la Regencia, que posteriormente convocó a la Cortes de Cádiz.[8] En ese sentido, la invasión francesa a España ocasionó la defensa del territorio por parte de la población y la construcción de instituciones cuyo aporte más significativo fue el proyecto gaditano.

1.2. Acta del Ayuntamiento de la Ciudad de México 1808

La propuesta de la autonomía por la ausencia de los borbones en España se hizo principalmente en el Ayuntamiento de la Ciudad de México por Francisco Primo de Verdad, Melchor de Talamantes y Francisco Azcárate. Su argumentación se centraba en el traspaso de la soberanía al pueblo, lo que implicaba la opción de formar un gobierno alejado de la metrópoli. José de Iturrigaray, Virrey de la Nueva España, la consultó con la Real Audiencia, pero fue rechazada por considerarla un acto de traición en contra de la corona española.[9]

La situación no fue sencilla, hubo mucha resistencia por parte de los españoles peninsulares a la formación de un gobierno local. El 9 de agosto de 1808 se celebró una junta entre las principales autoridades del virreinato (el Virrey, la Real Audiencia, el Ayuntamiento de la Ciudad de México y representantes del clero), en la que Primo de Verdad presentó su propuesta, pero fue rechazada y en su lugar se proclamó a Fernando VII como monarca español. El panorama se complicó aún más y las diferencias estaban muy marcadas entre los peninsulares con interés en mantener la total dependencia hacia España y los criollos con una tendencia a formar su propio gobierno ante la ausencia del rey español. En ese interludio el virrey estuvo a punto de renunciar, sin embargo, lo persuadieron a mantenerse en el cargo, hasta que fue hecho preso por parte del bando que estaba a favor del monarca, en donde participaban personajes como Gabriel de Yermo, comerciante de la Ciudad de México y Miguel Bataller, oidor de la Real Audiencia de la misma ciudad. Iturrigaray fue depuesto del cargo de Virrey y sustituido por Pedro Garibay.[10]

---

8 *Idem.*

9 RIVA PALACIO, Vicente, Juan DE DIOS ARIAS, Alfredo CHAVERO, *et. al.*, *México a través de los siglos. Historia general y completa del desenvolvimiento social, político, religioso, militar, artístico, científico y literario de México desde la antigüedad más remota hasta la época actual, op. cit.*, pp. 37-59.

10 *Idem.*

Después del intento fallido por tener un gobierno autónomo debido a la situación vivida en España, siguieron dos momentos hasta cierto punto subversivos previos al movimiento independentista de Hidalgo: las conspiraciones de Valladolid (hoy Morelia) y la de Querétaro. En palabras de Ernesto de la Torre Villar estas transformaciones se dieron porque "Universidades, colegios y seminarios eran semilleros de renovación, de transmisión de las tendencias jurídicas y políticas más en boga, de los principios de que todos los hombres tienen una serie de derechos que deben ser respetados y también una participación en la definición y organización del Estado".[11]

1.3. Inicio del movimiento Independentista y el Bando de Hidalgo

La Conspiración de Valladolid de 1809 está inserta dentro de varios polos donde se discutían ideas y se conspiraba en contra de la corona. Al ser la capital de la Intendencia de Michoacán se nutrió de personas vinculadas con el ejército y las élites intelectuales de la época. Los participantes fueron: los hermanos Michelena (José Mariano y José Nicolás), Mariano Quevedo, Vicente Santamaría, entre otros. De la Torre Villar señala que entre el año de 1809 y 1810 los novohispanos se darán cuenta del complicado panorama de la colonia y de la metrópoli, lo que favorecen todas las ideas de emancipación.[12]

Las ideas propuestas fueron las siguientes: defender el reino de la invasión napoleónica y formar un gobierno en nombre de Fernando VII, además de separar a los españoles de sus cargos y confiscar los bienes, también exentar a los indios del pago de los tributos.[13] Sin embargo, la conspiración fue descubierta en diciembre de 1809, los participantes apresados y sometidos a una serie de procesos judiciales para que pudieran ser castigados. No debe perderse de vista que la forma en que acabó la conjura ayudó a que se apresuraran en Querétaro.

Se fecha a 1810 como el año de reunión de la conspiración de Querétaro, pero se sabe que venían colaborando en ella desde el año anterior. En ella participaron personajes como: Miguel Hidalgo, párroco de Dolores, Miguel Domínguez, Corregidor de la ciudad de Querétaro, los militares Ignacio Allende y Juan Aldama, así como los hermanos Epigmenio y Eme-

---

11 TORRE VILLAR, Ernesto de la, *La independencia de México*, 2° ed., México, FCE-MAPFRE, 1992, p. 82.

12 *Ibidem*, pp. 80-85.

13 *Ibidem*, p. 84.

terio González. Las pláticas sediciosas eran disfrazadas de tertulias culturales y artísticas. Como se sabe, fueron descubiertos en la noche del 15 de septiembre de 1810, con lo que iniciaría la lucha por la independencia de nuestro país.

Como se dijo líneas arriba, este texto no busca narrar la aventura emancipadora, sino mostrar los principales instrumentos emitidos durante dicho proceso; por lo tanto, es necesario pasar a la obra jurídica de Miguel Hidalgo. En ese sentido, encontramos varias proclamas que muestran su pensamiento político y jurídico. Una de ellas menciona lo siguiente: "... El francés quiere ser mandado por el francés, el inglés por el inglés, el italiano por el italiano; alemán por alemán... ¿Por qué a los americanos se les ha de privar el goce de esta prerrogativa?"[14] Otra de las proclamas mencionan lo siguiente: "¿Es posible que ocho o diez mil hombres no tengan ánimo para deshacerse de quince a veinte oficiales? Animaos del fuego de nuestros compatriotas para disfrutar de las dulzuras de la independencia".[15]

A partir de estas proclamas puede asegurarse que el pensamiento de Hidalgo es independentista y pasado bajo un matiz liberal; pero sus obras cumbre son los bandos que abolieron la esclavitud, existe uno previo fechado el 19 de octubre de 1810 en la ciudad de Valladolid, emitido por José María de Anzorena por órdenes del propio Hidalgo, donde también se suprime el tributo, los variados estancos y se establece la moderación de cargas. De acuerdo con Carlos Herrejón, es evidente la ausencia de alusiones al rey. El primer bando fue emitido en la ciudad de Guadalajara el 29 de noviembre del mismo año, que reafirma el contenido del promulgado previamente por Anzorena, en este se confirma la abolición de los tributos, estancos y, evidentemente, la esclavitud. Las ideas anteriores fueron reafirmadas en el segundo de fecha 6 de diciembre con la firma de Ignacio López Rayón.[16]

2. PROYECTO GADITANO

A la muerte de Hidalgo y demás insurgentes que lo acompañaban quedó a la cabeza López Rayón que había fungido como su secretario. Él se encargó de llevar la dirigencia del movimiento de julio de 1811 hasta 1812 cuando

---

14 GÓMEZ, Cristina, *op. cit.*, p. 13.

15 *Idem.*

16 HERREJON PEREDO, Carlos, *La ruta de Hidalgo*, México, INEHRM, 2011, pp. 22, 45 y 47.

empezó a tener problemas con José María Morelos y Pavón cuyo liderazgo iba en ascenso. Pero antes de entrar a analizar los aportes jurídicos de Rayón no se debe olvidar que en España se estaba fraguando el proyecto gaditano.

2.1. Constitución de Cádiz

Hay que recordar que la Constitución de Cádiz está inserta dentro de la resistencia española frente a la invasión napoleónica. En ese sentido, fue el 19 de marzo de 1812 cuando se promulgó, de ahí que sea conocida como "La Pepa", y cuya creación corrió a cargo de las Cortes Generales con representantes de todas partes del reino, por la Nueva España hay que rescatar la participación de Miguel Ramos Arizpe, considerado como el padre del federalismo mexicano y de Miguel Guridi y Alcocer. Para David Pantoja, el constitucionalismo gaditano "creó un Estado unitario con leyes iguales para todos los territorios de la Corona Española. Además de dotar a las Cortes de un gran poder decisorio y de acotar fuertemente las atribuciones del rey",[17] y de crear la llamada diputación provincial que para algunos es el antecedente directo del federalismo en nuestro país.[18]

El contenido de la *Constitución Política de la Monarquía Española*, mejor conocida como la Constitución de Cádiz, es revelador para comprender el paso del antiguo régimen vinculado con el absolutismo y el despotismo hacia un nuevo régimen con libertades y, como se dijo anteriormente, con limitaciones a los poderes excesivos del monarca español. En ese orden de ideas, si recurrimos al contenido de dicha carta podemos encontrar estos principales elementos: la noción de una sola nación española por la confluencia de los dos "hemisferios" (artículo 1), lo que da una perspectiva de igualdad entre la metrópoli y las diferentes colonias; esto se complementa con la afirmación de la libertad para España y su no pertenencia hacia alguna familia o persona (artículo 2). Además, no se debe olvidar que a partir de 1812 la soberanía residiría en la nación con la capacidad de poder determinar sus respectivas leyes (artículo 3).[19]

---

17 PANTOJA MORÁN, David, *Las bases del constitucionalismo mexicano. La constitución de 1824 y la teoría constitucional*, México, FCE, 2017, p. 34.

18 *Cfr.* BENSON, Nattie Lee, *La diputación provincial y el federalismo mexicano*, 3° ed., México, COLMEX, 2012, pp. 33-49 y 199-221.

19 Cámara de Diputados, Constitución de Cádiz, 1812 [en línea], <http://www.diputados.gob.mx/biblioteca/bibdig/ const_mex/ const_cadiz.pdf>, [consulta: 03 de mayo de 2021].

Una situación que pareciera contradictoria pero que debe ser entendida en su contexto es la defensa de las libertades individuales frente a un catolicismo establecido desde las esferas de poder. Por un lado, se estableció como obligación para la nación conservar y proteger la libertad civil, la propiedad y los demás derechos de los individuos (artículo 4), mientras que artículos más adelante se estableció que la religión "perpetua" era la católica y las leyes debían procurar su protección, además se estableció la prohibición para el ejercicio de cualquier otra (artículo 12).[20]

Otro de los avances contenidos en Cádiz es la noción de igualdad en cuanto a la nacionalidad, lo que paulatinamente fue bajando los grados de segregación establecidos en la colonia. Ahora los españoles eran los nacidos y avecindados en cualquiera de los dominios españoles, pero con la característica de ser libres, además de los extranjeros que tuvieran carta de naturalización por parte de las cortes, los que llevaran una vecindad de más de diez años y los que hubieran adquirido la libertad en cualquiera de los pueblos de la monarquía española (artículo 5). La calidad de español también traía una serie de obligaciones como: el amor a la patria (artículo 6), respetar la constitución, las leyes y las autoridades españolas establecidas (artículo 8), a contribuir a los gastos del Estado en proporción a sus ingresos (artículo 9) y defender a la patria con las armas cuando fuera el caso (artículo 10).[21] Debe notarse el cambio en la concepción política del individuo porque pasó de ser un simple súbdito con deberes hacia la corona y el orden preestablecido a tener una serie de derechos y obligaciones en calidad de ciudadano.

Mientras en la organización política de la monarquía hay dos situaciones por rescatar, primera: la composición del territorio porque ya no sólo era España, también incluían a América en su totalidad y hasta las Filipinas (artículo 10); segunda: la evidente disminución del poder al rey al establecer que el objeto del gobierno era la felicidad de la nación o el bienestar de los individuos que la compusiera (artículo 13), por lo que se constituía una monarquía moderada y hereditaria (artículo 14), con la capacidad para hacer leyes depositada en las cortes (artículo 15), la potestad para ejecutarlas en el mismo rey (artículo 16) y la capacidad de aplicar las leyes en las causas civiles y criminales en los tribunales establecidos por las respectivas normas (artículo 17).[22]

---

20 *Idem.*

21 *Idem.*

22 *Idem.*

Las cortes españolas estaban compuestas por los diputados nombrados por los ciudadanos y la votación se hacía a partir del criterio poblacional reunido en los dos hemisferios (artículo 27, 28 y 29), a través de elecciones indirectas que iban desde la parroquia hasta la provincia (artículos 35-103), situación muy cotidiana en los sistemas electorales del siglo XIX. Entre las diversas funciones de las cortes destacan las siguientes: proponer y decretar las leyes, así como interpretarlas y derogarlas, recibir el juramento del rey, aprobar los tratados y alianzas, fijar los gastos de la administración pública, establecer las contribuciones, así como aprobar su repartimiento, establecer las aduanas y aranceles, instaurar las monedas y pesos, promover la industria y proteger la libertad de imprenta (artículo 131).[23]

Por lo que hace a la figura del rey, habría que rescatar su inviolabilidad y la incapacidad de someterlo a responsabilidad alguna (artículo 168), tenía facultad para hacer cumplir y ejecutar las leyes (artículo 170); además de poder expedir los decretos así como reglamentos para ejecutarlas, cuidar la administración pronta de la justicia, declarar la guerra y firmar la paz, mandar a los ejércitos y la armada española, dirigir las relaciones diplomáticas y comerciales con las potencias extranjeras, así como nombrar y separar a los secretarios de Estado (artículo 171). Pero, otra muestra de las limitantes al poder del rey se encuentran en el artículo 172 al establecer restricciones a su autoridad como: no impedir la celebración de las sesiones de las Cortes Generales, ni ausentarse del reino sin su consentimiento, tampoco podía enajenar o ceder territorio español ni hacer alianzas sin la autorización de las propias cortes o establecer de manera unilateral contribuciones, tomar alguna propiedad de algún particular o corporación y si quería contraer matrimonio debía obtener la autorización de la institución antes mencionada, si no lo hacía se entendía que abdicaba a la corona española.[24]

Mientras que la impartición de justicia corría a cargo de los tribunales establecidos (artículo 242) y ni las Cortes ni el rey podían ejercer esas funciones (artículo 243); en ese orden de ideas, sólo podían juzgar y hacer que se ejecutara lo juzgado y no podían suspender la aplicación de las leyes ni de sus reglamentos (artículos 245 y 246). Por otro lado, las dos corporaciones más importantes, es decir, la Iglesia y el ejército mantenían sus propios fueros, en otras palabras, sus propias leyes y tribunales. Se buscó la eliminación de la dispersión normativa vigente desde el derecho castellano a tra-

---

23 *Idem.*

24 *Idem.*

vés de la emisión de un código civil, penal, o como la propia Constitución lo menciona, criminal y de comercio (artículos 249, 250 y 258).[25]

Había en la metrópoli un Tribunal Superior de Justicia que se encargaría de diversas cuestiones como: dirimir las controversias sobre competencias entre las diferentes audiencias del reino, juzgar a los Secretarios de Estado cuando las Cortes lo creyeran conveniente y conocer de sus causas, llevar los juicios de residencia de los empleados públicos, así como conocer de los recursos interpuestos dentro de los tribunales eclesiásticos. Debajo de aquel tribunal se encontraban las audiencias como última instancia para las causas civiles y penales sometidas a su jurisdicción (artículos 261 y 262). Debajo de las audiencias se encontraban los jueces de letras de los partidos cuyas facultades sólo se limitaban a lo contencioso y en los pueblos estaban los alcaldes que podían resolver asuntos menores (artículos 273-275).[26]

Sólo quedan dos elementos por rescatar de la impartición de justicia: la parte civil y la penal, la primera podía ser resuelta a través de jueces árbitros, elegidos por las partes, su sentencia era ejecutada si no se recurría a la apelación (artículos 280 y 281). Los alcaldes de los pueblos podían ser conciliadores por negocios civiles y por injurias y para entablar algún juicio primero se tenía que pasar por dicho mecanismo; asimismo, toda controversia tenía tres instancias (282-285).[27] Como se podrá ver, Cádiz estableció mecanismos alternativos para resolver las diferentes controversias del reino ante la carencia de jueces letrados y para que las partes pudieran resolver rápidamente sus asuntos.

En cuanto a la parte criminal, se establecieron algunos derechos que limitaban la arbitrariedad de las autoridades, por ejemplo: para que un español pudiera ser preso debía preceder por lo menos información sumaria de lo acontecido (artículo 287), se prohibía el uso de la tortura y las medidas de apremio, así como la pena de confiscación de los bienes y el allanamiento de las casas salvo que hubiera orden que cumpliera con los requisitos de ley (artículo 303, 304 y 306).[28]

Por último, habría que mencionar la estructura del gobierno interior de los pueblos y de las provincias del reino, el primero estaba encabezado por un Ayuntamiento compuesto por los alcaldes, los regidores y los pro-

---

25 *Idem.*

26 *Idem.*

27 *Idem.*

28 *Idem.*

curadores síndicos electos por votación (artículos 309 y 312); las funciones de los ayuntamientos consistían en materias de salubridad, seguridad, contributiva, educativa, hasta la protección de los hospitales y reparación de los caminos, calzadas y puentes que tuvieran los pueblos (artículo 321).[29]

Mientras que las provincias estaban gobernadas por la diputación provincial que, como ya se dijo líneas arriba, para alguna parte de la historiografía que estudia el siglo XIX, es un elemento importante para el establecimiento del federalismo en México. Pero volvamos al gobierno de las provincias, el político estaba encabezado por el jefe superior designado por el rey (artículo 324), mientras que también existía una diputación provincial cuya principal función fue promover la prosperidad. Se componía de un presidente, un intendente y siete individuos elegidos por los electores de los partidos (artículos 324-328).[30]

Las diputaciones provinciales tenían las siguientes funciones: intervenir y aprobar el repartimiento de las contribuciones, cuidar la buena inversión de los recursos públicos, establecer los ayuntamientos, promover la educación, fomentar la agricultura, la industria y el comercio, hacer el censo y las estadísticas de cada provincia y dar cuenta a las Cortes de las infracciones a la Constitución (artículo 335).[31] Como se podrá observar, las diputaciones provinciales tenían facultades muy amplias por lo que así operaron hasta que llegó la independencia y, como consecuencia, el pronunciamiento sobre la implantación del sistema federal.

No queda más que decir que además de lo antes descrito, el proyecto gaditano también contempló diversas regulaciones en materia de contribuciones, de la fuerza militar nacional, sobre la instrucción pública y en general respecto a la observancia de la Constitución, así como los medios para poder hacer variaciones.

3. PROYECTO INSURGENTE

El proyecto insurgente, desde la perspectiva jurídica, es sumamente rico. Se puede diferenciar por etapas, la primera abarca la dirección de Miguel Hidalgo en la que no hubo interés por formar instituciones en la Nueva España, mientras que la segunda inicia con la dirección de Ignacio

---

29 *Idem.*

30 *Idem.*

31 *Idem.*

López Rayón e incluyen los esfuerzos de dotar de autoridades por parte de José María Morelos y Pavón; entre los que se encuentran los Elementos Constitucionales del mismo Rayón de 1812, los Sentimientos de la Nación de Morelos leídos para 1813 y la Constitución de Apatzingán de 1814.

3.1. Elementos Constitucionales de Rayón

Para abril de 1812 cuando Ignacio López Rayón todavía ejercía un fuerte liderazgo dentro de la insurgencia y la Junta de Zitácuaro, declarada soberana, se había constituido con algunos otros liderazgos, emitió los *Elementos Constitucionales*, su contenido de 38 artículos suele ser un tanto confuso debido a que no hay una correcta explicación ni regulación de las diversas instituciones que se pretendían implantar, así como una deficiente técnica jurídica, sin embargo se reconoce el esfuerzo por tratar de establecer un gobierno dentro de la colonia imperante.

En cuanto al contenido de dichos elementos constitucionales, caben destacar los siguientes puntos: al igual que la mayoría de los documentos del país del siglo XIX, se establece a la religión católica como única sin que se pudiera profesar alguna más (artículo 1), mientras que el dogma de fe, es decir, los principios católicos eran defendidos por un tribunal (artículo 2),[32] no debe perderse de vista que el elemento religioso es una herencia de la estructura novohispana que paulatinamente se irá dejando atrás a partir del México independiente.

También se establecía la libertad e independencia de la América (artículo 4), para que después se mencione a la soberanía, la cual dimanaba del pueblo, residía en la figura de Fernando VII, situación que después fue materia de controversia con Morelos, y su ejercicio residía en el Supremo Congreso Nacional Americano (artículo 5), que estaba compuesto por cinco vocales nombrados por las provincias (artículo 7), entre los que destacaban: el mismo Rayón, José María Liceaga, José Sixto Verduzco y Morelos, sin que se nombrase al quinto miembro y más bien, este congreso fue heredero de la Junta de Zitácuaro constituida en 1811. Por otro lado, los elementos también mencionan que los vocales eran inviolables en el tiempo de su encargo y sólo podían ser procesados por alta traición.[33]

---

[32] Museo de las Constituciones, Elementos Constitucionales de Ignacio López Rayón [en línea], <https://museodelasconstituciones.unam.mx/wp-content/uploads/2021/02/Elementos-constitucionales-de-Ignacio-Lopez-Rayon-1812.pdf>, [consulta: 4 de mayo de 2021]

[33] *Idem.*

También se menciona que habría un Consejo de Estado para los casos en que se declarara la guerra y cuestiones relacionadas con la paz (artículo 15), además se instauró un Protector Nacional (artículo 17). Las funciones tanto del consejo como del protector no son muy claras, sólo se menciona que cuando se establecieran o derogaran leyes y cualquier asunto relacionado con la nación deberían proponerse ante el congreso por parte de dicho protector.[34]

Aquí la discusión histórica y jurídica es interesante porque Cristina Gómez recobra algunas opiniones en torno a las figuras antes mencionadas; por ejemplo, alude que para Ernesto de la Torre Villar, las tres instituciones eran parte del poder ejecutivo, mientras que para Moisés Guzmán, el protector era el encargado de dicho poder y para Marina Morgado éste compartía funciones legislativas con el congreso, la autora concluye afirmando que el ejecutivo lo ejercía el rey Fernando VII por lo que en los elementos se propuso una monarquía constitucional.[35] Desde nuestra perspectiva, no hay información suficiente para afirmar qué institución ostentaba cada poder debido a que no hay una regulación en cuanto a sus facultades. Lo que si es cierto es que los elementos propugnan por el establecimiento de la clásica división de poderes, ejecutivo, legislativo y judicial (artículo 21).[36]

El siguiente paso dentro del movimiento de independencia es reconocido como el de su máximo esplendor; Morelos fue el artífice de la producción jurídica y de los triunfos militares acontecidos principalmente en el sur de la Nueva España. En términos institucionales sabía que el congreso emanado de los *Elementos Constitucionales* estaba llegando a su fin. La propuesta de uno nuevo fue de Carlos María de Bustamante que, de acuerdo con el historiador Carlos Herrejón era "la señal de solución y cambio en la cúpula insurgente" dañada por los diversos conflictos entre ellos y por la previa detención de Liceaga.[37]

La convocatoria a este nuevo congreso empezó a circular el 28 de junio de 1813, con la intención de dar una vuelta a la hoja respecto a las institu-

---

34 *Idem.*

35 GÓMEZ, Cristina, *op. cit.*, p. 21.

36 Museo de las Constituciones, Elementos Constitucionales de Ignacio López Rayón [en línea], <https://museodelasconstituciones.unam.mx/wp-content/uploads/2021/02/Elementos-constitucionales-de-Ignacio-Lopez-Rayon-1812.pdf>, [consulta: 4 de mayo de 2021]

37 HERREJÓN PEREDO, Carlos, *Morelos. Revelaciones y enigmas*, México, COLMICH-Debate, 2019, p. 275.

ciones insurgentes previamente establecidas y formar un nuevo gobierno; en ella "mandaba que a la brevedad cada subdelegado, de acuerdo con el párroco, convocaran a los demás curas, comandantes de armas, autoridades de república de indios y vecinos principales para que eligieran un elector, que habría de concurrir a Chilpancingo el 8 de septiembre".[38]

Después de las elecciones para conformar al nuevo congreso, Morelos hizo su arribo a Chilpancingo entre el 8 y 9 de septiembre por lo que la apertura de las sesiones se dio hasta el día 14. Tres días antes de la apertura de sesiones se emitió el Reglamento del Congreso, que no sólo contenía normas relativas a la manera de actuar, sino que también abarcó temas como la división de poderes. Se mantenían los diputados que venían ejerciendo funciones dentro del Supremo Congreso Nacional Americano, es decir, Rayón, Verduzco y Liceaga continuaban con el encargo, más los que resultaron electos, entre los que destacan personajes importantes de la insurgencia como: José María Cos, Andrés Quintana Roo y Carlos María de Bustamante; la lista se complementaba con José María Munguía, Cornelio Zárate como su suplente y José Manuel Herrera. El mismo Herrejón llama la atención sobre la ausencia de representación de las provincias del norte y de Yucatán,[39] tal vez dicha carencia fue porque en esas regiones el movimiento insurgente no era muy amplio.

De acuerdo con el Reglamento del Congreso de Chilpancingo, el poder legislativo recaía en el congreso mismo (artículo 13), mientras que el Ejecutivo estuvo a cargo del designado como Generalísimo, puesto previamente dado a Morelos; el poder judicial estaba conferido a los tribunales existentes para ese momento, pero estaba abierto a la posibilidad de reformar, así como modificar "el absurdo y complicado sistema de los tribunales españoles".[40]

En la apertura del Congreso de Chilpancingo, también conocido como de Anáhuac, El Generalísimo Morelos dio su discurso inaugural, no es el objetivo reproducir todo el texto, sólo nos limitaremos a transcribir un par de citas para que se comprenda la magnitud de dicha institución. Las primeras palabras de Morelos fueron las siguientes: "Nuestros enemigos

---

38 *Ibidem*, p. 276.

39 *Ibidem*, p. 309.

40 Cámara de Diputados, Reglamento expedido por José María Morelos para la instalación, funcionamiento y atribuciones del Congreso [en línea], <http://www.diputados.gob.mx/sedia/biblio/virtual/regla/Reg_1813_sep11.pdf>, [consulta: 5 de mayo de 2021].

se han empeñado en manifestarnos hasta el grado de evidencia, ciertas verdades importantes que nosotros no ignorábamos, pero que procuró ocultarnos cuidadosamente el despotismo del gobierno bajo cuyo yugo hemos vivido oprimidos…"[41] Lo anterior denota la percepción sobre la presencia española y su régimen impuesto a través de los trescientos años. Más adelante, refiere a que "… el torrente de indignación que ha corrido por el corazón de los americanos los ha arrebatado impetuosamente y todos han volado a defender sus derechos, librándose en las manos de una providencia bienhechora que da y quita, exige y destruye los imperios según sus designios…",[42] la referencia no es menor porque atribuye a los pueblos americanos la capacidad de poder luchar en contra de gobiernos que buscaran menoscabar sus derechos con la finalidad de salvarse de un sistema político que no respondiera a su voluntad y más bien implicara un sometimiento.

3.2. Sentimientos de la Nación

Después que Morelos dio su discurso, se procedió a dar lectura a los *Sentimientos de la Nación* elaborados por él mismo. Ahí se contiene gran parte de su ideario político y vale la pena rescatar algunos puntos: se reafirma la libertad e independencia de América respecto de toda nación, gobierno o monarquía (artículo 1), se mantiene la religión católica como la única permitida (artículo 2) y sostenida por la propia jerarquía eclesiástica (artículo 4).[43]

Cuando se refiere a la soberanía, Morelos reafirmó que dimanaba del pueblo, por lo que se estableció una de corte popular, depositada en el Congreso de Chilpancingo (artículo 5), aquí hay que hacer notar que se separa de lo argumentado por Rayón que todavía hacía referencia a Fernando VII; además, hablaba de la clásica división de poderes: ejecutivo, legislativo y judicial (artículo 6),[44] sin profundizar qué instituciones eran las depositarias de cada poder, probablemente porque ya lo había hecho en el reglamento del congreso y se haría en la futura Constitución.

Estos primeros artículos establecían la estructura del gobierno que se pretendía establecer, a partir del artículo 9 existen postulados que reflejan

---

41 HERREJÓN PEREDO, Carlos, *Morelos. Revelaciones y enigmas, op. cit.*, p. 315.

42 *Idem.*

43 Instituto Nacional de Estudios Históricos de las Revoluciones de México, *Los Sentimientos de la Nación de José María Morelos*, México, INEHRM, 2013, p. 119-121.

44 *Idem.*

el pensamiento político y social de Morelos, por ejemplo: garantizar empleos a los americanos y permitir el acceso a extranjeros si demostraban virtudes (artículo 9 y 10); además de incluir algunos principios que se podría afirmar que siguen vigentes, como "moderar la opulencia y la indigencia, y de tal suerte se aumente el jornal del pobre, que mejore sus costumbres, alejando la ignorancia, la rapiña y el hurto" (artículo 12).[45]

También buscó la eliminación de los fueros al mencionar que las leyes generales eran para todos incluidos los "cuerpos privilegiados" (artículo 13), en otras palabras, buscaba eliminar los beneficios y privilegios otorgados a las corporaciones como la Iglesia y el ejército; además, se proscribió la esclavitud, el sistema de castas y se reafirmó la igualdad entre los individuos para que lo único que los diferenciara fuera "el vicio y la virtud" (artículo 15). Se aseguró el respeto a la propiedad y también se prohibió la tortura (artículos 17 y 18); por último, se quitaron los tributos e imposiciones que agobiaran a los americanos y sólo se estableció que cada individuo pagara el 5% de las semillas para que no oprimiera como lo hicieron con la alcabala y el estanco (artículo 22).[46]

Los Sentimientos de la Nación son el reflejo de las ideas de Morelos en cuanto al establecimiento de un gobierno alejado de España, pero también muestra un interés por tratar de solventar las diferencias sociales, económicas y políticas que la colonia había asentado a través de los últimos tres siglos. No queda más que decir que el pensamiento de Morelos no sólo tiende a lo político, también a lo jurídico y lo social.

Pero la labor jurídica y política no quedó ahí, el 6 de noviembre de 1813 el Congreso de Chilpancingo emitió el *Acta Solemne de la Declaración de Independencia de la América Septentrional* en la que "...quedaba rota para siempre jamás, y disuelta la dependencia del trono español...";[47] además, establecía que el congreso era el único facultado para emitir las mejores leyes, para hacer la guerra y la paz así como establecer alianzas con potencias extranjeras, incluso con la Iglesia, y declaraba como alta traición a todo acto que fuera en contra de la independencia.[48] Para Ernesto de la Torre Villar el acta representa "la culminación de un largo proceso social y político que llegaba a su fin, la determinación de un pueblo que había alcanzado la

---

45 *Idem.*

46 *Idem.*

47 *Idem.*

48 *Ibidem*, pp. 137-138.

mayoría de edad...".[49] No se comparte esa idea porque todavía le queda un gran tramo a la lucha, pero si fue un importante avance que fue frenado con la muerte de Morelos.

3.3. Constitución de Apatzingán

Sin embargo, la obra cumbre del Congreso de Anáhuac fue *El Decreto Constitucional para la Libertad de la América Mexicana,* sancionado en Apatzingán, debido a la persecución realista, el día 22 de octubre de 1814. Al igual que en los anteriores documentos independentistas, sólo se explicarán los principales puntos. La religión es un tema importante, por eso se estableció que la única profesada en el Estado sería la católica (artículo 1), también se concibe a la soberanía como la facultad de poder dictar las leyes y establecer la forma de gobierno que más conviniera, la cual era imprescriptible, inalienable e indivisible (artículos 2 y 3); además, residía en el pueblo y su ejercicio en el congreso y de acuerdo con lo establecido por la propia Constitución (artículo 5).[50]

En el tema de soberanía habría que rescatar dos elementos, primero, la soberanía se materializaba con el voto para la elección de diputados, este les pertenecía a todos los ciudadanos sin que mediara distinción de clase (artículo 6); segundo, la prohibición para impedir el uso de la soberanía y la negativa para aceptar cualquier "título de conquista" para legitimar el uso de la fuerza entre las naciones (artículo 9).[51]

Otro tema regulado por la Constitución de Apatzingán es la ciudadanía otorgada a todos aquellos que nacieran en la América (artículo 13) con obligaciones como respetar las leyes y las autoridades y la necesidad de contribuir al gasto público. Los extranjeros podían llegar a ser ciudadanos si profesaban la religión católica y no se opusieran a que la nación fuera libre (artículo 14); por último, la calidad de ciudadano se perdía por herejía, apostasía o "lesa nación" (artículo 15).[52] Es decir, el otorgamiento o pérdida de la ciudadanía giraba en torno a la independencia, el cumplimiento de las normas, así como el respeto al dogma de la religión católica.

---

[49] TORRE VILLAR, Ernesto de la, *La constitución de Apatzingán y los creadores del Estado mexicano,* 2° ed., México, UNAM-IIH, 2010, p. 47.

[50] *Ibidem,* pp. 380-381.

[51] *Idem.*

[52] *Ibidem,* pp. 381-383.

En cuanto a cómo se concibe la ley, no debe pasar desapercibido que hay una noción de igualdad ante ella con penas necesarias y proporcionales a las infracciones y vista como una expresión de la voluntad general (artículos 18-23). Por lo que hace a las libertades, están contenidas la igualdad, seguridad, propiedad y libertad como medios para obtener la felicidad del pueblo (artículo 24). Llama la atención cómo está regulada la seguridad porque se entiende a partir de los límites fijados por la ley a los poderes y la responsabilidad que los funcionarios públicos pudieran tener.[53]

También mencionaba que eran arbitrarios todos los actos de las autoridades en contra de los ciudadanos si no revestían las formalidades de la ley (artículo 28), se establecía la presunción de inocencia hasta que fuera declarado culpable (artículo 30) y se reconocía el derecho a ser escuchado y vencido en juicio (artículo 31). Además, protegían la propiedad al asegurar su inviolabilidad con excepciones como una inundación o la reclamación de ésta, incluso se aseveraba que todos los individuos tenían el derecho de poder adquirir propiedades sin limitaciones más que las establecidas en la ley. Por último, se garantizaba el goce y ejercicio de la libertad de imprenta y de expresar las ideas, las únicas restricciones estaban en atacar el dogma católico, que perturbara la tranquilidad pública y ofendiera el honor de alguna persona (artículo 32, 34 y 40).[54]

El siguiente punto a considerar es la división de poderes, de acuerdo con la Constitución de Apatzingán, habría tres: el Supremo Congreso Mexicano depositario de la soberanía y del poder legislativo, el Supremo Gobierno y el Supremo Tribunal de Justicia depositarios del poder ejecutivo y legislativo, respectivamente (artículo 44); el primero compuesto por diputados elegidos en cada una de las provincias (artículo 48), electos a través del voto; también se contemplaban diversas elecciones como las de parroquia, partido y de provincias; como se ha dicho anteriormente, es muy común que en el siglo XIX se establecieran diversas votaciones para la elección de los representantes (artículos 60-101).[55]

Entre las funciones del Supremo Congreso estaban las siguientes: elegir a los miembros de los dos poderes restantes, lo que implícitamente implicaba una preeminencia del poder legislativo por encima de los demás, nombrar a los embajadores y representantes ante el extranjero, examinar y

53 *Idem.*

54 *Idem.*

55 *Ibidem*, pp. 384-388.

discutir los proyectos de ley, sancionarlas, interpretarlas y derogarlas, también aquí hay que mencionar que no es raro que el legislativo tuviera la facultad de poder interpretar las normas que él mismo producía; además de declarar la guerra y establecer las condiciones para la paz, determinar las contribuciones así como el gasto para el gobierno constituido, aprobar las cuentas relacionadas con la hacienda pública, fomentar la industria y proteger la libertad de imprenta (artículos 102-122).[56]

El poder ejecutivo o denominado como el Supremo Gobierno debía ser colegiado al establecerse una composición de tres individuos con los mismos derechos, es decir, en igualdad de condiciones (artículo 132) con una renovación alternada y bajo la asistencia de tres secretarios dedicados a los rubros de guerra, hacienda y gobierno (artículo 134). Como se dijo anteriormente, corresponde al congreso la elección de los miembros del gobierno que, entre sus funciones se encontraban: "publicar" la guerra y hacer la paz así como celebrar los tratados y alianzas con las naciones extranjeras, organizar al ejército y las milicias nacionales, fomentar los talleres para la construcción de materiales de guerra como cañones o pólvora, cuidar que los pueblos tuvieran eclesiásticos para la administración de los sacramentos, esta función implicaba una injerencia del poder temporal en el espiritual junto a la ausencia de la separación de la Iglesia y el Estado, además podía hacer que se observaran los reglamentos de policía y proteger las libertades establecidas en la propia Constitución (artículos 159-165).[57]

Pero el gobierno también tenía limitantes, entre las que encontramos: no poder arrestar a cualquier persona por más de 48 horas, tampoco podía deponer a los empleados público salvo causa justificada ni conocer de asuntos judiciales, no observar las leyes emitidas por el congreso y se establecía el envío de informes además de planes a dicho cuerpo colegiado en materia hacendaria y de guerra (artículo 166-174).[58]

El poder judicial encabezado por el Supremo Tribunal de Justicia se compondría por cinco individuos electos por el congreso y renovados de manera escalonada; además, habría dos "fiscales letrados" encargados de las cuestiones civiles y penales (artículo 181-184). Las facultades de este tribunal eran las siguientes: conocer de asuntos relacionados con los gene-

---

56 *Ibidem*, pp. 389-390.

57 *Ibidem*, pp. 393-394.

58 *Ibidem*, pp. 394-395.

rales de división, con los secretarios del gobierno así como de los juicios de residencia de los empleados públicos, conocer de los recursos promovidos dentro del fuero eclesiástico y de las competencias de los tribunales inferiores, de asuntos relacionados con la remoción de servidores públicos, confirmar o revocar sentencias emitidas por los tribunales inferiores relativos al destierro o la muerte de los condenados, también, llevar en segunda o tercera instancia los asuntos civiles y penales de acuerdo con lo que establecieran las leyes secundarias (artículos 196-199). Un último punto importante, es que las sentencias se debían remitir al gobierno para que las ejecutara (artículo 204), es decir, se necesitaba la asistencia de otro poder para que las sentencias pudieran hacerse efectivas.[59]

Además, habían juzgados inferiores en cada partido nombrados por el gobierno y no por el Supremo Tribunal de Justicia, cuyas funciones se limitaban a la justicia menor y de policía; también se establecía que en los pueblos y las villas se mantenían los gobernadores, los ayuntamientos y demás autoridades mientras se nombraban nuevas, lo que implicaba el tránsito paulatino a una diferente administración de justicia hasta que el congreso resolviera los asuntos de dicho ramo. El gobierno también tenía la función de nombrar jueces eclesiásticos para que conocieran de asuntos civiles, penales y, evidentemente de dicha materia, mientras que los intendentes se dedicaron a los ramos de hacienda. Un punto que hay que rescatar es el mantenimiento de las leyes antiguas mientras se emitían unas nuevas para sustituirlas (artículos 205-211).[60]

El juicio de residencia es una figura novohispana que se mantenía dentro del proyecto insurgente.[61] Se establecía un tribunal compuesto de siete jueces elegidos también por el congreso, cuyas funciones pueden resumirse en las siguientes: recibir las acusaciones en contra de los funcionarios públicos, llevar el juicio que no debía durar más de tres meses, aunque la

---

59 *Ibidem*, pp. 395-397.

60 *Ibidem*, pp. 397-398.

61 Los juicios de residencia era un proceso enmarcado dentro de la monarquía hispánica como medio de control y supervisión de las gestiones de los funcionarios públicos, además de formar del sistema de pesos y contrapesos para la impartición de justicia. Se iniciaba a los que habían desempeñado cargos en los gobiernos de ciudades, villa y pueblos, así como las cabezas de los virreinatos. PONCE, Marianela, *El control de la gestión administrativa en el juicio de residencia al gobernador Manuel González Torres de Navarra*, Caracas, Italagráfica, 1985, p. 35. VALLEJO GARCÍA-HEVIA, José María, *Juicio a un conquistador. Pedro de Alvarado*, Madrid, Marcial Pons, 2008, pp. 75-80.

Constitución no establecía las penas en caso de ser encontrado culpable. Sólo se menciona que las sentencias también debían ser ejecutadas por el gobierno y que el tribunal se disolvería al concluir el proceso.[62]

Por último, la Constitución de Apatzingán contiene tres partes importantes, la primera es sobre la representación nacional que implicaba que el Congreso de Chilpancingo emitiera la convocatoria para la elección del nuevo congreso; segunda, la observación de la propia Constitución, aunque no se hubiera elegido la nueva representación y la tercera sobre la sanción y promulgación constitucional que permitía el establecimiento de las autoridades y el funcionamiento del reciente gobierno.[63]

Después de explicar el contenido de la Constitución de Apatzingán no queda más que mencionar que es un texto avanzado al proteger libertades individuales como la seguridad, la igualdad y la propiedad; además, de establecer un gobierno totalmente independiente de España con una estructura constitucional sólida y una clara división de poderes, en otras palabras, puede argumentarse que contienen un fuerte pensamiento político-social, situación que se observa desde los postulados emitidos por Morelos. En ese sentido, José Luis Soberanes menciona que esta Constitución por su "forma de exposición nos recuerda el estilo de las Siete Partidas, aquel código de Alfonso X El Sabio, cuando al dar cada norma, iba explicando el porqué, las causas, los motivos, la justificación. La Constitución de Apatzingán era, así, un texto didáctico, no solamente normativo, que enseñaba al pueblo";[64] pero también fue el primer gran texto constitucional elaborado por personas nacidas en América y que refleja el esfuerzo por tratar de consolidar la independencia y la separación de la metrópoli española.

Debido a las condiciones del conflicto insurgente, el Congreso de Chilpancingo siguió funcionando de manera itinerante hasta que el 5 de noviembre de 1815, Morelos fue aprehendido en un intento por tratar de cuidar la retaguardia del congreso; con esto finalizó lo que, desde nuestra perspectiva, fue la etapa de mayor esplendor de la independencia.

Diez días después Manuel Mier y Terán desconoció y disolvió al congreso, con ello iniciaba una etapa de resistencia donde se pueden reconocer

---

62 TORRE VILLAR, Ernesto de la, *La constitución de Apatzingán ..., cit.*, pp. 399-400.

63 *Ibidem*, p. 400-401.

64 SOBERANES, José Luis, "Decreto Constitucional para la Libertad de la América Mexicana, 1814. Análisis jurídico", en GALEANA, Patricia, comp., *México y sus Constituciones*, 2° ed., México, FCE, 2017, p. 61.

los liderazgos locales de: Pedro Moreno y José Antonio "El Amo" Torres en Guanajuato, Vicente Guerrero dentro de lo que hoy se conoce como la Sierra Madre del Sur, Guadalupe Victoria en Veracruz y la campaña de Francisco Xavier Mina, un español que desembarcó en Soto la Marina, Tamaulipas pero que no pudo llegar más allá de tierras guanajuatenses, además de la Junta de Jaujilla en Michoacán que no logró consolidar un proyecto y más bien fue uno de los intentos por mantener con vida el movimiento independentista.

4. EL FIN DE LA INDEPENDENCIA

Así, llegará el año de 1819, con una sociedad colonial y metropolitana influida bajo ideas liberales, en específico, en España "la clase media instruida, consciente de su valor y más politizada aspiraba al cambio. Letrados, eclesiásticos y militares influidos por el liberalismo, la masonería y la ilustración, que también renovaba la teología, estaban dispuestos a los cambios".[65] Por ello, un sector militar español encabezado por Rafael del Riego hizo en enero de 1820 un pronunciamiento en Sevilla por el regreso de la Constitución de Cádiz y el abandono del absolutismo que Fernando VII había establecido para 1814 cuando desconoció el proyecto gaditano. Con ello se instauró lo que en la historiografía se conoce como el trienio liberal que va de 1820 a 1823.

Evidentemente, este suceso agitó los escenarios políticos en la Nueva España, tanto en la insurgencia como en el bando realista. Criollos y mestizos apoyaron el regreso del texto gaditano y los españoles peninsulares renegaron de él por sus propios intereses y empezaron a conspirar para favorecer el proceso emancipador. Dentro de este contexto debe mencionarse a las reuniones que se hicieron en la iglesia de La Profesa (en el centro de la Ciudad de México), llevadas a cabo por personas acaudaladas y con influencia política. Entre los conspiradores encontramos a personas como Miguel Bataller que en 1808 se había opuesto a las propuestas de un gobierno autónomo dentro del Ayuntamiento de la Ciudad de México, también estaban Manuel de la Bárcena, clérigo opuesto a la independencia, Juan José Espinosa de los Monteros y Juan Cruz Ruiz de Cabañas obispo de Guadalajara, otro miembro del clero que se opuso a la emancipación.

---

65 TORRE VILLAR, Ernesto de la, *La independencia de México*, *op. cit.*, p. 124.

Hasta aquí se puede decir que la conspiración de La Profesa fue un movimiento donde participaron detractores de la separación de España, pero que, para 1820 la favorecieron porque el regreso del proyecto gaditano no convenía a sus intereses. En ese sentido, empezaron negociaciones con Agustín de Iturbide, al final nombrado Jefe de los Ejércitos del Sur para combatir a Vicente Guerrero que seguía oculto y luchando en las montañas sureñas. La estrategia iturbidista consistió en acercarse a la resistencia independentista para negociar la separación; a través de un intercambio epistolar se empezó a fraguar el encuentro entre los dos insurgentes.

4.1. Plan de Iguala y los Tratados de Córdoba

Después de la reunión celebrada en territorios sureños entre Guerrero e Iturbide, se acordó emitir el Plan de Iguala, entre lo más destacado podemos mencionar lo siguiente: la religión católica es la única tolerada (artículo 1), se reafirma la independencia de la Nueva España (artículo 2) con un gobierno monárquico moderado (artículo 3), el emperador sería Fernando VII, sino aceptaba serían llamados el Infante Carlos, Francisco de Paula, el Archiduque Carlos o cualquier individuo de la casa reinante que el congreso creyera conveniente (artículo 4).[66]

También el plan señalaba que mientras las Cortes se reunían se debía constituir una junta para cumplir con su contenido (artículo 5) y mientras Fernando VII llegaba a gobernar lo haría dicha junta o una regencia (artículo 7). También se señalaba que el Ejército de las Tres Garantías sostendrían el gobierno (artículo 9) con la finalidad de conservar la religión, la independencia y la unión (artículo 16). Además, estipulaba que las mismas cortes debían emitir la Constitución (artículo 11).[67]

El Plan de Iguala tiende a regular más la estructura del Estado pero contiene pocas libertades, sólo se menciona que todos los habitantes de la Nueva España sin importar origen o casta eran ciudadanos con opción a conseguir empleo de acuerdo con los méritos y las virtudes (artículo 12); además, se establecía que las personas y sus propiedades serían respetadas por el gobierno (artículo 13), asimismo se mantenía el fuero hacia el clero (artículo 14) y, por último, se instruía a que la junta cuidara todos los em-

---

66 Orden Jurídico Nacional, Plan de Iguala [en línea], <http://www.ordenjuridico.gob.mx/Constitucion/1821A.pdf>, [consulta 6 de mayo de 2021].

67 *Idem.*

pleos civiles, políticos, eclesiásticos y militares, ya que sólo serían removidos los que estuvieran en contra del plan (artículo 15).[68]

La campaña independentista siguió ganando partidarios, mientras en España con el regreso de Cádiz se nombró a Juan O´Donojú como Jefe Político y Superior de la Nueva España. Llegó a Veracruz y de ahí pasó a Córdoba donde se reunió con Iturbide para que con fecha 24 de agosto de 1821 firmaran los Tratados de Córdoba; entre su articulado destacan los siguientes puntos: la independencia de América, se constituiría el Imperio Mexicano (artículo 1) con un gobierno monárquico, constitucional y moderado (artículo 2), muy parecido a lo que decía el Plan de Iguala. Al mismo tiempo se llamaba a reinar a Fernando VII, sino podía daba una lista de sucesores y si nadie aceptaba el emperador sería nombrado por las Cortes (artículo 3).[69]

Mientras llegaba el emperador a gobernar se designaría una Junta Provisional Gubernativa compuesto de hombres "virtuosos", en su instalación se haría un manifiesto con los motivos para la reunión y nombraría una regencia compuesta de tres personas en las que residiría el poder ejecutivo para que gobernara en nombre del monarca a lado de la junta y convocara a las elecciones para la conformación de las cortes depositarias del poder legislativo (artículos 6-14).[70]

Por último, aseguraba una serie de libertades para las personas como la libre capacidad para poder trasladar sus fortunas a donde creyeran conveniente. También habría la posibilidad para que los europeos pudieran quedarse en el nuevo imperio o regresar a España según sus propios intereses; mientras que los empleados públicos y militares opositores a la independencia sólo tenían la opción de salir del territorio mexicano. Por último, se establecía la necesidad de ocupar la Ciudad de México por la vía pacífica y se comisionaba a Juan O´Donojú para que negociara la capitulación (artículos 15-17),[71] situación que aconteció hasta el 27 de septiembre de 1821. Con ello se daba por terminado el periodo colonial de tres siglos, una lucha de once años por lograr la separación de la metrópoli y se daba paso a un país independiente con su gobierno y un sistema jurídico propios.

---

68 *Idem.*

69 Instituto de Investigaciones Jurídicas, UNAM, Plan de Iguala y Tratados de Córdoba. Agustín de Iturbide 1821 [en línea], <https://archivos.juridicas.unam.mx/www/bjv/libros/6/2713/31.pdf>, [consulta: 7 de mayo de 2021].

70 *Idem.*

71 *Idem.*

4.2. Acta de Independencia de 1821

Ya que el Plan de Iguala y los Tratados de Córdoba se habían emitido pronto fueron secundados por las guarniciones, las plazas y las corporaciones a lo largo del virreinato, por lo que la independencia prácticamente estaba asegurada y consolidada.[72] Por lo tanto el Ejercito Trigarante entró a la Ciudad de México el 27 de septiembre de 1821 para consumar la independencia.

Al siguiente día se instauró la Junta Provisional Gubernativa que procedió a emitir el Acta de Independencia, que puede considerarse una declaración expresa sobre la separación de la extinta metrópoli española en la que se declararon "por medio de la junta suprema del imperio: que es nación soberana e independiente de la antigua España, con quien en lo sucesivo no mantendrá otra unión que la de una amistad estrecha".[73] Además facultaba constituir el nuevo imperio a partir de lo señalado por el Plan de Iguala y los Tratados de Córdoba.

El Acta de Independencia fue firmada por Agustín de Iturbide, Miguel Guridi y Alcocer, representante de América ante las Cortes de Cádiz, Anastasio Bustamante, antiguo general realista, Juan Francisco de Azcárate, participante en el movimiento autonomista del Ayuntamiento de la Ciudad de México en 1808 y Manuel Sánchez de Tagle, por mencionar a algunos de los participantes. La misma junta se atribuyó el ejercicio de la soberanía y delegó su poder en una Regencia presidida por el propio Iturbide. Así, México transitaba a la independencia.

CONCLUSIONES

A modo de conclusión, se puede afirmar que la producción normativa durante la independencia fue basta y ayudó a constituir el sistema jurídico mexicano, no debe pasar inadvertido que desde 1808 hubo intentos de formar un gobierno autónomo por la invasión napoleónica a la metrópoli, cuyos autores fueron Primo de Verdad, Talamantes y Azcárate. También pueden enunciarse las proclamas de Miguel Hidalgo que afirman la nece-

---

72 FOWLER, Will (coord.), *Gobernantes mexicanos,* t. I, 1821-1910, México, FCE, p. 31.

73 TENA, Felipe, Leyes fundamentales de México. 1808-2017, 25° ed., México, Porrúa, 2017, p. 123.

sidad de un gobierno nacional dirigido por mexicanos y la declaración de la abolición de la esclavitud junto con otras cargas.

Después, para 1812 hay dos instrumentos jurídicos de relevancia; el primero es la *Constitución de Cádiz* elaborada con una fuerte participación de diputados novohispanos como Ramos Arizpe y Guridi, con importantes tendencias liberales reflejadas en el otorgamiento de derechos a las antiguas colonias, hasta el establecimiento de límites al poder ejercido por el monarca. Mientras que el segundo son los *Elementos Constitucionales* elaborados por Ignacio López Rayón, con una declaración de independencia, pero con una continuidad en el reconocimiento de Fernando VII como depositario de la soberanía, situación que mantuvo en conflicto con Morelos.

Sin embargo, desde nuestra perspectiva el periodo de mayor esplendor en cuanto a ideas jurídicas, políticas y sociales es a partir de 1813 cuando Morelos se hizo el referente independentista con la creación de sus *Sentimientos de la Nación* como una proyección de su ideario porque no se limitaba a reconocer la independencia sino hay todo un pensamiento social al postular, por ejemplo, la moderación entre la opulencia y la indigencia. El siguiente año será crucial para el desarrollo del movimiento emancipador al darse la conformación del Congreso de Chilpancingo a propuesta de Carlos María de Bustamante, cuya principal misión fue la discusión y redacción de la *Constitución de Apatzingán*.

Esta Constitución es importante porque es la primera elaborada por representantes de América sin la injerencia de la metrópoli española. Además, también contienen ideas liberales al establecer una división de poderes, la protección de libertades individuales como la libertad, la igualdad, la seguridad y la propiedad; además, no debe olvidarse que también regula instituciones como la soberanía y la ciudadanía.

Después de la muerte de Morelos en 1815 y con una crisis vivida dentro de la insurgencia, para 1820 regresa el proyecto gaditano en España, por ello en 1821 se emiten el Plan de Iguala y los Tratados de Córdoba con tendencias imperialistas y con una oferta de la corona para Fernando VII, lo que abrió paso a la consolidación de todo el proceso independentista.

Más allá de las diferentes interpretaciones historiográficas sobre la insurgencia; lo cierto es que dicho movimiento está inserto dentro de un mundo que está dejando atrás el antiguo régimen basado en la diferenciación social y en los poderes ilimitados del soberano y se está transitando a uno nuevo basado en reglas establecidas en la Constitución, con el respeto a las libertades individuales. Además, es innegable que fue un proceso que dio paso a la construcción del Estado mexicano y el inicio del desarrollo de todo el sistema jurídico nacional.

FUENTES

ÁVILA, Alfredo y Virginia GUEDEA, *La independencia de México. Temas e interpretaciones*, México, UNAM, 2010.

BENSON, Nattie Lee, *La diputación provincial y el federalismo mexicano*, 3° ed., México, COLMEX, 2012.

GALEANA, Patricia, comp., *México y sus Constituciones*, 2° ed., México, FCE, 2017.

GÓMEZ, Cristina, "El liberalismo en la insurgencia novohispana: de la monarquía constitucional a la república, 1810-1814", en *Secuencia. Revista de historia y ciencias sociales*, núm. 89, mayo-agosto, 2014.

GUERRA, François-Xavier, *Modernidad e independencias. Ensayos sobre las revoluciones hispánicas*, México, FCE-MAPFRE, 1993.

HERREJON PEREDO, Carlos, *La ruta de Hidalgo*, México, INEHRM, 2011.

————————, *Morelos. Revelaciones y enigmas*, México, COLMICH-Debate, 2019.

Instituto Nacional de Estudios Históricos de las Revoluciones de México, *Los Sentimientos de la Nación de José María Morelos*, México, INEHRM, 2013.

PANTOJA MORÁN, David, *Las bases del constitucionalismo mexicano. La constitución de 1824 y la teoría constitucional*, México, FCE, 2017.

PÉREZ DE LOS REYES, Marco Antonio, *Historia del Derecho Mexicano*, México, Oxford University Press, 2017.

PONCE, Marianela, *El control de la gestión administrativa en el juicio de residencia al gobernador Manuel González Torres de Navarra*, Caracas, Italagráfica, 1985.

RIVA PALACIO, Vicente, Juan DE DIOS ARIAS, Alfredo CHAVERO, *et. al*, *México a través de los siglos. Historia general y completa del desenvolvimiento social, político, religioso, militar, artístico, científico y literario de México desde la antigüedad más remota hasta la época actual*, t. VIII. "La Guerra de Independencia", México, Editorial Cumbre, 1987.

TORRE VILLAR, Ernesto de la, *La constitución de Apatzingán y los creadores del Estado mexicano*, 2° ed., México, UNAM-IIH, 2010.

————————, *La independencia de México*, 2° ed., México, FCE-MAPFRE, 1992.

VALLEJO GARCÍA-HEVIA, José María, *Juicio a un conquistador. Pedro de Alvarado*, Madrid, Marcial Pons, 2008.

Ordenamientos jurídicos consultados

Cámara de Diputados, Constitución de Cádiz, 1812 [en línea], <http://www.diputados.gob.mx/biblioteca/bibdig/ const_mex/ const_cadiz.pdf>, [consulta: 03 de mayo de 2021].

———————, Reglamento expedido por José María Morelos para la instalación, funcionamiento y atribuciones del Congreso [en línea], <http://www.diputados.gob.mx/sedia/biblio/virtual/regla/Reg_1813_sep11.pdf>, [consulta: 5 de mayo de 2021].

Instituto de Investigaciones Jurídicas, UNAM, Plan de Iguala y Tratados de Córdoba. Agustín de Iturbide 1821 [en línea], <https://archivos.juridicas.unam.mx/www/bjv/libros/6/2713/31.pdf>, [consulta: 7 de mayo de 2021].

Museo de las Constituciones, Elementos Constitucionales de Ignacio López Rayón [en línea], <https://museodelasconstituciones.unam.mx/wp-content/uploads/2021/02/Elementos-constitucionales-de-Ignacio-Lopez-Rayon-1812.pdf>, [consulta: 4 de mayo de 2021].

Orden Jurídico Nacional, Plan de Iguala [en línea], <http://www.ordenjuridico.gob.mx/Constitucion/1821A.pdf>, [consulta 6 de mayo de 2021].

Unidad 7. El Derecho Mexicano en el siglo XIX

INTRODUCCIÓN

Una de las características más importantes de este periodo del siglo XIX, que abarca desde el año 1821 hasta 1880, es que este comienza con el primer imperio mexicano y concluye con la llegada de Porfirio Díaz al poder. En la historia de nuestro derecho mexicano el país cuenta con dos estatutos de imperio, uno de 1822 y otro de 1865; dos Constituciones Federales, la de 1824 y la de 1857; con una influencia liberal muy marcada y, finalmente, dos Constituciones Centralistas, la de 1836 y la de 1843. Es importante tomar en cuenta que en este periodo histórico y jurídico se llevan a cabo políticas y leyes para la separación del Estado y la Iglesia, con la expedición de las Leyes de Reforma, que será un punto principal para la consolidación del Estado mexicano.

También en dicho periodo México va a perder más de la mitad de su territorio ante los Estados Unidos de Norteamérica, la intervención francesa, la separación temporal de Yucatán y la separación definitiva de Texas y el reconocimiento de independencia por parte de la corona española.

1. EL PRIMER IMPERIO MEXICANO

Con base en el Tratado de Córdoba del 24 de agosto de 1821, firmado por Agustín de Iturbide y Juan de O'Donojú, ultimo virrey de la Nueva España, tras la entrada en la capital el 27 de septiembre de 1821, se constituyó la Soberana Junta Provisional Gubernativa con facultades legislativas, con Iturbide como presidente. Este organismo convocó a un congreso constituyente con la representación de todas las provincias; además de que la junta nombró a una regencia con funciones ejecutivas conformada por cinco miembros y cuya cabeza también era Iturbide.

El 28 de septiembre de 1821 se instaló la regencia compuesta por Agustín de Iturbide, Manuel de la Bárcena, Isidro Yáñez, Manuel Velázquez de León y Juan O'Donojú. A la muerte de O´Donojú, el 8 de octubre del mismo año, la regencia eligió al obispo de Puebla, Antonio Joaquín Pérez, como parte de dicho órgano. Junto con Iturbide e Isidro Yáñez formaron la segunda regencia que gobernó desde el citado día 11 de abril hasta el 18 de mayo 1822.

1.1. Organización

La Junta Provisional Gubernativa, en la cual se convocó al congreso constituyente, el 24 de febrero de 1822, con el objeto de organizar la administración, se dividió en:

1. Ejecutivo (en la Regencia).
2. Legislativo (en la Corte).
3. Judicial (en los Tribunales).

Desde el principio de este periodo histórico en México se contaba con dos posturas políticas muy diferentes para gobernar dicho país:

1. Los Iturbidistas, quienes mantenían los principios del Plan de Iguala y, apoyados en el Tratado de Córdoba, querían un emperador, para cuyo puesto proponían a Agustín de Iturbide.
2. Anti iturbidistas, quienes no admitían el Plan de Iguala, ni el Tratado de Córdoba y se dividían en tres fracciones:
    1. Los Borbonistas, cuyo candidato imperial sería un representante de la casa de Borbón española, Fernando VII.
    2. Republicanos, formados por los antiguos insurgentes, quienes querían formar una república similar a los Estados Unidos de Norteamérica.
    3. Progresistas: eran liberales en materia religiosa y política.

El 18 de mayo de 1822, los miembros del regimiento de Celaya se lazaron a las calles de la Ciudad de México, alardeando el nombre de Agustín de Iturbide como emperador. Este movimiento contó con el apoyo de la mayor parte del ejército y del pueblo, quienes presionaron a los diputados para que designaran al ex realista como máxima autoridad del imperio. El 19 de mayo de 1822 fue proclamado emperador bajo el nombre de Agustín I. El 21 de julio del mismo año se llevó a cabo la ceremonia de coronación del emperador y la emperatriz en el templo de la profesa.

El congreso no dejó de oponerse a muchas de las medidas propuestas por Iturbide y trató de limitar sus facultades para que se respetaran las atribuciones de los legisladores; es decir, para que se acatara la independencia entre poderes. Una de las problemáticas subyacentes a este conflicto consistía en que algunos diputados eran republicanos y muchos de ellos contaban con apoyos en las logias masónicas que trataban de dar un golpe de Estado a Iturbide.

La primera conspiración contra el imperio se descubrió en agosto de 1822. En ella estaban involucrados varios miembros del Congreso, como Miguel Ramos Arizpe, Fray Servando Teresa de Mier y Carlos María de Bustamante. Después de este descubrimiento, Valentín Gómez Farías y el emperador ordenaron la disolución del Poder Legislativo y el establecimiento de la Junta Nacional Instituyente, organismo suplente que tendría las tareas de organizar un nuevo congreso constituyente que redactaría la Constitución, legislaría en materia de colonización de extranjeros y resolvería la crisis de hacienda.

Los levantamientos en contra del imperio no cesaron, por el contrario, se incrementaron. El 2 de diciembre de 1822 se organizó en Veracruz un movimiento armado encabezado por Antonio López de Santa Anna; el plan que él proclamó, la ideología republicana, mantenía el respeto a las tres garantías, pedía el restablecimiento del Congreso, planteaba un armisticio con las tropas españolas de San Juan de Ulúa, así como derechos de libre comercio, estos últimos eran intereses fundamentales para los habitantes de Veracruz. Este Plan de Veracruz fue escrito por Miguel de Santa María y firmado por Santa Anna y Guadalupe Victoria el 6 de diciembre de 1822. El plan tuvo cada vez más seguidores, entre quienes había antiguos insurgentes como Nicolás Bravo y Vicente Guerrero. Para el 1 de febrero de 1823 se firmó el Acta de Casa Mata, que proponía desconocer a Agustín de Iturbide como emperador, disolver el congreso, establecer la Junta Nacional Constituyente y convocar a elecciones. Este plan fue realizado por los generales Felipe Garza, Antonio López de Santa Anna, Nicolás Bravo y Vicente Guerrero.

Iturbide decidió reinstalar el congreso para evitar una guerra civil, pero no contaba con que el primer asunto que discutiría el Poder Legislativo sería su permanencia en el gobierno. Como resultado de dicho plan, Iturbide abdicó como emperador ante la corte el 7 de marzo de 1823 y el 19 de dicho mes fue exiliado a Europa. El 7 de mayo de 1824, el congreso constituyente de México declaró a Iturbide traidor de la patria, situación que ignoraba el consumador de la independencia de México. En julio del mismo año, desembarcó en Soto la Marina con el objetivo de dar a conocer los planes de reconquista que tenía Fernando VII. Iturbide fue aprehendido, juzgado y ejecutado en Tamaulipas.

1.2. Documentos Fundamentales del Primer Imperio

Siendo coronado Agustín de Iturbide como emperador en 1822 dictó el Reglamento Político Provisional del Imperio Mexicano. En realidad, a este respecto debe hablarse de un proyecto de reglamento, porque jamás se promulgo, ni siquiera se terminó de distribuir en el seno de la Junta Nacional Instituyente. De acuerdo con la idea de Iturbide, este proyecto debía derogar el texto de la Constitución de Cádiz de 1812 y debía servir como una Constitución para la consolidación, legitimación y funcionamiento de su imperio.

Este proyecto contaba con 100 artículos, ordenados como si se tratara de un texto constitucional, también estaba divididos en ocho secciones, las cuales a su vez se dividían en capítulos y éstos en artículos. Los puntos más importantes de dicho ordenamiento jurídico eran:[1]

1. El Poder Ejecutivo, en manos del emperador y una casa reinante; dicha corona era hereditaria.
2. El Poder Judicial, representando por los tribunales del imperio.
3. El Poder Legislativo, el congreso, el cual constaba de dos cámaras.
4. El Territorio del imperio estaría formado por departamentos.
5. La Religión Católica Apostólica y Romana sería la única en el imperio con exclusión de cualquier otra.
6. El Gobierno sería una monarquía moderada constitucional y el país se denominaría Imperio de México.
7. Se declaró la igualdad de derechos civiles de todos los habitantes libres del imperio.
8. El clero secular y regular conservaba sus fueros y privilegios, y podía reinstalar a las órdenes de hospitalarios y de los jesuitas en aquellos lugares en los que tuvieran presencia.
9. Confiere la nacionalidad mexicana a todos los habitantes del imperio y el voto a los extranjeros que hayan prestado servicios al país.
10. Se establece la división tripartita del poder con el Ejecutivo, Legislativo y Judicial.

Así mismo existía cuatro ministerios que eran Interior y de Relaciones Exteriores; de Justicia y de Negocios Eclesiásticos; de Hacienda, de Guerra y Marina.

---

1 Cfr. Pérez De los Reyes Marco Antonio, Historia del Derecho Mexicano, Volumen 3, Oxford University Press, 2003, p. 6-7.

1.3. Advenimiento del régimen Republicano

El 1 enero de 1823 Antonio López de Santa Anna se pronunció en Veracruz por la república. Iturbide envió de inmediato tropas imperiales al mando del general Echavarri para aprehenderlo. Pero el comandante, a su vez, se pronunció con el Plan de Casamata, que no apoyaba el levantamiento de Santa Anna a favor de la república, sino que pedía solamente elecciones para reunir un nuevo congreso. El 4 de marzo de 1823 Iturbide convocó al Congreso que él mismo había disuelto meses antes, y ante él presentó su abdicación. Por lo tanto, el congreso decidió dejar al Ejecutivo, el Supremo Poder Ejecutivo, en manos de tres personas: los generales Pedro Celestino Negrete, Guadalupe Victoria y Nicolás Bravo.

La fragmentación del país parecía inevitable por el deseo de autonomía de las provincias. El 16 de junio, el general Luis Quintanar jefe político de Guadalajara, declaró que, ante la inexistencia de un gobierno nacional, la nación volvía a su estado natural. El 1 de julio, Centroamérica votaba su separación de México. Chiapas hizo lo mismo y se proclamó independiente hasta septiembre de 1824, fecha en que decidiría unirse nuevamente a México. El estado de Yucatán abrió la puerta a una solución a firmar que permanecería unido a México si se adoptaba el federalismo. Algunos estados querían separase y erigirse en países autónomos, muchos grupos empezaba a pedir la expulsión de los españoles, y otros conspiraban para traer de nuevo al emperador al gobierno.

Para fines de 1823 se reunió el nuevo Congreso. Con un dominio de los federalistas como Miguel Ramos Arizpe, que era el dirigente más importante del grupo federalistas, que empezó a publicar el periódico El Águila Mexicana para hacer propaganda de las ideas federalistas.

También hubo un grupo de centralistas, entre los que se encontraba Lucas Alamán y Carlos Maria de Bustamante. Los centralistas manifestaban que era necesario evitar un cambio y sostenían que la república centralista era la transición natural y necesaria entre la colonia y una vida autónoma. También publicaban un periódico llamado El Sol. En 1823, la mayoría de la Diputación Provisional estaba por el federalismo, y su adopción en aquel momento salvo la integridad territorial del país.

2. EVOLUCIÓN DEL MOVIMIENTO CONSTITUCIONAL DECIMONÓNICO

Al disolverse la monarquía, las ideas republicanas comenzaron a tener mayor presencia en los círculos políticos. El congreso resolvió hacerse

Constituyente para redactar una Constitución que organizara jurídicamente a México; mientras se estableció un gobierno provisional formado por Nicolás Bravo, Guadalupe Victoria y Pedro Celestino Negrete. Durante esta administración, que duró hasta octubre de 1824, se comenzó a tener el reconocimiento internacional de países recién independizados. Los países sudamericanos como Colombia, Chile y Perú empezaron a tener acercamientos diplomáticos. Estados Unidos también fue una de las primeras naciones que reconocieron a México, aunque no sería hasta 1825 cuando fue enviado su primer representante, Joel R. Poinsett. Los países europeos iniciaron sus contactos a través de tratados comerciales, así sucedió con la Gran Bretaña en 1825, con los Países Bajos en 1827 y con Francia en 1830; no obstante, otros países europeos se resistían a reconocer la independencia mexicana.

La llamada Santa Alianza, formada por Rusia, Prusia y Austria defendía la postura del absolutismo monárquico y, por lo tanto, la posibilidad de recuperar los territorios emancipados de las potencias europeas, posición que fue apoyada por Fernando VII de España, quien, en 1823, logró terminar con el gobierno liberal en su país, y, como resultado, estableció la monarquía absolutista y comenzó a planear la reconquista de los territorios iberoamericanos.

Constituciones Federales y Constituciones Centrales

El congreso constituyente llevó a cabo la discusión en torno a qué tipo de república era la que México adoptaría como forma de gobierno: centralista o federalista. La república centralista se caracterizaba por un poder fuerte que tomaría todas las decisiones políticas desde el centro. Esta fórmula la defendían hombres como Lucas Alamán.

La república federalista apoyaba la idea de que cada provincia tuviera un gobierno autónomo, aunque dependiera de un poder federal que sólo dictaría las medidas fundamentales para garantizar la unión del país. Esta alternativa era propuesta por los diputados Miguel Ramos Arizpe y Lorenzo de Zavala.

Esta decisión del Congreso respondió, sobre todo, a los sucesos fuera del recinto legislativo, como las provincias de Jalisco y Zacatecas que desconocieron al Congreso; por su parte, Querétaro, Michoacán, San Luis Potosí y Guanajuato solicitaron el establecimiento de otro organismo legislativo, mientras que Centroamérica se separó de México desde que Iturbide dejó el trono. Estos países formaron las Provincias Unidas de Centroamérica el

1 de julio de 1823, con capital en Guatemala; Chiapas no quiso seguir a Guatemala y se anexó a México en septiembre de 1824.

El 31 de enero de 1824 se promulgó un acta constitutiva que declaraba que el gobierno mexicano sería el de una República Representativa, Popular y Federal, cuya capital sería la Ciudad de México, que adquiriría el nombre oficial de Distrito Federal. Finalmente, el 4 de octubre de 1824, se publicó la primera constitución federal vigente de México, en la cual los 19 estados tendrían una autonomía política. En el ámbito estatal y federal.

Los puntos más importantes de dicha Constitución fueron:[2]

1. El gobierno se organizaría en tres poderes: Ejecutivo, Legislativo y Judicial.
2. El Poder Ejecutivo tendría los cargos de presidente y vicepresidente.
3. El Periodo gubernamental duraría de cuatro años.
4. La Religión Católica era la oficial.
5. El Poder Legislativo sería bicameral, cámara de diputados y senadores.
6. El Poder Judicial sería representado por los tribunales y la Suprema Corte de Justicia.

Esta Constitución de 1824 estaba dividida en 7 títulos y un total de 171 artículos; en ella se vería la influencia norteamericana en la formación de los Estados y también en la cuestión del presidente y vicepresidente; por otro lado, la influencia española se vería en los asuntos de posesión de la tierra y religión. En esta república federal se creó la Tesorería General de la Nación para poder recaudar impuestos y permitir la apertura de los puertos para tener mayores ingresos aduanales; se fundó la Junta de Instrucción Pública y el Museo Nacional. Por último, en materia judicial se inauguró la Suprema Corte de Justicia, uno de los tres organismos fundamentales para el gobierno. En este periodo México contaría con el primer presidente federal, Guadalupe Victoria.

Cabe destacar que los sentimientos anti —hispanistas empezaron a incrementar durante este periodo; por un lado, a pesar de haber obtenido la independencia, que pretendía unir a todos los grupos sociales, el resentimiento contra los españoles no fue erradicado. Además, comenzaron a

---

[2] Cfr. Individuo, Sociedad y Derecho, Colección Humanidades UNITEC, Universidad Tecnológica de México, 2001, p. 113.

incidir en la vida política las logias masónicas que fungieron como partidos políticos durante buena parte del siglo XIX; las dos más importantes fueron la escocesa y la yorkina.

En diciembre de 1827 se promulgó una Ley Federal de Expulsión de Españoles, de la que estaban exceptuados los casados con naturales de este país, los que tuvieran hijos mexicanos, los mayores de 60 años y los impedidos físicamente. Las consecuencias fueron negativas, sobre todo para los comerciantes españoles a los que se atacó constantemente, por lo que el congreso federal sólo aplicó esta ley a aquellos que se declararan abiertamente en contra del gobierno mexicano y a los militares que hubieran llegado después de 1821.

Vicente Guerrero, siendo presidente de la República Federal, decretó el 20 de marzo de 1829 la definitiva Ley de Expulsión de los Españoles del Territorio Nacional, la cual debía aplicarse a la totalidad de este grupo sin tomar en cuenta condición física, edad o postura política. Asimismo, Guerrero enfrentó algunos problemas con los estados de la república al negarse a pagar las nuevas cargas hacendarias; sus opositores demandaban la remoción de algunos de sus ministros. El 4 de diciembre de 1829, Anastasio Bustamante o a conocer el Plan de Jalapa, el cual hablaba de sustituir el federalismo por un régimen central, con la exigencia de que Guerrero dimitiera las facultades extraordinarias que el Congreso le había concedido. Asimismo, este plan pretendía convocar sesiones extraordinarias, y pedir la remoción de todos los ministros y demás funcionarios del sistema federal.

No obstante, los federalistas deferían este tipo de medidas y varios de ellos formaron el primer partido político de México: el Partido del Progreso. Entre sus fundadores estaban José María Luis Mora, Luis de la Rosa y Valentín Gómez Farías, quienes eran liberales radicales y estaban a favor de una completa libertad de expresión, así como de la abolición de la pena de muerte y de los privilegios que tenían los miembros del clero y el ejército; también proponían la creación de pequeños y medianos propietarios para que la riqueza se distribuyera mejor.

A finales de la primera República Federal en 1833, por conducto de su vicepresidente Valentín Gómez Farías, quien era un ferviente federalista y un anticlerical extremo, se impulsaron una serie de medidas que se dictaban para minar el poder económico, social e ideológico de la Iglesia y del ejército; en estas se consideraba la primera reforma liberal que proponía la incautación de los bienes de los descendientes de Hernán Cortés, la Secularización de las misiones de California, la Subasta de las pensiones de los misioneros de San Camilo, la disposición de hacer los diezmos voluntarios y no obligatorios y, de igual forma, los votos eclesiásticos, la supresión de la Universidad Pontífice de México y el ejercicio del despacho del Patronato para el gobierno mexicano. A los militares los despojó de privilegios y obligaciones e instó a los Estados para crear milicias civiles que sustituyeran al cuerpo federal que representaba un gran peligro para la estabilidad del país.

Estas reformas de Gómez Farías despertaron una gran inconformidad entre el pueblo que apoyaba a los clérigos y militares. Se organizaron movimientos bajo el lema "Religión y Fueros" por toda la república, lo que obligó a Santa Anna a tomar la presidencia para enfrentar los levantamientos. Santa Anna emitió un decreto el 19 de diciembre de 1833, conocido como la Ley del Caso.

Esta ley enlistaba a cerca de 50 personas que era señaladas como opositores al régimen y que fueron expulsadas del país; la ley añadía que iban a ser desterrados todos lo que se encontraban en el mismo caso, sin explicar qué tipo de delito habían cometido.

En mayo de 1834 fue suscrito el Plan de Cuernavaca, que estaba conformado por una coalición de la Iglesia, el ejército y los conservadores. Esta vez, Santa Anna regresó a la capital para disolver al Congreso, apoyar el Plan y suprimir toda la reforma eclesiástica y militar que había implementado su vicepresidente, el cual fue expulsado del país por el nuevo legislativo.

Constituciones Centralistas

Durante este periodo de la historia, se dieron varios sucesos históricos: el reconocimiento de España a la independencia de México (1836), la guerra de Texas (1836), la intervención francesa conocida como la guerra de los pasteles (1838), la separación temporal de Yucatán (1840), la separación de Texas en 1845 y su anexión a Estados Unidos.

En enero de 1835, después de que Santa Anna renunció a la presidencia, se nombró a Miguel Barragán como primer presidente centralista. En julio del mismo año el congreso resolvió hacerse constituyente para elaborar una nueva constitución que rigiera al país; con esto se daba fin a la primera república federal para dar paso a la república centralista.

El 29 de diciembre de 1836 se expidieron las Leyes Constitucionales, también llamadas las Sietes Leyes Fundamentales, que establecían el centralismo como forma de gobierno.

Dicha Constitución establecía los siguientes puntos como principales:[3]

---

3 Cfr. *Ibíd.*, p. 115-116.

1. Era liberal pero el sistema complicado.
2. Mantenía la división de poderes en Ejecutivo, Legislativo y Judicial.
3. Se creó un cuarto poder llamado Supremo Poder Conservador, que estaba compuesto por cinco miembros encargados de vigilar a los otros tres poderes ya mencionados.
4. La duración del periodo del presidente era de 8 años.
5. Se quitó la figura del vicepresidente.
6. Los estados se convertían en departamentos.
7. Los gobernadores eran nombrados por el presidente de una terna enviada por las nuevas juntas departamentales de sólo siete miembros.
8. El gobierno central establecía el control del todo el presupuesto de la república.
9. La religión católica sería la oficial.
10. Se estableció el voto, es decir, sólo votarían y serían votados quienes tuvieran propiedades o capital.

El general Mariano Paredes y Arrillaga se levantó en Guadalajara en agosto de 1841 con el Plan de Progreso en el cual reclamaba a Anastasio Bustamante el hecho de no haber intentado reconquistar Texas, por lo que proponía su sustitución y la convocación de un Congreso Constituyente. Antonio López de Santa Anna se unió a Paredes, con quien firmó en septiembre las Bases de Tacubaya, en donde se pretendía suspender los poderes y convocar a elecciones para un legislativo encargado de redactar una nueva Constitución.

El Ejecutivo Provisional se estableció de 1841 a 1843 y lo constituyó Santa Anna, Bravo y Canalizo. Se organizó una dictadura que reunió en 1842 un Congreso Constituyente con tendencias progresistas. Este segundo Congreso Constituyente se realizó en 1843 y se dieron las Bases Orgánicas. El 12 de junio de 1843 se creó la Junta Nacional Legislativa que se formó por sesenta y ocho individuos, tuvo una duración de 6 meses, del 2 de enero al 12 junio de dicho año, y dio como resultado la elaboración de la Constitución denominada las Bases Orgánicas.

Se trató de un documento que elaboró la Junta Nacional Legislativa, integrada por ciudadanos notables encargados de revisar la situación que atravesaba la república y dictar las bases de una nueva Constitución que sustituyera a las siete leyes fundamentales de 1836. Dichas Bases Orgánicas eran una Constitución de corte centralista que estaba dividida en XI títulos y comprendía un total de 202 artículos. Estas mantuvieron el centralismo.[4]

1. Se crearon asambleas legislativas departamentales, que participaban en las elecciones de los gobernadores, así como en la administración interna.
2. Se eliminó el Supremo Poder Conservador y se aumentaron las facultades del Ejecutivo.
3. Se declaró que el país profesaba y protegía la religión católica.
4. El Poder Judicial sería establecido en los departamentos y este se ejercería a través de los tribunales Superiores de Justicia, integrados por jueces inamovibles y nominados por el presidente a propuesta de los gobernadores.
5. Se estableció la Corte Marcial integrada por generales y letrados.
6. Se estableció un tribunal especial, integrado por diputados y senadores encargados de juzgar a los miembros de la Corte.
7. El poder Legislativo era bicameral, con cámara de diputados y senadores.

Apenas se rebasaron los tres años de vigencia de estas Bases debido a los problemas internos del país; surgieron de nuevo ideas monárquicas. El propio Santa Anna lo había manifestado a los gobiernos de Inglaterra y Francia.

Con la presidencia de Herrera se intentó reducir los gastos públicos del gobierno y solucionar así las dificultades financieras del país. Las presiones de los norteamericanos sobre los territorios de Nuevo México y California y el descontento de numerosos desempleados impidieron que pudiera desempeñar sus funciones. En julio de 1845, Texas se anexó a Estados Unidos y este acontecimiento provocó la ruptura de relaciones diplomáticas entre los dos países, pues México lo interpretó como un agravió a su soberanía. Los federalistas presionaron a Herrera para que se emprendiera una defensa bélica del territorio mexicano.

Con el Plan de San Luis, el general Paredes se convirtió en la nueva cabeza del Poder Ejecutivo en enero de 1846 y convocó a un nuevo congreso constituyente, pero su gobierno tampoco fue duradero ya que fue depuesto el 28 de julio de 1846 con el Plan de la Ciudadela que dio fin al régimen centralista.

---

4 *Ibíd.*, p. 117.

La Segunda República Federal, La Constitución de 1847

El general José Mariano Salas, quien llevó el movimiento federalista en pleno inicio de la invasión norteamericana, se hizo cargo de la presidencia y convocó a un Congreso extraordinario que decidió volver a poner en vigencia la Constitución de 1824, aunque con algunas modificaciones conforme al Acta Constitutiva de 1847.

Promulgada el 21 de mayo de 1847, esta reformó la Constitución federal de 1824 ya que desapareció la vicepresidencia, y estableció el derecho de los ciudadanos a votar y ejercer la petición y el derecho de reunión; además, señalaba que para asegurar los derechos del hombre una ley tendría que fijar las garantías de libertad, seguridad, propiedad e igualdad, así como los medios de hacerlas efectivas. Recuperó el reclamo para demandar la inconstitucionalidad de la ley e introdujo el amparo contra actos de los poderes Legislativo y Ejecutivo, tanto de la federación como de los Estados.

El país necesitaba recursos para poder cubrir los gastos de guerra y, por ello, Valentín Gómez Farías promulgó la Ley de Intervención de Bienes Eclesiásticos el 11 de enero de 1847. Nuevamente, el descontento entre los miembros y simpatizantes de la Iglesia no se hizo esperar y se sublevaron los polkas, nombre que recibieron algunos miembros de la Guardia Nacional del Distrito Federal y quienes reconocían a Santa Anna como presidente. Estos pedían el respeto a la Constitución de 1824 y la destitución de Gómez Farías y del congreso.

Santa Anna regresó para reasumir el poder y derogar las leyes contra los bienes del clero, mientras los norteamericanos continuaban con la intervención. Con la renuncia de Santa Anna a dicho cargo, el Poder Ejecutivo nombró como presidente a Manuel de la Peña, quien tuvo que asumir el cargo en la ciudad de Toluca y estableció la sede de su gobierno en Querétaro. Peña fue quien encabezó las negociaciones con la fuerza norteamericana para firmar el tratado de paz con los invasores.

La propuesta norteamericana a México consistió en un tratado de paz y un ofrecimiento, por una cantidad no mayor de 30 millones de dólares, por la compra de las Californias, Nuevo México y el Istmo de Tehuantepec. Al no aceptar el gobierno mexicano, las tropas norteamericanas comandadas por Scott, entraron al Valle de México; así sucedieron las batallas de Padierna, Churubusco, Molino del Rey y el Castillo de Chapultepec. Frente a esta situación que les favorecía, el gobierno de Estados Unidos exigía cada vez más. Además de las anteriores peticiones, añadía el puerto de Tampico y la disminución de la indemnización acordada. Las reuniones entre los delegados de ambos países duraron un mes. El 2 de febrero de 1848 se firmaron los Tratados de Amistad de Guadalupe-Hidalgo.

Dicho tratado no fue simplemente un acuerdo para finalizar la guerra; con sus veintitrés artículos resultó un intento para modificar las relaciones subsecuentes entre los dos países. Este tratado de Guadalupe-Hidalgo para los mexicanos es considerado el más duro de nuestra historia por el enorme territorio que se perdió.

Los puntos más importantes de dicho tratado fueron:[5]

1. México entregaba a los Estados Unidos de Norteamérica los territorios de Nuevo México y Alta California a cambio de una indemnización de 15 millones de pesos más el pago que debía de 3 millones de pesos de los mexicanos fincados en esos territorios que pasaron ha ser de los Estados Unidos.
2. Se establecieron los límites de la frontera entre ambos países; se pacta que las dos repúblicas comenzarían en el Golfo de México y los límites en tierra serían desde el río Grande o río Bravo.
3. No habría ninguna reclamación una vez suscrito y firmado dicho tratado.

Este tratado fue ratificado por ambos congresos de dichos países.

En medio del caos político y militar, en 1846 un grupo de yucatecos decidió decretar su soberanía e independencia del gobierno central y restablecer la Constitución de 1841. Para finales del año 1846 Yucatán se declaró neutral en la guerra de México contra Estados Unidos y el 15 de enero de 1847 se dio el conflicto de castas en la península de Yucatán. El rasgo más importante de este movimiento fue el conflicto entre blancos e indígenas en el cual a estos últimos se les prohibió mezclarse con los blancos en cualquier fiesta cívica o religiosa. A principios de 1848 los rebeldes indígenas pedían la disminución de las contribuciones personales, la devolución de sus armas incautadas y la reducción de las cuotas parroquiales. Ni el clero, ni las autoridades gubernamentales podían detener el avance indígena a tal grado que sólo las ciudades de Mérida y Campeche quedaron como territorios dominados por los blancos.

---

[5] Cfr. ZORAIDA VÁZQUEZ, Josefina, La Intervención Norteamericana 1846-1848, Secretaria de Relaciones Exteriores, 1997, p. 135-148.

El gobierno de México pidió ayuda a España y Estados Unidos, quienes le otorgaron armamento; los ingleses, mientras tanto, a través de Belice, hacía lo propio con los yucatecos. A mediados de mayo de 1848, el gobierno federal pudo dar solución al conflicto. Primero se logró la reincorporación de Yucatán al país, el 7 de agosto; posteriormente, los caciques yucatecos fueron asesinados y, poco a poco, se fue pacificando la región. En enero de 1850 se le otorgó el voto a los indígenas analfabetos y el derecho a elegir a sus autoridades; se concedieron las peticiones hechas sobre las contribuciones y los asuntos parroquiales y en 1853 se prohibieron los trabajos forzados.

José Joaquín Herrera, siendo presidente de la República Federal, además de resolver los conflictos con los estadounidenses y yucatecos, implementó la persecución a los salteadores de caminos y los indios bárbaros del norte y de la huasteca. Mejoró el sistema penitenciario, redujo los gastos públicos, y trató de sanear las finanzas públicas a través de la creación de un Banco Nacional.

En julio de 1848, el presidente José Joaquín Herrera promulgó la primera de las leyes de colonización, que se dieron después de la guerra. Según el decreto, creó varias colonias militares que se asentarían en la frontera con el fin de defender la región, junto a las cuales se establecerían colonias civiles. La ley también establecía la división fronteriza en tres: la frontera este, con los Estados de Tamaulipas y Coahuila; la frontera media, con Chihuahua; y la frontera oeste, formada por Sonora y Baja California. Por último, se les pagaba 10 mil pesos anuales a los indios para tenerlos en paz.

Durante la última administración de Antonio López de Santa Anna, también conocida como la dictadura santanista, el país tuvo que enfrentar invasiones de filibusteros norteamericanos. Era evidente que Estados Unidos deseaba más territorio mexicano y el pretexto era la construcción de vías ferroviarias en la franja fronteriza. Ante estas presiones y para evitar otra intervención extranjera, Santa Anna firmo el tratado de Gadsden el 30 de diciembre de 1854, por lo cual se vendió La Mesilla a los norteamericanos por un precio de 10 millones de dólares.

El 1 de marzo de 1854 se redactó el Plan de Ayutla; este fue modificado en Acapulco y respaldado por varios dirigentes liberales, encabezados por Juan Álvarez. En él se desconocía a Santa Anna como presidente de la república y se nombraba a un presidente interino, dando así inicio a un levantamiento liberal, apoyado por militares y algunos estados de la República Mexicana como Michoacán, Tamaulipas, Nuevo León, San Luis Potosí y Querétaro. Asimismo, se nombró a algunos liberales para cargos políticos: Melchor Ocampo, ministro de Relaciones Exteriores; Benito Juárez, de Justicia; Miguel Lerdo de Tejada, de Fomento; Guillermo Prieto, de Hacienda e Ignacio Comonfort, de Guerra y Marina. Cabe descartar que no todos los liberales compartían las mismas ideas, pues los más radicales o puros querían llevar a cabo sus objetivos de manera inmediata y a cualquier costo, mientras que los moderados preferían lograr sus metas a un largo plazo con tal de no arriesgar lo ya obtenido.

Durante el periodo del 4 de octubre al 11 de diciembre de 1855 el general Juan Álvarez convocó a un congreso constituyente para la elaboración de un proyecto de Constitución.

El 23 de noviembre de 1855 el presidente Juan Álvarez promulgó la Ley sobre la Administración de Justicia y Orgánica de los Tribunales de la Nación, también conocida como Ley Juárez. Con ella se abolieron los fueros eclesiástico y militar en materia civil y penal y se establecieron los tribunales federales.

El 25 de junio de 1856 el congreso aprobó la Ley de Desamortización de las Fincas Rústicas y Urbanas Propiedad de Corporaciones Eclesiásticas y Civiles, también conocida como Ley Lerdo, según las comunidades tenían que deshacerse de sus propiedades para ponerlas en manos de propietarios individuales, con excepción de las dedicadas directamente al objeto de su institución como colegios, hospitales y ejidos de los pueblos.

La Iglesia se vio principalmente afectada al perder sus bienes que no eran productivos; si embargo, las propiedades comunales de los pueblos indígenas también se vieron afectadas. Se buscó quitarle al clero su ingreso económico y someterlo a la autoridad estatal.

La Ley Iglesias fue proclamada el 11 de abril de 1857. Su objetivo fue que los religiosos no cobraran derechos en eventos en las parroquias como bautismos, bodas, velorios y amonestaciones, así como los diezmos a la gente pobre.

Por último, la Ley Lafragua tuvo como objeto principal la libertad de prensa y de expresión; nadie podía ser molestado por sus opiniones, ni podía ser censurado por sus opiniones en materia de religión.

El 15 de mayo de 1856 Ignacio Comonfort, siendo presidente interino de México, expidió el Estatuto Orgánico Provisional de la República Mexicana; este era un anticipo de la Constitución Mexicana de 1857.

Dicho estatuto orgánico contaba con 9 sesiones y solamente con 125 artículos. De acuerdo con el Plan de Ayutla, reformado en Acapulco:

1. La república sería Representativa y Popular.
2. Se señalan los derechos y los deberes de los habitantes de la república.
3. Los ciudadanos tenían el derecho de petición, de reunión, de ocupar cargos públicos y de voto.
4. Asimismo, se consagraban las garantías individuales de libertad, seguridad, propiedad e igualdad.
5. No se tocaba el tema de la religión.
6. El gobierno general estaría constituido por un presidente y los ministros que formaban el consejo de gobierno.
7. El Poder Judicial sería desempeñado por una Suprema Corte de Justicia y los tribunales de circuito y jueces de distrito establecidos en la ley del 23 de noviembre de 1853.

   Además, entregaba a la corte la facultad de conocer, bajo ciertas condiciones, las diferencias que surgieran entre los Estados de la federación, o entre estos y los particulares y dirimir las competencias que se suscitaran entre los tribunales generales y entre estos y los estados.
8. Los gobernadores de los estados y jefes políticos de los territorios serían nombrados por el presidente.

Mientras tanto, el Congreso fue el escenario de las discusiones entre radicales y moderados, ya que el clero fue excluido. La mayor parte de los congresistas eran liberales, pero con una variedad de posturas. Los ejes de los debates fueron la estructura del poder, la tolerancia de cultos y la propiedad.

Constitución Federal de 1857

Finalmente, la Constitución se promulgó el 5 de febrero de 1857 con una tendencia más moderada que radical.

Esta Constitución constó de 128 artículos, 8 títulos y un transitorio. Se establecieron los siguientes puntos:[6]

1. Régimen Republicano, Representativo y Federal.

---

6 Cfr. RABASA, Emilio O, Historia de la Constatationes Mexicanas, Universidad Nacional Autónoma de México, 2004, p. 72-73.

2. El Poder Ejecutivo se depositó en el presidente de la república, quien ejercería el cargo por 4 años y podría ser reelegido por otro periodo.
3. Se desapareció el cargo de vicepresidente, en caso de ausencias del presidente, el Presidente de la Suprema Corte de Justicia sería su sustituto.
4. El Poder Legislativo fue confiado a la cámara de diputados.
5. El Poder Judicial debería ser ejercido por la Suprema Corte de Justicia y en los tribunales de distrito y circuito.
6. Se especificó un título de garantías individuales y el juicio de amparo; este derecho tuvo sus antecedentes en la Constitución de Yucatán en 1847.
7. Esta Constitución ya no contempló la religión católica apostólica y romana como única del Estado, sino que estableció un gobierno laico.
8. También manifestó que la educación debía ser libre.
9. Desautorizaba los votos religiosos y condenaba tácitamente la existencia de las órdenes religiosas.
10. Se consagró la libertad de imprenta.
11. Se prohibió el fuero militar y eclesiástico.
12. Se negaron las corporaciones civiles y eclesiásticas.
13. Se prohibió la capacidad de poseer bienes raíces para las órdenes religiosas.

La Constitución fue rechazada por la Iglesia y la sociedad, pues la consideraron anticlerical y anticatólica. En un principio, la Iglesia decretó la excomunión a los compradores de los bienes desamortizados y a los que juraron y firmaron dicha Constitución liberal.

Siendo presidente sustituto, Comonfort promulgó la Constitución que fue aprobada por el congreso el 5 de febrero de 1857, en virtud de la cual fue electo presidente constitucional para el periodo que iniciaba en el mes de diciembre de dicho año. Esta carta magna contaba con muchas limitaciones y restricciones al Ejecutivo y la manifiesta oposición a la libertad religiosa. El presidente propuso algunas reformas para fortalecer al gobierno.

3. RELACIÓN ENTRE EL ESTADO MEXICANO Y LA IGLESIA CATÓLICA

Las relaciones Iglesia Católica y el Estado fueron conflictivas durante el siglo XIX, desde la consumación de la Independencia hasta el gobierno de Porfirio Díaz.

Dentro de este largo periodo hay momentos de crisis por las expediciones de algunas disposiciones una de la principales fuero en 1833 en la vicepresidencia de Valentín Gomez Farias, con la expedición de normas tales como la supresión de la Universidad Pontificia de México, los diezmos voluntarios y no obligatorios y, de igual forma, los votos eclesiásticos.

Durante el gobierno de Juan Álvarez en 1855 se publicaron otras medidas jurídicas que perjudicaron la relación entre el Estado mexicano y la Iglesia católica Como fue la ley Lerdo, Juárez e Iglesias, la cual perjudicaba los ingresos económicos y jurídicos del clero. Con la publicación de la Constitución de 1857 elaborado por los liberales expidieron una serie de artículos en contra de la iglesia en las cuales fueron, el artículo 3 (educación); artículo 5 (votos eclesiásticos); artículo 6 (liberad de expresión); artículo 7 (libertad de prensa); artículo 13 (abolición del fuero eclesiástico); artículo 27 (prohibición de que corporaciones tuvieran inmuebles) y artículo 123 (normas para que la federación controlara la disciplina extrema de la iglesia y el culto religioso); el papa decretó que dichas disposiciones eran una constitución anticlerical y antirreligiosa

Durante la guerra de reforma o la guerra de los tres años nuevamente se expidieron una serie de leyes y decretos que afectaron aún más la relación entre ambas partes tales disposiciones eran Ley del Matrimonio Civil: Ley Orgánica del Registro Civil; Ley Sobre la Libertad de Cultos;y el Decreto del gobierno de extinción en toda la República de las Comunidades Religiosas.

En 1872 a asumir el cargo presidencial Sebastián Lerdo de Tejada, elevó a rango constitucional las Leyes de Reforma; se dio la separación de Iglesia y el Estado y la confiscación los bienes eclesiásticos; se llevó a cabo la expulsión de varios religiosos extranjeros de mayo a noviembre de 1873, y la de la compañía de Jesús y la de las hermanas de caridad.

Durante el gobierno de Porfirio Díaz la Iglesia Católica y el Estado mantuvieron una relación separada pero cordial, lo que permitió que se establecieran seminarios y comunidades religiosas y que adquirieran bienes y se abrieran escuelas con enseñanza doctrinal y la aplicación de la encíclica *Rerum Novarum* del papa León XIII en materia laboral, lo cual tuvo repercusiones importantes en México con la formación de asociaciones obreras como la Unión de Dependientes Católicos, que en 1910 se llamó la Unión Católica Obrera.

3.1. Reivindicación del Patronato

El patronato o derecho de investidura consiste en la prerrogativa de un benefactor para indicar quienes deben ocupar las posiciones eclesiásticas en la iglesia, pues la han proveído con tierras, edificios o rentas. En el momento en que México se independizó de España, el regio patronato comprendía una amplísima gama de prerrogativas: todo lo relativo a las investiduras dentro de las catedrales e iglesias, lo referente a obras pías o patrimonios destinados a fines piadosos, claustros, colegios y hospitales y la selección de su personal. Pronto se vieron en conflicto las autoridades civiles y eclesiásticas. En 1821, La Comisión de Relaciones Exteriores de la Soberana Junta Provisional Gubernativa declaró que el real patronato ejercido hasta entonces por los monarcas españoles pertenecía a México como consecuencia inmediata de su independencia política de España.

La Junta Interdiocesana celebrada en el arzobispado de México en 1822 manifestó que toda jurisdicción, derechos y prerrogativas cesaban desde el momento en que México rompió con el monarca español. No hubo entonces persona acreditada que encabezará la iglesia en México, y para hacer posible la preponderancia del gobierno con respecto a la iglesia se hacía necesario que las autoridades mexicanas obtuvieran concesiones especiales y expresas de la Santa Sede; sin este requisito todo acto de la jurisdicción secular sobre la eclesiástica sería nulo.

José Domínguez, secretario de Justicia y Negocios Eclesiásticos, expresó en abril de 1822 la posición del gobierno a este respecto. Ante el congreso dijo que, si el real patronato había existido como parte de la soberanía de España en la persona del rey, ahora existía como parte de la soberanía de México en la persona del pueblo mexicano. El asunto del patronato se reveló desde un principio como uno de los más espinosos en las relaciones entre la iglesia y la nueva Nación.

El 8 de marzo de 1824 la Comisión de Relaciones Exteriores propuso en mandar a un representante a la Santa Sede para hacerle saber al papa que México le reconocía como cabeza de la iglesia para luego hacer negociaciones encaminadas a formar un concordato. El 10 de diciembre de 1824 se intentó nuevamente establecer las bases legales para el ejercicio del patronato. Según la fracción XII del artículo 50 de la Constitución de los

Estados Unidos Mexicanos[7] el patronato incluía todos los derechos que habían ejercido los monarcas españoles, inclusive el de administrar los bienes de la iglesia y los destinados al mantenimiento del culto.

El 1 de enero de 1826 el presidente de la república Guadalupe Victoria establecería la forma en que debía ejercerse el patronato, proposición que implicaba un acuerdo inmediato entre el Estado y la iglesia sin la intervención del papa.

En 1827 se tomó una determinación legislativa sobre el problema del patronato; se estableció, primero, que México reconocería al papa como jefe de la iglesia, y prometería no separarse de esta; segundo, que México se sujetaría a los principios del dogma emanados de los concilios ecuménicos pero no a los relativos a la disciplina, a menos que el país decidiera libremente acatarlos; tercero, que el patronato sería derecho exclusivo del congreso, y tendría que regularse en beneficio de la confederación de los estados; por otra parte, el congreso legislaría en todo lo referente a los ingresos eclesiásticos. La independencia frente a Roma significaba que las cuestiones eclesiásticas tendrán que resolverse necesariamente en México siguiendo los principios del derecho civil, también exigía que a ningún extranjero le fuera permitido ejercer acto alguno de jurisdicción eclesiástica.

Con la Vicepresidencia de Gómez Farías, el congreso de 1833-1834 decretó la Reforma eclesiástica-militar, que verso sobre el patronato. Quizá se debía a que el papa todavía no reconocía la independencia de México, el patronato era un derecho de la nación y, consecuentemente debía ejercer de acuerdo a lo dispuestos por las leyes mexicanas; también a que el arzobispo de México, los obispos, los cabildos eclesiásticos y en general todos los miembros del clero regular y secular debían jurar reconocimiento al patronato como un derecho nacional. El castigo para quienes se negarán a prestar el juramento o para los que lo prestarán con reserva consistía en la privación de sus rentas. Sin concesión de la Santa Sede, como el Clero no podía en conciencia obedecer, fueron perseguidos y expulsados los obispos, por orden de dicho gobierno mexicano. Esta postura de Gómez Farias y otros liberales buscaba el sometimiento de la iglesia a manos del gobierno liberal.

Pero el vaticano nunca cedió el Regio Patronato al gobierno mexicano independiente, y de hecho la ley de 12 de julio de 1859 eliminó todo interés al respecto por ambas partes, pues otorgaba libertad a los credos reli-

---

7 Staples Arne La Iglesia en la Primera República Federal Mexicana 1824-1835, Se Setentas, México 1976 p. 42.

giosos y declaraba que cualquier obvención a las iglesias era un asunto privado. Prohibía las donaciones de bienes raíces, nacionalizaba los bienes de la Iglesia, suprimía las órdenes monásticas y prohibía el uso de sus hábitos.

3.2. Separación de Jurisdicciones entre ambas potestades.

Desde 1833 con Gómez Farías se pretendió separar ambas funciones jurídicas: la civil y la religiosa. Sin embargo, no fue sino hasta la expedición de la Ley sobre la Administración de Justicia Orgánica de los Tribunales de la Nación del 23 de noviembre de 1855, también llamada Ley Juárez, que esto sucedió. En esta ley se da la separación de las dos legislaciones, la civil y religiosa, y también se ratifica con la publicación del 5 de febrero de 1857 de la Constitución de corte liberal.

Félix Zuloaga se opuso desde el principio al régimen establecido en el Plan de Ayutla y, el 11 de diciembre de 1857, proclamó el Plan de Tacubaya en el cual establecía el cese de la Constitución y la convocatoria de un congreso extraordinario. Aunque se reconocía a Comonfort como Jefe del Ejecutivo, los miembros del Congreso condenaron el plan y lo acusaron de traición.

Dicha Constitución de 1857 eliminó el cargo de vicepresidente; en ella se estableció que, en ausencia del presidente de la república, el que ocuparía el cargo de jefe del Ejecutivo sería el presidente de la Suprema Corte de Justicia. Fue así como el país tuvo dos presidentes; por este conflicto entre liberales y conservadores se llevaría a cabo la guerra civil que duraría tres años. Durante el conflicto civil los dos bandos buscaron el apoyo y reconocimiento de países extranjeros.

En abril de 1860 el gobierno liberal obtuvo el reconocimiento de los Estados Unidos a través de la firma del tratado Maclane-Ocampo. Las condiciones que impusieron los norteamericanos fueron el derecho de vía de tránsito a perpetuidad para los Estados Unidos por los estados fronterizos del norte y por el istmo de Tehuantepec. Por motivos políticos, el senado norteamericano no aceptó el tratado ya que consideró que México no tenía un gobierno legítimo; asimismo, las dificultades prácticas para la aplicación del libre comercio entre ambos países fueron un obstáculo y también los problemas con los estados sureños, que solicitaba la separación de Estados Unidos.

En septiembre de 1859, los conservadores firmaron con el gobierno de España el tratado Mon-Almonte, en el que los mexicanos reconocían una deuda con España que se había contraído desde 1853 y el pago de daños ocasionados a propiedades de los españoles en 1856.

Como se puede observar, ambos tratados fueron de gobiernos desesperados por obtener apoyos extranjeros. Pero no fueron factores decisivos para el desarrollo del conflicto, de ello se encargaría la expedición de nuevas leyes de reforma.

3.3. Las Leyes de Reforma

El 23 de junio de 1859 fue publicada la Ley de Matrimonio Civil[8] que apartó a la Iglesia de la materia e hizo del casamiento un simple contrato civil, sin que el matrimonio religioso tuviera validez alguna, a tono con las normas siguientes:

Artículo 1.- El matrimonio es un contrato civil que se contrae lícita y válidamente ante la autoridad civil. Para su validez bastará que los contrayentes, previas las formalidades que establece esta ley, se presenten ante aquella y expresen libremente la voluntad que tiene de unirse en matrimonio.

Artículo 3.- El matrimonio civil no puede celebrarse más que por un solo hombre con una sola mujer. El matrimonio civil es indisoluble; por consiguiente, sólo la muerte de alguno de los cónyuges es el medio natural de disolverlo; pero podrán los casados separarse temporalmente. Esta separación legal no lo deja libres para casarse con otra persona.

El 28 de julio de 1859 se expidió de la Ley Orgánica del Registro Sobre el Estado Civil de las Personas[9] que dispuso el establecimiento de jueces del estado civil para llevar el registro “de todos los mexicanos y extranjeros residentes en el territorio nacional, referente a nacimiento, adopción, arrogación, reconocimiento, matrimonio y fallecimiento”; esto es el registro civil.

El Decreto de 31 de julio de 1859[10] cesaba toda intervención del clero en los cementerios y camposantos, quedando todo lo concerniente a las sepulturas, incluso en recintos religiosos, bajo la jurisdicción de las autoridades civiles, y prohibía, además, enterrar cadáveres en los templos (artículo 1).

---

8 Cfr. ALVEAR ACEVEDO, Carlos, La Iglesia en la Historia de México, p. 209.

9 Cfr. *Ibíd.*, p. 210.

10 *Ibidem.*

Decreto de 11 de agosto de 1859[11] que señalaba qué días debían tenerse como festivos, incluidos el jueves y viernes de la Semana Mayor, el jueves de Corpus, el 2 de noviembre y los días 12 y 24 de diciembre (artículo1).

Para el año de 1860 se publicó la ley sobre la Libertad de Cultos el 4 de diciembre.[12] Esta ley manifestaba que se protegía el ejercicio del culto católico y de los demás que se establecieran en el país como expresión y efecto de la libertad religiosa, que es un derecho natural del hombre.

Se suprimió el derecho de asilo en los templos; el juramento dejo de tener efectos legales; se dispuso que no podría haber actos solemnes religiosos fuera de los templos sin permiso escrito de las autoridades.

El 2 de febrero de 1861 se expidió el Decreto del Gobierno de la Secularizados los Hospitales y Establecimientos de Beneficencia.[13]

Dicho decreto establecía que el gobierno administraría y cuidaría la dirección y mantenimiento de los hospitales.

Quedarían secularizados todos los hospitales y establecimientos de beneficencia que hasta esta fecha habían administrado las autoridades o corporaciones eclesiásticas (artículo 1).

El gobierno de la Unión se encargaría del cuidado, dirección y mantenimiento de dichos establecimientos en el Distrito Federal, arreglando su administración como le pareciera conveniente (artículo 2).

Los establecimientos de esta especie que hay en los Estados quedarán bajo la inspección de los gobiernos respectivos, y con entera sujeción a las prevenciones que contiene la presente ley.

El 26 de febrero de 1863 se publicó el Decreto del Gobierno Se Extingue en toda la República Las Comunidades de Religiosas.[14] Su objetivo era prohibir la creación de órdenes religiosas, congregaciones y establecía que no podía haber religiosas, religiosos, y demás personas del estado eclesiástico, ya que serían expulsados y confiscados sus propiedades y bienes. También quedaron extintas en toda la República las comunidades de señoras religiosas (artículo 1). Con respeto a las propiedades de las señoras religiosas, los edificios y todo lo que en ellos se encontrare perteneciente

---

11 *Ibíd.*, p. 210-211.

12 *Ibíd.*, p. 211.

13 Cf. TENA RAMÍREZ, Felipe, Leyes Fundamentales de México, 1808-1995, p. 665.

14 *Ibidem*, p. 666.

a las comunidades de señoras religiosas, y no a estas últimas en particular, se recibiría en las oficinas de hacienda que designe el ministerio del ramo. Todo lo que tenían las religiosas para su uso particular, se dejaría a su disposición. El gobierno entregaría sus dotes a aquellas de las religiosas que no los hubiese recibido todavía; y mientras esto sucedía, proveería a la manutención de las interesadas. De los templos unidos a estos conventos, continuarían destinados al culto católico los que fuesen designados al efecto por los gobernadores respectivos.

La aplicación de estas leyes iniciaría la derrota de los conservadores y el fortalecimiento de los liberales. Juárez se propuso restaurar el orden constitucional con el Congreso y su designación oficial como presidente fue el inicio de ello: expulsó del país a los diplomáticos y clérigos que apoyaron a los conservadores, entre los cuales se encontraba el delegado Apostólico y el arzobispo de México. Con la derrota del ejército conservador bajo el mando de Miramón, el 22 de diciembre de 1860, en Calpulalpan, se ponía fin a la guerra de los tres años y el gobierno conservador.

4. SEGUNDO IMPERIO MEXICANO 1864-1867

En México, la guerra de Reforma entre las fuerzas conservadoras y los liberales terminó en 1860 con la victoria de las últimas. Benito Juárez y su gobierno regresaron a la Ciudad de México el 25 de diciembre de dicho año.

Dado el estado de su economía, el gobierno del presidente Juárez decidió suspender los pagos de la deuda exterior el 17 de julio de 1861. Los gobiernos que serían afectados por esa disposición fueron los de Inglaterra, España y Francia.

Las tres naciones firmaron la Convención de Londres en octubre de 1861. En ella acordaron mandar una flota para tomar posesión de las aduanas nacionales mexicanas para cobrar sus préstamos, una práctica común en esos tiempos que los gobiernos europeos empleaban para forzar a los deudores a pagar. En enero de 1862 desembarcaron en Veracruz los miembros de la alianza tripartita: el británico Charles Wyke, el francés Jurien Gaviere de Saligny y el español general Juan Prim y Pras, conde de Reus. Su objetivo era conseguir que el presidente de México, Benito Juárez, pagara las deudas contraídas.

El encuentro tuvo lugar en La Soledad, un pueblo a las afueras de Córdoba, Veracruz. Tanto el enviado de la Gran Bretaña como el español aceptaron la negociación y anunciaron su retiro. Los franceses, en cambio, anunciaron que se quedarían hasta que el gobierno cumpliera con el pago. Era sabido que Francia tenía otras intenciones: invadir México con objeto de instaurar una monarquía. Napoleón III pensaba, con estas acciones, dar equilibrio al país y salvarlo de la intervención norteamericana. Mientras tanto, Napoleón III decidió invadir México e instaurar una regencia que aguardara la llegada del monarca.

El 12 de abril de 1862 el presidente Benito Juárez proclamó un decreto mediante el cual estableció que los ciudadanos mexicanos que ayudaran a los franceses serían considerados traidores y serían fusilados. Además, el presidente llamó a las armas a todos los hombres de entre 25 y 60 años de edad y dio a los gobernadores el permiso de utilizar fondos públicos para organizar guerrillas en contra de los invasores.

A pesar de la derrota francesa el 5 de mayo de 1862 ante el ejército mexicano, los franceses tomaron posesión de México el 10 de junio de 1863. El presidente Juárez y su gobierno habían abandonado la capital del país el 30 de mayo de 1863.

4.1. Organización

El 10 de junio de 1863 se estableció la Junta Superior de Gobierno con objeto de nombrar una regencia para gobernar al país; se formó un grupo de personas que fueron elegidos para ser parte de la Asamblea de Notables. Después de votar, se declaró que el país cambiaba el sistema de gobierno de República a Monarquía moderada, hereditaria y dirigida por un príncipe católico. El príncipe se llamaría emperador de México y el primer candidato al que se le ofrecería la corona sería el príncipe Maximiliano de Habsburgo.

El gobierno de la regencia deseaba suspender la entrega de pagarés de los bienes desamortizados, medida que no autorizó Bazaine. Como protesta, los templos cerraron sus puertas y el supremo tribunal de justicia se negó a hacer válidos dichos pagarés.

El general francés amenazó con abrir las iglesias por la fuerza y disolvió el organismo judicial. Por su parte, Labastida renunció, junto con varios funcionarios judiciales, y fue sustituido en la regencia por Juan Bautista de Ormaechea, obispo de Tulancingo. El ejército francés y mexicano imperialista, comandados por Bazaine, empezaron a ocupar las principales ciudades mexicanas. A partir del 1 de octubre de 1863 todos los departamentos del Bajío, hasta Aguascalientes y Zacatecas, pasaron a ser gobernados por el imperio. Benito Juárez se vio obligado a abandonar San Luis Potosí el 29 de marzo de 1864 para refugiarse primero en Saltillo y después en Monterrey; posteriormente tuvo que regresar a Saltillo y luego al Paso del Norte.

Mientras tanto, la comisión se encargaba de ofrecer la corona al archiduque Maximiliano, en el castillo de Miramar, situado en la ciudad de Trieste, posesión austriaca en el norte de Italia. El 2 de abril de 1864, el archiduque Maximiliano renunció a sus derechos a la corona austriaca, tanto para él como para sus descendientes, a cambio de que su hermano, el emperador Francisco José, lo autorizara para aceptar el trono de México. El archiduque recibió el apoyo de emperador Napoleón III de Francia a ser designado el emperador de México. Maximiliano recibió a la delegación mexicana y aceptó la corona, esta fue seguida por un *Te Deum* con aclamaciones de "viva el emperador" y "viva la emperatriz". La delegación mexicana estaba compuesta por Ignacio Aguilar y Morocho, Joaquín Velásquez de León, José María Gutiérrez de Estrada, José Manuel Hidalgo, Adrián Wall, Ángel Iglesias y Antonio Escandón. Maximiliano y Carlota llegaron a Veracruz el 28 de mayo de 1864. Maximiliano integró el gabinete con algunos conservadores y un número importante de liberales, porque compartía la ideología de estos últimos. En cuanto a la organización del ejército imperial que debía de reemplazar al francés, el general Bazine obstaculizó el proyecto, pidiéndole al emperador que enviara a los generales Márquez y Miramón a realizar misiones en Europa.

4.2. Documentos fundacionales y legales

En 1865 el emperador Maximiliano dictó algunas disposiciones jurídicas para legalizar su gobierno y fue expedido el Estatuto Provisional del Imperio Mexicano;[15] en él se establecía la forma de gobierno de la siguiente manera:

1. Sería monárquico; la autoridad máxima sería el emperador con ayuda del ministro y un consejo de Estado que debía oír y dictar leyes y reglamentos.
2. El país quedaría dividido en departamentos.
3. Dicho estatuto garantizaba la igualdad ante la ley, la seguridad personal, la propiedad, el ejercicio de culto y la libertad de publicar opiniones a cualquier súbdito del imperio.

---

[15] Cfr CRUZ BARNEY, Oscar, José Luis, Soberanes Fernández, Diccionario de Historia del Derecho, Porrúa, 2015, p. 154-158.

El imperio continuó con la codificación civil emprendida por el gobierno republicano y puso en vigor la parte relativa a las personas y la familia con preceptos y con el reconocimiento de los hijos habidos fuera de matrimonio y los derechos de la madre en la patria potestad.

También estableció todo lo relativo a la materia contencioso-administrativa. El código de Comercio de 1854 estableció el proyecto de la división territorial, que organizaba en 50 departamentos y sus autoridades eran nombradas desde el centro.

Se expidieron diferentes decretos referentes a los extranjeros y en materia de colonización; también se legisló sobre disposiciones de trabajo, sobre todo al agrícola, con limitación de la jornada, prohibición de la tienda de raya y prohibición de castigos corporales.

Entre otras disposiciones, se crearon la Junta Protectora de las Clases Menesterosas, el Consejo de Beneficencia y la Casa de Caridad. Además del interés filantrópico de estos organismos, lo importante era integrar a estos grupos marginados en la sociedad y devolverles su humanidad. Se abrió un espacio a las demandas de los campesinos e indígenas creando la Procuraduría de Asuntos Indígenas para que también fueran considerados ciudadanos mexicanos con derechos.

En el año de 1866, el destino del imperio fue cambiando. Napoleón III anunció que Francia retiraba sus tropas de México en vista de que su gobierno ya estaba consolidado. Los Estados Unidos habían terminado su guerra civil, por lo que ya estaban dispuestos a ayudar al gobierno de Juárez con su política de no intervención de las potencias extranjeras y europeas en los asuntos de las naciones americanas.

A mediados de 1866, los generales republicanos encabezados por Ramón Corona, Mariano Escobedo y Porfirio Díaz tomaron importantes plazas como Puebla, Oaxaca, Matamoros, San Luis Potosí y Guadalajara.

El emperador reorganizó a su ejército, dividido en tres cuerpos a cargo de Miramón, Márquez y Mejía. Sin embargo, las únicas posiciones que logró conservar fueron Veracruz, Querétaro y la Ciudad de México. Fue precisamente en la capital queretana en donde los republicanos sitiaron a las fuerzas imperiales, lugar donde habían decidido establecerse Maximiliano y sus hombres. El sitio de Querétaro inició en marzo de 1867. Los imperialistas tuvieron que residirse a los republicanos el día 15 de mayo de dicho año.

El emperador fue aprehendido junto con Miramón y Mejía, mientras que Márquez había ido a la Ciudad de México para defenderla. A los tres prisioneros se les decretó traición a la patria, como Juárez lo había establecido en la ley de 25 de enero de 1862, por lo que fueron ejecutados el 19 de junio de 1867 en el cerro de las campanas en Querétaro. Con la muerte del emperador terminaría la existencia del segundo imperio mexicano.

5. EL DERECHO DE LA RESTAURACIÓN: DE LA REPÚBLICA FEDERAL HASTA EL PORFIRIATO

Una vez concluida la guerra y con la caída del imperio, se estableció la República Federal. Con el apoyo del partido liberal se aplicó la Constitución de 1857. Benito Juárez fue presidente dos periodos; el primero fue completo, del 1 de diciembre de 1867 al 30 de noviembre de 1871, y contó con facultades extraordinarias de modo que no gobernó conforme a la Constitución de 1857. Estableció las instituciones del poder civil, por lo que propuso la reforma del artículo 127 de la Constitución para otorgar mayores facultades al Poder Ejecutivo, pues había visto que la figura presidencial en el congreso era limitada. El veto presidencial fue aprobado, es decir, el derecho a que el Ejecutivo pudiera rechazar las iniciativas legislativas, si bien estas debían de volverse a discutir en el Congreso para lograr su aplicación con sólo dos tercios de los votos.

Las secciones extraordinarias de la cámara y la sustitución del presidente fueron instauradas, se dio la ley electoral, se estableció el secretario, el Ministerio de la Suprema Corte de Justicia y además varias funciones federales.

El presidente de la república hizo hincapié en los avances jurídicos. El 2 de diciembre, día en que tomó posesión como presidente de México, Juárez promulgó la Ley Orgánica de la Instrucción Pública del Distrito Federal, la cual incluía la creación de la Escuela Nacional Preparatoria, la Escuela Nacional de Ingenieros y la Escuela Nacional de Ciegos. El 20 de enero de 1869 se creó la Ley Orgánica del Amparo; la reforma de la moneda del 28 de noviembre de 1867; la Ley Orgánica de Notarios y Actuarios del Distrito Federal del 29 de noviembre de 1867. El 28 de agosto de 1868 se dictó la Ley sobre Protección de Antigüedades Nacionales, el 15 de junio de 1869 se introdujo en el procedimiento penal del Distrito Federal el jurado popular, sistema que no dio buen resultado y el 4 de diciembre de 1869 se introdujo la libertad bajo fianza. En 1870 y 1871 se decretaron los siguientes códigos: el Código Civil para el Distrito Federal y el Territorio de Baja California y el Código Penal para el Distrito Federal y el Territorio de Baja California, respectivamente. Bajo este periodo fue promulgado el

Código de Procedimientos Civiles para el Distrito Federal, y el Territorio de la Baja California el 13 de agosto de 1871.

El 25 de junio de 1871 se llevaron a cabo las elecciones en las que Benito Juárez obtuvo mayor número de votos, aunque no la mayoría absoluta; sin embargo, el Congreso votó por su reelección y el nuevo periodo de gobierno inició oficialmente en octubre de ese año. Lerdo volvió a las filas gubernamentales, convirtiéndose nuevamente en presidente de la Corte Suprema de Justicia. El cambio y los resultados electorales no dejaron conforme a Díaz.

El 9 de noviembre de 1871, Díaz se pronunció con el Plan de la Noria, con motivo de la reelección de Juárez a la presidencia de la república, describía la situación en estos términos *"la permanencia indefinida, forzosa y violenta del ejecutivo federal ha puesto en peligro las instituciones nacionales; una mayoría gobernada por medios reprobados domina en la Cámara y la transforma en un cuerpo cortesano; la independencia de la Suprema Corte no existe y los jueces pudorosos son sustituidos por agentes sumisos del gobierno; varios estados se hallan sujetos a gobiernos tiránicos, impuestos por el ejecutivo; el erario nacional se halla en descrédito a causa de la corrupción administrativa. En suma, la administración de Juárez escarcea lo más altos principios de la democracia"*[16] En este plan se solicitaba que las elecciones fueran directas y personales y justificaba su movimiento para impedir la perpetuidad de un individuo en el ejercicio del poder. Sus lemas eran "Constitución de 1857 y libertad electoral" y "Menos gobierno y más libertades". El levantamiento de la Noria tuvo poca convocatoria y casi estaba controlado cuando murió Benito Juárez, víctima de un infarto al miocardio, en el Palacio Nacional. El también llamado Benemérito de las Américas falleció el 18 de julio de 1872.

Sebastián Lerdo de Tejada fue director de la política juarista hasta enero de 1871; quedó como presidente interino por ser cabeza de la Suprema Corte de Justicia. Para comenzar ofreció la amnistía a los levantados de la Noria, aunque les retiraría sus cargos militares. Díaz y la mayoría de sus partidarios depusieron las armas y se sometieron al gobierno. Lerdo organizó un nuevo proceso electoral en el que él mismo se postularía y tendría como principal oponente a Porfirio Díaz.

El periodo lerdista abarcó de 1872 a 1876. En septiembre de 1873 Lerdo promulgó un decreto a través del cual incorporó las leyes de reforma

---

[16] Cfr ZAVALA, Silvio, Apuntes de Historia Nacional 1808-1974, Fondo de Cultura Económica, 2005, p. 112.

al texto constitucional. La libertad de cultos, la separación de la Iglesia y el Estado y la confiscación de los bienes eclesiásticos eran aún temas palpitantes y los resultados internos más importantes de la lucha de México en el siglo XIX. Se dio la expulsión de varios religiosos extranjeros de mayo a noviembre de 1873, entre ellos la compañía de Jesús y las hermanas de la caridad. El 13 de noviembre de 1874 se restableció el bicameralismo que era importante, sobre todo, para la incorporación de los principios de las leyes de reforma a la Constitución de 1857.

En este contexto se debe comprender que, a partir del Plan de Tuxtepec, expedido el 10 de enero de 1876 en la región de Tuxtepec en el estado de Oaxaca y redactado por Riva Palacios junto con Potasio Tagle e Ireneo Paz. En él se criticó a Lerdo y a su gobierno y se estableció el principio de no reelección como ley suprema; también se adhería a dicho plan Porfirio Díaz. En marzo de 1876 Díaz firmó la proclamada tuxtepecana, pero realizándole algunas modificaciones que consistían en ofrecer la presidencia provisional al presidente de la Suprema Corte de Justicia, es decir, a José María Iglesia. El objetivo de Díaz era que este funcionario se uniera al movimiento y saciara, así, sus ambiciones políticas. Como era de esperarse, Iglesias rechazó la adhesión de dicho plan.

Esta segunda rebelión porfirista tuvo influencia en diversas partes de la república. El presidente Lerdo volvió a postularse para la presidencia en los comicios de 1876, en los cuales supuestamente triunfó, pero este hecho fue invalidado por el mismo Iglesias, que también se levantó en armas contra el sistema lerdista y, en virtud de su cargo, asumió el Poder Ejecutivo. Su sede gubernamental fue la ciudad de Querétaro.

Lerdo tuvo, entonces, que combatir en dos frentes. Desde el principio decidió luchar primero contra Díaz. La batalla definitiva entre estos dos bandos se dio en Tecoac, Tlaxcala el 16 de noviembre de 1876 y la victoria correspondió a los porfiristas. En consecuencia, Lerdo ya no se enfrentaría a los iglesistas, y dejaría la presidencia y el país, mientras que Díaz entró a la Ciudad de México.

José María Iglesias lanzó un manifiesto en donde se declaraba presidente de la Suprema Corte y presidente interino de la república. Su gobierno lo estableció en la Ciudad de Querétaro y posteriormente en la ciudad de Salamanca, bajo la protección del gobernador de Guanajuato. El general Porfirio Díaz entró en la Ciudad de México mientras que Sebastián Lerdo de Tejada salía del país.

El presidente Iglesias desconocía el Plan de Tuxtepec reformado en Palo Blanco el 21 de marzo de 1876. El general Porfirio Díaz retiró a Iglesias la adhesión a su movimiento. El líder tuxtepecano designó como presidente provisional al general Juan N. Méndez del 11 de diciembre de 1876 al 17 de febrero de 1877. Se puso al frente de un ejército para combatir al ex jefe del Poder Judicial. El oaxaqueño logró que Iglesias no opusiera resistencia militar y permitió que saliera del país hacia Estados Unidos a inicios de 1877.

Con ello, Díaz ya no tenía rival alguno ni en el terreno militar ni el político. Méndez organizó un proceso electoral que fue sólo un trámite para que el general Porfirio Díaz, a sus 47 años, se legitimara en la silla presidencial. Así comenzó una nueva era en la historia de México y sus legislaciones.

5.1. El proceso codificador civil, penal y mercantil

Benito Juárez en su calidad de gobernador de Oaxaca, hizo revisar el Código Civil que había dejado de estar vigente en 1837. En calidad de presidente de la república Juárez encargó a Justo Sierra que elaborara un proyecto de Código Civil, lo que se realizó en cuatro libros en 1860. Dicho proyecto fue incorporado al Código Civil de Veracruz un año después.

Este proyecto contó con disposiciones del código español de García Goyena de 1851, el código de Lousiana, el código francés y de las Leyes de Reforma, como la ley del Matrimonio Civil de 1859. Por último, también Justo Sierra participó en el Código Civil del Imperio Mexicano en 1866, el cual no entró en vigor por la caída de imperio de Maximiliano. Posterior a la restauración de la república federal con Benito Juárez, algunas entidades federativas adaptaron el proyecto del código civil como fue el caso de Veracruz en 1868; para el año de 1870 se expidió el Código Civil para el Distrito Federal y Territorio de Baja California.

Dicho código inició su vigencia el 1 de marzo de 1871 y posteriormente fue aceptado por las legislaturas de todos los Estados de la república. Para el año de 1872 se expidió el Código de Procedimientos Civiles para el Distrito Federal y Territorio de Baja California, para 1880 se expidió una Ley de Organización de Tribunales del Distrito Federal y la Baja California.

Durante el gobierno del General Manuel González se elaboró un nuevo código Civil para el Distrito Federal y Territorio de la Baja California en 1884, el cual estuvo vigente hasta 1932. También esta codificación se daría en materia penal. Ya en 1861 Benito Juárez convocó a una comisión de juristas para elaborar el Código Penal para el Distrito Federal, pero por motivos de la intervención francesa y posteriormente con el Segundo

Imperio que se estableció en México a cargo de Maximiliano, el proyecto quedó inconcluso.

Restablecida la república en 1871 se promulgó el Código Penal para el Distrito Federal y Territorio de la Baja California sobre delitos del fuero común y para toda la república sobre delitos contra la Federación, que entró en vigor en 1872. También es conocido dicho código con el nombre Código Martinez de Castro y fue reformado en 1884. A principios del siglo XX y durante el gobierno de Porfirio Díaz, entre 1903 y 1912, se iniciaron los trabajos de modificación de este Código. No fue sino hasta 1929 cuando se contó con un nuevo Código Penal para el Distrito Federal y Territorios Federales.

En este proceso de codificación se estudiaron otras materias jurídicas como es el caso de la materia mercantil. En esta materia, las ordenanzas de Bilbao siguieron vigentes a pesar de la independencia de México. En 1842 se crearon las Juntas de Fomento y los Tribunales Mercantiles.

Siendo presidente Antonio López de Santa Anna en 1854 se publicó el primer Código de Comercio, en cual tuvo influencia el código francés y el español. El autor de dicho ordenamiento jurídico fue Teodosio Lares. Este ordenamiento se aplicó en toda la república, pero solo estuvo vigente hasta 1885, debido a la caída de Santa Anna y el triunfo de la Revolución de Ayutla.

Dicho Código fue restablecido en 1863 y 1867, durante el Segundo Imperio Mexicano. Con el triunfo de la república se aplicó el Código de Lares en los Estados de Puebla y el Estado de México. Siendo presidente de la república Manuel González en 1884 se elaboró el Código de Comercio, que se aplicó en todo el país hasta que fue derogado en 1890 en el gobierno de Porfirio Díaz.

5.2. La Legislación procesal y la legislación administrativa

En cuanto la legislación procesal se establece el 9 de octubre de 1812 en las Cortes de Cádiz se expidieron el Reglamento de las Audiencias y Juzgados de Primera Instancias sobre administración de justicia que dio las bases para unificar el derecho procesal de la monarquía española. En México independiente se estableció la Ley para el arreglo Provisional de la Administración de Justicia en los Tribunales y Juzgados del Fuero Común del 23 de mayo de 1837.

Durante el gobierno de Santa Anna se dictaron la Ley para el arreglo de la Administración de Justica de los Tribunales y Juzgados del Fuero Común, también conocido como Ley Lares, del 16 de diciembre de 1853, la Ley para el Arreglo en lo Judicial, Gubernativo y Administrativos en los Negocios de Minería, del 31 de mayo de 1854; la Ley para el arreglo de lo Contencioso Administrativos y su Reglamento, ambos expedidas el 25 de mayo de 1853.

En los regímenes liberales se estableció la Ley sobre Administración de Justicia y Orgánica de los Tribunales de la Nación, del Distrito y Territorios, del 23 de noviembre de 1855 conocida como la Ley Juárez, pues Benito Juárez era ministro de Justicia del Gobierno provisional del presidente Juan Álvarez.

En el gobierno de Comonfort, se publicó la primera ley procesal, la cual arreglaba los Procedimientos Judiciales en los Negocios que se sigue en los Tribunales y Juzgados de Distrito y Territorios expedida el 4 de mayo de 1857, esta ley fue influenciada en la Ley de Enjuiciamiento Civil de 1855.

En el gobierno de Zuloaga el 29 de noviembre de 1858 se publicó la Ley para el arreglo de la administración de justicia en los tribunales y juzgados del fuero común, en donde abrogar la legislación liberal se reglamenta la organización y la competencia del Poder Judicial dentro del régimen centralista y conservador.

Un nuevo ordenamiento aparece hasta 1872 con el Código Procesal, durante el gobierno de Porfirio Diaz se expidieron un Código de Procedimientos Civiles Federales de 1897 en la cual se modificó hasta 1909, ya en el siglo XX. En el año 1897 se estableció la Ley de Procedimientos Penales en el Fuero de Guerra que era aplicado a los miembros del ejército. Referente a la materia procesal penal, se comisionó para redactar un nuevo código a Manuel Dublán, Manuel Ortiz de Montellano, Luis Méndez, José Linares, Manuel Siliceo y Pablo Macedo; el nuevo código fue terminado en 1880 y expedido como Código de Procedimientos Penales del Distrito y territorios de la Baja California; éste se componía de cuatro libros.

Para el año 1891 se expidió la ley de Jurados; posteriormente para el año 1894 se expidió un nuevo Código de Procedimientos Penales del Distrito y Territorios Federales que estuvo vigente hasta la expedición del código penal de 1929.

La Legislación Administrativa

Durante el siglo XIX se dio la cuestión de los terrenos baldíos, referente a la legislación administrativa. Conforme a la ley del 4 de enero de 1823 se estableció un sistema de colonización, que fue muy importante para la colonización de Texas por Austin. También se dio el decreto del 14 de octubre de 1823 sobre la creación de la provincia del istmo, con las reglas sobre la distribución de tierras baldías, conforme la ley del 18 de agosto de 1824. Ahí, el gobierno federal otorga a los gobiernos locales la competencia en materia de baldíos; posteriormente se expide el reglamento del 27 de noviembre de 1846 y la ley de 16 de febrero de 1854 y del 24 de noviembre de 1855 todos referentes las cuestiones del predios baldíos.

El 3 de diciembre de 1855 y el 1 de febrero de 1856 se expide el reglamento para la adquisición de baldíos por los extranjeros, y la ley que abroga las normas anteriores se expidió el 16 de octubre de 1856.

En 1823 se expide un proyecto de leyes agrarias, que propone una distribución del agro entre porciones que puedan alimentar una familia, En 1849 se da la proclamación del Plan de Sierra Gorda por la expropiación de las grandes haciendas y su conversión en pueblos.

En materia minera fue publicada la ley del 20 de mayo de 1854 creando el Tribunal General de Minería, Durante el gobierno de Porfirio Díaz se expide la Ley Minera de 1892.

Con respecto a la condición jurídica de los extranjeros, en el decreto de 16 de mayo de 1823 se autoriza al ejecutivo a expedir cartas de naturalización, y el 7 de octubre de 1823 se permite a los extranjeros la adquisición de derechos mineros. Con el decreto del 12 de marzo de 1828 sólo se permitía la adquisición de inmuebles a mexicanos por nacimiento o por naturalización, en 23 de septiembre de 1841 se dio un decreto que el comercio al menudeo a los extranjeros,

El 30 de enero de 1854 fue publicada la ley sobre Extranjería y Nacionalidad, que estuvo vigente hasta la publicación de la Ley Vallarta en 1886, posteriormente en 1909 fue publicada la Ley de inmigración.

5.3. La Organización del Poder Judicial

La composición del Poder Judicial no conciliaba con la tradición hispánica, y por ello fue incierto o indeterminado el funcionamiento de los tribunales. La Suprema Corte era considerado el tribunal supremo del país y sustituyó a la Audiencia de México y al Consejo de Indias. La ley de 14 de febrero de 1826 estableció los lineamientos de la estructura y facultades de la propia Suprema Corte, ordenamiento que en su mayor parte continuó vigente durante casi todo el siglo XIX o sea hasta que se expidió el Código de Procedimientos Federales de 14 de noviembre de 1895 que debe considerarse como ley orgánica del Poder Judicial Federal. Con la constitución de 1824 la Corte Suprema Federal funcionó también como tribunal superior del Distrito Federal hasta la creación autónoma del ordenamiento procesal de 1855, el cual fue creado en la conocida Ley Comonfort.

Los juzgados de distrito y los tribunales de circuito fueron suprimidos y restablecidos en varias ocasiones, hasta que se les restituyó definitivamente en la constitución de 1857 por decreto del 5 de noviembre de 1863. En los artículos 90 a 93 de la constitución de 1857 se deposita el ejercicio del poder judicial de la federación en la Corte Suprema de Justicia, en los tribunales de distrito y de circuito.

La suprema Corte se componía de once ministros propietarios, cuatro supernumerarios, un fiscal y un procurador general, los que duraban seis años en su cargo y eran electos indirectamente en primer grado. La única reforma a estos preceptos fue el 22 de mayo de 1900 el artículo 91, que dispuso la integración de la Suprema Corte por quince ministros que funcionaban en tribunal pleno o en salas de acuerdo con la ley orgánica y suprimió los cargos de fiscales de procurador como integrantes de la propia corte.

FICHA BIBLIOGRÁFICA

ALVEAR ACEVEDO, Carlos, *La Iglesia en la Historia de México,* Editorial Jus, México, 1975.

CRUZ BARNEY, Oscar, *La Codificación en México,* Editorial Porrúa, México, 2010.

CRUZ BARNEY, Oscar.*Historia del Derecho en México.* Oxford University Press, México 2001.

DELGADO CARRACO, Susana, *Historia de México,* Panorama Editorial, México, 2004.

MARGADANT, Guillermo Floris, *Introducción a la Historia del Derecho Mexicano,* Editorial Esfinge, México, 1994.

MOLINA MELIÁ, Antonio, *Las Libertades Religiosas Derecho Eclesiástico Mexicano, Editorial* Universidad Pontificia de México, México 1997.

OROZCO FARÍAS, Rogelio, *Fuentes Históricas México 1821-1867,* Editorial Progreso, México,1964.

PÉREZ DE LOS REYES, Marco Antonio, *Historia de Derecho Mexicano,* Editorial Oxford Tomo III, México, 2003.

RABASA, Emilio, *Historia de las Constituciones Mexicanas,* Editorial UNAM, México, 2004.

SERRANO MAGALLÓN, Fernando, *150 años de las Leyes de Reforma 1859-2009,* Editorial UNAM, México, 2009.

STAPLES, Anne, *La Iglesia en la Primera República Federal Mexicana 1824-1835* Editorial Sep Setentas 237, México 1976.

Universidad Tecnológica de México, *Individuos, Sociedad y Derecho,* Colección Humanidades UNITEC, México, 2001.

TENA RAMÍREZ, Felipe, *Leyes Fundamentales de México 1808-1995* Editorial Porrúa, México 1995

VON WOBESEr, Gisela, *Historia de México,* Editorial Fondo de Cultura Económica, México, 2010.

ZAVALA, Silvio, *Apuntes de Historia Nacional 1808-1974,* Editorial Fondo de Cultura Económica, México, 2005.

ZORAIDA VÁZQUEZ, Josefina, *La Intervención Norteamericana 1846-1848,* Secretaria de Relaciones Exteriores, México, 1997.

Diccionarios

CRUZ BARNEY, Oscar, *Diccionario de Historia del Derecho,* Editorial Porrúa, México, 2015.

Periódicos

El Observador, 14 de diciembre de 2003, año 9, núm. 440 (Querétaro).

El Observador, 29 de agosto de 2004, año 10, núm. 447 (Querétaro).

Enciclopedia

Enciclopedia Historia de México tomo 8, Salvat Mexicana de Ediciones, México, 1979.

Leyes

Constitución Política de los Estados Unidos Mexicanos (Comentada) Instituto de Investigaciones Jurídicas UNAM, México, 1992.

Unidad 8. El Derecho Mexicano durante la Revolución

1. CAUSAS DE LA REVOLUCIÓN MEXICANA Y RESULTADOS

El Porfiriato es el nombre que se la da al periodo de 30 años entre 1877 y 1911 durante el cual, Porfirio Díaz fungió como presidente de la nación. Este periodo se caracteriza por ser tumultuoso, pues no solo se presenció un cambio de siglo, sino que las necesidades y objetivos exigidos por la sociedad cambiaron. No se puede negar que en este periodo de la historia hubo un crecimiento cultural, económico y social en el país.

Durante el porfiriato se presentaron varios grupos oposicionistas a su gobierno, por lo que surgió un levantamiento en armas que acabo con este, con el objetivo de cambiar de régimen impuesto, principalmente se buscaba la participación política de otro grupo de personas que no fueran una élite oligárquica, así como la reivindicación de tierras expropiadas a los campesinos, obreros e indígenas durante este período.

Principales causas de la Revolución Mexicana:

- La desigualdad social y la concentración de la riqueza. Durante esta época, el país tuvo un crecimiento económico importante. Sin embargo no todo era para los mexicanos ya que la mayor parte se la quedaban los extranjeros.
- No existía la libertad política. El pueblo no podía elegir a ningún representante dentro de los poderes estatales ni federales. Los representantes eran impuestos por Porfirio Díaz.
- Despojo de tierras a los campesinos. Porfirio Díaz realizo una serie de reformas a la legislación lo que permitía la entrada de compañías extranjeras y así estas se adueñaron de los terrenos baldíos que le pertenecían al pueblo mexicano.
- Creación de latifundios. Las haciendas que tenían una gran extensión de tierras que pertenecían a unos pocos propietarios mientras la mayoría de los mexicanos moría de hambre.
- Disminuyó la calidad de la enseñanza popular. El 80% de la población era analfabeta.

- No había libertad de expresión. La prensa tenía prohibido decir, escribir o publicar cualquier tipo de opinión en contra del gobierno y las huelgas estaban prohibidas para todos los sectores.
- Obreros y campesinos carecían de protección laboral por lo cual estaban expuestos a la sobreexplotación. Los trabajadores debían cumplir con extensas jornadas de más de 12 horas para poder ganar un sueldo miserable de 75 centavos.
- Las condiciones laborales eran pésimas, sin embargo, cuando los trabajadores y campesinos trataban de manifestar su inconformidad eran reprimidos brutalmente, tal es el ejemplo del asesinato de obreros durante la Huelga de Cananea (1906) y de Río Blanco (1907).

Algunos de los resultados de la Revolución Mexicana fueron: la promulgación de una la nueva Constitución en 1917; nacionalización del suelo y subsuelo; reforma agraria; reforma a la ley de educación pública; nacionalización del petróleo; mejora de la situación laboral de los trabajadores y la creación del sindicalismo.

1.1. Obra jurídica del Porfiriato

El material jurídico creado durante este periodo sigue con la tendencia codificadora de Francia, por lo que durante el Porfiriato se expiden grandes códigos para el Distrito Federal y otros en materia federal.[1]

Sobre la materia Civil se expidieron:

- El Código civil de 1884 que reemplazo al código Civil del Distrito Federal y de Territorios Federales de 1870 encargado por Juárez

Sobre la legislación mercantil:

- El Código de Comercio de 1884 reemplazo al Código de Comercio de 1854, ya que en 1883 se reformo la Constitución Federal y la materia mercantil deja de ser competencia de als Entidades y ser convierte materia federal.
- Se expide un segundo Código de Comercio de 1889, que es el que aún sigue vigente con sus debidas reformas.

---

1 DE LA TORRE RANGEL, Jesús Antonio, *Lecciones de historia del derecho mexicano,* 2 ed., México, Porrúa, 2015, p. 241

Sobre la legislación Penal:

Expiden el primer Código Penal para el Distrito Federal y Territorio Federales en 1872 y que es conocido como el Código Martínez Castro, de corte clásico sobre el que se proyectaba el pensamiento político liberal que había relevado a la arbitrariedad.

Una de las grandes oposiciones al gobierno de Díaz y que eventualmente fue motivo de descontento entre la población y lo que contribuyó al levantamiento en armas del movimiento Revolucionario, fueron las leyes expropiatorias de tierras. La más importante es la ley expedida el 20 de julio de 1894 y que se conocen como las Leyes de Terrenos Baldíos. En esta se permitía denunciar como terrenos baldíos, aquellos no ocupados ó si estaban ocupados que no poseyeran títulos los poseedores pudieron apropiarse de ellos.

El fin de estos ordenamientos era el de identificar las tierras que no tenían un propietario para así incorporarlas a la vida económica del país a través de su deslinde, medición y venta a particulares. En este Decreto, las compañías encargadas del deslindamiento asumieron, mediante una concesión con el gobierno, la responsabilidad de localizar terrenos baldíos, para así otorgarlos a extranjeros.

Para asegurar que los terrenos baldíos eran suyos se pidió que los posibles dueños o posesionarios debían presentar la escritura o título que dejara ver que la propiedad era suya y así poder amparar su terreno. Pero en muchas ocasiones los posesionarios carecían de este documento y sus terrenos resultaban jurídicamente susceptibles de ser medidos y enajenados. No obstante el gobierno brindo oportunidades para poder ser propietario, esta oportunidad se le dio a particulares mexicanos y a extranjeros.

Esto acrecentó el problema del campo, pues indirectamente, promovió la creación de latifundios.[2] Lo cual causó descontento entre la población obrera, campesina e indígena, pues consideraban que se les habían usurpado las tierras que por derecho les correspondían y que posteriormente, fue causa del levantamiento en armas en contra del gobierno de Díaz.

1.2. Antecedentes de la Revolución Mexicana

El estallido de la Revolución Mexicana es resultado de una serie de condiciones socioculturales heredadas del Porfiriato. La Revolución no se

---

2 DE LA TORRE RANGEL, Jesús Antonio, *op. Cit.*, p. 88

refiere solo al levantamiento de armas en contra del gobierno de Díaz, sino que es un proceso largo y violento caracterizado por la búsqueda del poder. Son 2 tipos de causas que comienzan este proceso histórico: uno político y otro social.

Las causas políticas para la oposición del gobierno de Díaz se centraron principalmente en las prácticas sucesorias de Díaz. Su gabinete se caracterizaba por ser un grupo elitista de banqueros, economistas, políticos, entre otros y que promovían las ciencias sociales, por lo que se le conocía a este grupo como *los científicos.* Este grupo ocupaba todos los puestos de poder, lo que impedía que otros que no pertenecieran a ellos no pudieran entrar en la vida política, y con la creciente clase media, caracterizada por la educación, se recelaba el pequeño acceso que tenían para llegar a estos. Sí bien existía oposición a estas prácticas, aquellos que se atrevían a vocear sus críticas eran eliminados, ya sea por medio de encarcelamiento o asesinados.

Este tipo de acciones terminó por ser una de las causas de debilitamiento entre los simpatizantes de Díaz, pues no solo no permitía el acceso de jóvenes a su gabinete, ya que la edad media oscilaba alrededor de los 60 años.

Los *reyistas* era un grupo de políticos simpatizantes del General Bernardo Reyes, a quien consideraban digno y necesario en el puesto de la vicepresidencia. Su apoyo era tal, que Díaz no vio otra opción que mandar a Reyes como Comisionado a Europa para calmar a sus simpatizantes. Sin embargo, esta acción causó lo contrario, pues los *reyistas* le dieron la espalda a Díaz y comenzaron a simpatizar con los críticos de su gobierno. Las críticas se centraronn en las prácticas sucesorias de Díaz y en el grupo elitista de los *científicos.*[3]

Los *reyistas* fueron un eco sobre las ideas antireeleccionistas y formó un grupo de grandes políticos, quienes tendrán su participación en los movimientos revolucionarios, como lo fueron: Venustiano Carranza, Francisco Vásquez Gómez y Luis Cabrera.

Resultado de este eco fue el rechazó de los *científicos,* fue como las críticas al gobierno de Díaz se multiplicaron y se esparcieron por medio de periódicos de oposición, uno de los más importantes, aquel promovido por los hermanos Magón, conocido como *Regeneración.* Gracias a las campañas de alfabetización de Díaz, el esparcimiento de la oposición alcanzó a varios

---

3 ESCALANTE GONZALBO, Pablo et al., *Nueva historia mínima de México ilustrada,* México, Colegio de México, 2008, pp. 400-401.

grupos que antes no se habían politizado y que ahora con el acceso que tenían, comenzaron a participar más activamente en la vida política del país. Esto dio como resultado la vociferación del rechazó al gobierno de Díaz por parte de la población urbana y rural debido a los tratos con los que se les había tratado.

Otro acto político y el que se podría decir fue lo que causó el mayor descontento entre la población fue la entrevista Díaz-Creelman, ya que ahí Díaz pintaba su labor como un Presidente éxitoso, al haber hecho una gran renovación en la vida política y económica del país, también declaró que estaba listo para "dejar" al país celebrar elecciones democráticas y que él ya no presentaría su candidatura. Una vez difundida esta información, se crearon grupos de oposición y la creación de partidos y clubes políticos que buscaron ocupar la presidencia, pero estas elecciones solo cementarían la caída de Díaz, pues al contrario de lo declarado, Díaz presento su candidatura para presidente una vez más.[4]

A pesar de estas razones políticas, el movimiento Revolucionario surge principalmente de la situación social, resultado de los abusos del Porfiriato, principalmente, los grandes despojos de tierras a los indígenas y las condiciones de extrema miseria en los trabajadores, obreros y campesinos. Es por esto principalmente que se da el conflicto armado, pues el movimiento Revolucionario planteó aspiraciones reivindicatorias socialistas.

Sobre los antecedentes sociales, hay 4 de suma importancia que le dieron impulso al movimiento revolucionario: La huelga de Cananea, la huelga de Río Blanco, la huelga Ferroviaria de San Luis Potosí y la huelga de Tizapan.[5]

- La Huelga de Cananea en Sonora exigía un trato más humano y mejores salarios para los mineros de la Cananea Consolidated Copper Company; la tensión creció a tal grado de que el gobernador de Sonora envió a soldados para mitigar la huelga, causando la masacre de los trabajadores presentes.
- La huelga de Río Blanco en Veracruz involucró a varias textileras del Estado y en donde se pedían reivindicaciones sociales. Para mediar la huelga, se pidió la intervención del Presidente Díaz, quien falló en

4 PÉREZ DE LOS REYES, Marco Antonio, *Enciclopedia Jurídica,* Tomo v, Porrúa, México, 2018.

5 PÉREZ DE LOS REYES, Marco Antonio, *Historia del derecho mexicano,* México, Oxford, pp. 596-598.

contra de los trabajadores, lo que causó el surgimiento de otras huelgas a lo largo del país, siendo que en Río Blanco se volvió a enviar al ejército para eliminar a los huelguistas.

- La huelga Ferroviaria de San Luis Potosí consta en el enfrentamiento que se dio entre la Liga de Trabajadores Ferrocarrileros y sus patrones, hostilidades que causaron una huelga a lo largo del país, para evitar la huelga, el presidente Díaz presionó para que cesara, lo que causó que se levantara la huelga sin haber ganado nada.

2. PLANES POLÍTICOS Y LEGISLACIÓN EMANADA DE LA REVOLUCIÓN MEXICANA

La Revolución Mexicana fue un proceso histórico que duró alrededor de 7 años, durante su desarrollo se presentaron diferentes movimientos, algunos en contradicción y otros acorde a ella, pero que dieron un giro sobre los puntos de la lucha inicial. El estudio de este proceso se puede dar a través de 4 movimientos o etapas: la primera, que abarca de 1910 a 1914 es la etapa antiporfirista o antirreeleccionista, liderada por Francisco I. Madero; la segunda es el movimiento antimaderista, liderado por Emiliano Zapata y Orozco; la tercera es el movimiento Huertista; la cuarta y última es el movimiento Carrancista o Constitucionalista.

Los movimientos, con excepción del antimaderista, fue una lucha para tomar el poder. Cada uno de los líderes y movimientos tenían exigencias distintas y que para obtener el apoyo de la población, daban a conocer sus inconformidades y exigencias a través de la expedición de Programas o Planes que eran repartidos a la población, ya sea por publicaciones en periódicos o por la participación en los mismos.

Los planes son los documentos suscritos por los caudillos o líderes con la intención de iniciar un conflicto armado; su estructura constaba de un preámbulo donde se expresaba el malestar político y posteriormente se desarrollaban los puntos esenciales de la política en caso de salir victorioso el movimiento. Por otro lado, los programas son documentos donde se desarrollan los puntos de trabajo de un partido político o una facción; es una propuesta qué además de abarcar puntos políticos, despliega temas económicos, sociales, culturales, entre otros con el objeto de mejorar las condiciones de vida de la población.[6]

---

6 *Ibidem.*

2.1. Programa del Partido Liberal Mexicano

El Plan del Partido Liberal Mexicano es un documento publicado el 1 de julio de 1906 en el periódico *Regeneración* por la Junta Organizadora desde San Luis, Missouri. El programa se elaboró a partir de una convocatoria organizada por la misma junta por medio de la cual clubes liberales a través del país mandaron sus opiniones e ideas.[7] Los que conformaban estos clubes no eran intelectuales como los que conformaban el gabinete del general Díaz, se conformaba principalmente de los sectores sociales bajos y medios del campo y la ciudad.

El Plan buscaba terminar con la estructura del estado oligárquico para crear un poder democrático. Este no convocaba a un levantamiento en armas, pues sus principios iban encaminados a una reforma de las estructuras e instituciones ya existentes.

El documento está constituido por: 52 puntos divididos en 7 secciones, un punto de asuntos generales y una cláusula especial. Las secciones eran las siguientes: Reformas constitucionales, mejoramiento y fomento de la instrucción, extranjeros, restricciones a los abusos del clero católico, capital y trabajo, tierras, impuestos y puntos generales. La cláusula especial consiste en encargar a la Junta Organizadora del Partido Liberal dirigirse a los gobiernos extranjeros y manifestar que el pueblo mexicano no quiere más deuda sobre la Patria y que no reconocerá ningúna deuda contraída en la Dictadura.

Algunos de los puntos que se expresan son:

- La reducción del periodo presidencial a 4 años.
- La supresión de la reelección para el presidente y los gobernadores de los Estados.
- Supresión del servicio militar obligatorio.
- Abolición de la pena de muerte, excepto para los traidores a la Patria.
- Multiplicar las escuelas primarias.
- Impartir enseñanza laica en todas las escuelas de la República, ya sean públicas o privadas.
- Declarar obligatoria la educación hasta la edad de 14 años.

---

[7] *Ibídem.* p. 810.

- Declarar que los templos se consideren como negocios mercantiles.
- Nacionalización de los bienes raíces de la iglesia.
- Establecer una jornada de trabajo de 8 horas y un salario mínimo.
- Prohíbe el empleo a los menores de 14 años.
- Hacer obligatorio el descanso dominical.
- Obligación de hacer productivas todas las tierras.
- El Estado dará tierras a quien las solicite sin más condición que dedicarlas para el cultivo.
- Hacer práctico el Juicio de Amparo.
- Establecer la igualdad civil para todos los hijos de un mismo padre.
- Protección a la raza indígena.

2.2. *Plan de San Luis*

El Plan de San Luis es el documento promovido por Madero el 5 de octubre de 1910, a pesar de su nombre, el Plan no fue emitido en San Luis Potosí, si no que más bien se escribió en San Antonio, Texas; la razón del nombre es porque si Madero lo hubiera emitido desde ahí, se violaba la neutralidad de Estados Unidos.

Madero se encontraba escondido en Estados Unidos, pues durante su segunda campaña, cuando se encontraba de gira como candidato presidencial fue aprehendido por difamación contra el presidente Díaz y encarcelado en San Luis Potosí, poniendo fin a su campaña y al Partido Nacional Anti reeleccionista.

El Plan de San Luis llamaba a la población en general a levantarse en armas el 20 de noviembre de 1910 a las seis de la tarde para desconocer la reelección de Porfirio Díaz y convocar a elecciones libres y democráticas. De igual manera, el plan se comprometía a restituir, por medio de los juicios seguidos en tribunales competentes, las tierras a los campesinos y pueblos que hubiesen sido despojados de ellos. Este plan acentaba principalmente el principio de no reelección y desconocia por completo la reelección de Porfirio Diaz, asi mismo Francisco I Madero invitaba a tomar las armas en contra del gobierno actual. Otro punto de medular importancia es que también se realizó un llamado para levantarse en armas el 20 de noviembre de 1910, a las 18 horas.[8]

---

8 ÁVILA CARRILLO, Enrique y GRACIDA CAMACHO, Efrain, Calendario cívico escolar, Ediciones Quinto sol, Mexico, 2019, pp. 228-229.

Por último, se establecía en el Plan la presidencia provisional de Madero hasta que se pudieran celebrar elecciones democráticas.

A pesar de la gran difusión del Plan en Ciudad de México y con el murmullo de un posible complot, no se presentaron las reacciones masivas que se esperaban. La mayoría de los seguidores de Madero provenían de una clase media urbana, por lo que no tenían ni los instrumentos ni el espíritu para levantarse en armas y con el asesinato de Aquiles Serdán, se mitigo aún más este levantamiento en la Ciudad y en los Estados aledaños. No obstante, sí hubo un levantamiento armado en el Norte del país, pues la rebelión se propago, primero en la sierra de Chihuahua y posteriormente en Sonora, Durango y Coahuila, para terminar, expandiéndose al resto del país.

El Plan de San Luis tuvo logro el triunfo de Francisco I. Madero en próximas elecciones presidenciales de 1911.

Con la llegada de Madero al país en 1911, asume el liderazgo de la lucha, lo que mejoro la organización del movimiento armado y abril eran tantos los grupos que se dificultaba su represión. La caída de Ciudad Juárez aceleró las pláticas entre el gobierno y los revolucionarios, dándoles una gran fuerza negociadora a los segundos y por eso la firma de los Tratados de Juárez fue tan rápida. En este tratado Díaz renuncia a la presidencia y se le reconoce la misma a Madero.

2.3. Plan de Ayala

Con el triunfo de la revolución maderista y el ascenso como Presidente de la República de Francisco I. Madero en noviembre de 1911, el zapatismo, no vio cumplidas sus expectativas y los acuerdos que habían establecido como parte de los compromisos que defendía el Plan de San Luis.[9]

Ante esta situación, Emiliano Zapata decidió proclamar un plan en el que se expusieran los alcances y razones de la lucha zapatista, por lo que encargó la elaboración del documento al profesor Otilio Montaño, uno de sus principales hombres de confianza y colaborador, una vez redactado fue discutido con el propio Zapata, hasta que el 28 de noviembre de 1911 fue promulgado el Plan de Ayala.[10]

---

9 Secretaria de la defensa nacional, 28 *de noviembre de 1911 Emiliano Zapata promulgo el Plan de Ayala,* https://www.gob.mx/sedena/documentos/28-de-noviembre-de-1911-emiliano-zapata-promulgo-el-plan-de-ayala, Consulta: 28 de abril 2023.

10 *Ibidem.*

La llegada al poder de Madero duró unos 2 años, terminando de forma violenta con su asesinato y un golpe de Estado por parte de Victoriano Huerta. La desestimación del gobierno de Madero comenzó pocos días después de su ascenso al poder. El triunfo de la lucha de Madero fue posible debido al apoyo que recibió por parte de varios caudillos revolucionarios y que se unieron a su guerra, no por motivos políticos, como fue el estandarte antireleccionista de Madero, sino más bien, por la restitución de tierras prometidas por el mismo en el Plan de San Luis. La falta de cumplimiento de estas promesas, o más bien, la lentitud con la que estas se estaban cumpliendo, resultaron en la desaprobación del gobierno de Madero y crearon una oposición al mismo. Hubo 2 enfrentamientos importantes al gobierno maderista: el zapatista y el orozquista; estos tuvieron el objetivo de que se cumplieran sus reclamos socioeconómicos.

El Plan de Ayala fue promulgado el 25 de noviembre de 1911 por Emiliano Zapata y redactado por el profesor Otilio Montaño bajo el lema "Libertad, Justica y Ley". En el se desconocía a Madero como presidente y se le llama traidor, además de que se llama a las armas para restituir la propiedad de las tierras a los campesinos.[11] Tal documento se encuentra redactado en 15 puntos:

- El desconocimiento de Madero como presidente.
- El reconocimiento del General Pascual Orozco como Jefe de la Revolución.
- La entrega de los terrenos, montes y aguas a los pueblos o ciudadanos que cuenten con los títulos correspondientes a esas propiedades.
- La expropiación de una tercera parte de estas propiedades para ser redistribuidas entre la población sin tierras.
- La nacionalización de bienes en manos de hacendados, científicos o caciques que se opongan al Plan para destinarlos a las indemnizaciones de la guerra y las pensiones a viudas y huérfanos resultados de la misma.
- Se declaran traidores a los que se opongan al Plan.
- Se llama a convocar a elecciones una vez ganada la Revolución. Dicha labor recayó en el Presidente Interino designado por una Junta de los principales Jefes Revolucionarios.
- La designación de Gobernadores provisionales por los principales jefes Revolucionarios para que estos convoquen a elecciones.

---

[11] PÉREZ DE LOS REYES, Marco Antonio, *Historia del derecho mexicano. op. cit.*, P. 605.

Una vez dado el golpe de Estado por Victoriano Huerta y la unión del General Pascual Orozco al mismo, Zapata reformo el Plan y añade el desconocimiento de Huerta como presidente y declara a Orozco traidor de la Revolución.[12]

2.4. Plan de Guadalupe y sus reformas

Durante el gobierno de Madero sucedieron varios eventos que debilitaron al mismo, pues no solo tenía que enfrentarse a los simpatizantes de Díaz que buscaban recuperar el poder, como el levantamiento de Bernardo Reyes, sino que también se encontraba el descontento de los líderes campesinos que exigían lo prometido en el Plan de San Luis. Al ser estos mismos los que apoyaron a su victoria, su abandono significó que su gobierno solo durara unos 2 años, de 1911 a 1913, concluyendo con los sucesos de la llamada Decena Trágica.

La Decena Trágica es el periodo de tiempo abarcado entre el 9 al 19 de febrero de 1913 que comienza con el ataque al Palacio Nacional por grupos militares y la liberación de Bernardo Reyes y Félix Díaz y culminando con la firma de renuncia de Madero y de Pino Suarez.[13] El final de este enfrentamiento armado es la designación de Victoriano Huerta como Presidente.

El golpe de Estado fue desaprobado por varios gobernantes y participantes en la lucha de Madero y antiporfirista, por lo que el movimiento Antihuertista se desarrollaba en 4 regiones. El movimiento en Coahuila fue liderado por Venustiano Carranza, quien se rebeló ante la usurpación e invitó a varios otros gobernadores a secundarlo, su movimiento llamado *Revolución Constitucionalista,* pretendía la reivindicación de la Constitución que Carranza consideraba como vulnerada. Este movimiento se caracterizó por ser principalmente legalista y fue fundamental para la organización, legitimación y administración del movimiento.[14] Estos principios se presentan en el Plan de Guadalupe.

---

12 Gaceta del Senado, *105 aniversario de la promulgación del Plan de Ayala,* https://www.senado.gob.mx/64/gaceta_del_senado/documento/67671, 2016, consulta: 28 de abril 2023.

13 PÉREZ DE LOS REYES, Marco Antonio, *Historia del derecho mexicano, op. cit.*, p. 605.

14 ESCALANTE GONZALBO, Pablo et al., *Nueva historia mínima de México ilustrada, Op. Cit., p.* 424.

El Plan de Guadalupe es el documento con el que Venustiano Carranza, desde la hacienda de Guadalupe, cerca a Saltillo, llama al levantamiento de armas el 26 de marzo de 1913. El contenido de este documento se organizó en 7 puntos y a distinción de los otros planes, no fue un plan de lucha social, sino que más bien, buscaba quitar a Huerta de la presidencia y reivindicar la Constitución vulnerada. Sus puntos fueron:

1° Desconocer al general Victoriano Huerta como presidente de la República.

2° Desconoce a los Poderes Legislativo y Judicial de la Federación.

3° Se desconoce a los Gobiernos de los Estados que reconozcan a los poderes Federales, 30 días después de la publicación del Plan.

4° Se nombra como Primer Jefe del Ejército a Venustiano Carranza y se nombra al ejército como “Constitucionalista”.

5° Se le nombre a Venustiano Carranza presidente interino.

6° Se le pide al presidente interino convocar a elecciones generales.

7° Los que funjan como Primer Jefe del Ejército Constitucionalista en los Estados que aún sigan reconociendo el gobierno de Huerta, asumirán el cargo de Gobernador Provisional y Convocarán a elecciones.

El 12 de diciembre de 1914, el Plan tuvo 7 modificaciones: la ruptura con Francisco Villa y Emiliano Zapata, dio como resultado que Carranza se mantuviera en frente del Poder Ejecutivo y el ejército nacional, manteniendo vigente el Plan de Guadalupe y se dio a sí mismo facultades legislativas.[15]

El 1916, con la derrota de Villa y Zapata, se vuelve a reformar el Plan y se convoca a un Congreso Constituyente para modificar la Constitución.

2.5. *Otros planes políticos*

A. Plan de la Empacadora

Durante la presidencia de Francisco I. Madero, el 25 de marzo de 1912 un grupo de revolucionarios del Estado de Chihuahua, encabezados por

---

[15] CNDH, *Venustiano Carranza promulga el Plan de Guadalupe para restaurar el orden Constitucional y la legalidad en México y crear el ejército Constitucionalista,* https://www.cndh.org.mx/noticia/venustiano-carranza-promulga-el-plan-de-guadalupe-para-restaurar-el-orden-constitucional-y, consulta: 28 de abril 2023.

Pascual Orozco anunciaron que se levantaban en armas, mediante el Plan elaborado en la Casa Empacadora de la capital de ese Estado, en el que proponían un amplio programa de reformas laborales y agrarias.[16]

Los levantamientos de Orozco en Chihuahua fueron de los movimientos más fuertes que Madero se tuvo que enfrentar durante su gobierno. Su rebelión inició en marzo de 1912 porque "consideraban insuficiente el pago, económico y político por su participación en los levantamientos revolucionarios de Madero".[17]

Este plan inicia con las faltas y delitos en los que se consideraba que el gobierno y el mismo Francisco I. Madero habían incurrido. Se acusó a Madero de una serie de comportamientos delictivos por los cuales se determinó que era traidor y que estaba fuera de la ley; así mismo se le acuso de complicidad con Estados Unidos para cometer su traición.

Sus exigencias se vieron plasmadas en el Plan de la Empacadora, bajo el lema "Reforma, Libertad y Justicia", cuenta con 37 puntos y sobre los que destacan:

- Desconoce las elecciones de 1911 y por lo tanto, la presidencia de Madero.
- Declara traidor a Madero por el falseo y violación al Plan de San Luis.
- Anula el servicio militar obligatorio.
- Propone medidas en materia obrera, como la supresión de las tiendas de raya, la reducción de las horas de trabajo a 10, prohíbe el trabajo de menores de 10 años, entre otras.
- En materia agraria reconoce la propiedad de los poseedores pacíficos, la revalidación de títulos, repartición de las tierras baldías y nacionalizadas, entre otras.
- Libertad de pensamiento.

A diferencia de otros planes, este no nombra ningún titular ejecutivo, pues propone un interinato de un año, durante el cual se convocarán a elecciones libres.

---

16 Página oficial del gobierno federal, https://www.gob.mx/sedena/documentos/25-de-marzo-de-1912-plan-de-la-empacadora, CONSULTA: 28 de abril, 2023.

17 ESCALANTE GONZALBO, Pablo et al., *Op. Nueva historia mínima de México ilustrada, op. cit., p.* 417.

La rebelión de Orozco fue derrotada por Victoriano Huerta en la batalla del Cañón de Bachimba.

B. Pacto de la Ciudadela

Antecedentes:El gobierno de Francisco I. Madero estaba enfrentando frecuentes problemas y alzamientos, de los cuales los más importantes o destacados provenían de los revolucionarios Pascual Orozco y Emiliano Zapata, quienes lo había apoyado en su lucha para lograr la renuncia de Porfirio Díaz. Sin embargo, había grupos militares que manifestaban su descontento y realizaron alzamientos en contra de este, tal y como fueron Bernardo Reyes y Félix Díaz. Madero pudo contener los alzamientos ya que contaba con la ayuda de sus jefes militares, siendo uno de los principales Victoriano Huerta.

Además de los alzamientos militares en contra de Madero que tampoco eran bien vistos por el Gobierno de los Estados Unidos, teniendo una enemistad con el embajador Henry Wilson, con quien había tenido fuertes diferencias por asuntos monetarios.

A pesar de que el general Huerta había mostrado efectividad a la hora de contener los diversos alzamientos militares que estaba enfrentando Madero, modificó sus lealtades aliándose con los rebeldes dirigidos por Félix Díaz y Bernardo Reyes.Gustavo I. Madero descubrió esta situación pero no le dio mucha importancia y esto más tarde provocó consecuencias graves y cuando Madero por fin se dio cuenta de su error ya era demasiado tarde, un grupo se alzó en armas y tomaron la Ciudadela de México, liderando a Díaz y a Reyes el 9 de febrero de 1913. Este engaño incluía que Huerta simularía sitiar la Ciudadela. Esto duraría 10 días, hasta el 18 de junio, conformando lo que se conoció como la Decena Trágica.

Después de haberse consumado el golpe los dos grandes opositores al gobierno de Díaz, fueron Bernardo Reyes y Félix Díaz, quien contrario a los otros dos oposicionistas importantes, Orozco y Zapata, sus demandas no era de índole social o agrario, sino más bien, al ser despojados del poder que ostentaban cuando el general Díaz fungía como presidente, querían recuperarlo.

Fue en la noche del 18 de febrero de 1913, una vez que habían sido aprehendidos Madero y Pino Suarez, Félix Díaz y Victoriano Huerta redactaron un pacto en la embajada estadounidense al cual se le dio el nombre de “Pacto de la Ciudadela”, también conocido como el de la embajada.[18]

En él, disponen que antes de 72 horas Huerta asumiría provisionalmente la presidencia y conformado un gabinete mayoritariamente felicista, el gabinete se encontraba conformado por: Licenciado Francisco León de la Barra; Licenciado Toribio Esquivel Obregón; Manuel Mondragón; Alberto Robles Gil; Ingeniero Alberto García Granados; Licenciado Rodolfo Reyes, Licenciado Jorge Vera y el Ingeniero David de la Fuente.[19]

El pacto de la Ciudadela o de la Embajada fue un documento redactado por Félix Díaz, Victoriano Huerta y el Embajador estadounidense, Henry Wilson. El pacto se firmó el 18 de febrero de 1913, dando fin a los acontecimientos de la conocida *Decena Trágica.* En el, además de otros puntos, se plantea la renuncia y muerte de Madero, así como la planeación de la llegada a la silla presidencia de Félix Díaz a través de un gobierno intermitente.[20] Se conoce con ambos nombres, pues fue en la Ciudadela que se negoció, pero fue en la Embajada de Estados Unidos donde se firmó.

En el contenido del Plan se encontraba:

- El desconocimiento de la presidencia de Madero.
- La creación de un gabinete provisional por 72 horas en el cual Huerta sería presidente provisional.
- Félix Díaz no formaba parte del gabinete, pues se planeaba que, a través de las elecciones convocadas por Huerta, él llegaría al poder.

Acontecimientos posteriores

La subida de Huerta al poder provocó la formación del llamado Ejército Constitucionalista, el cual era liderado por Venustiano Carranza. Este ejército, estaba aliado con los revolucionarios Pancho Villa y Emiliano Zapata, los cuales protagonizaron un alzamiento que tuvo como resultado la salida del gobierno usurpador de Huerta.

---

18 Instituto de investigaciones jurídicas de la unam, *Pacto de la ciudadela, Ciudad de México, 19 de febrero de 1913,* https://archivos.juridicas.unam.mx/www/bjv/libros/6/2851/36.pdf, consulta: 3 de mayo de 2023.

19 GONZALES RAMIREZ, Manuel, *planes políticos y otros documentos,* Fondo de Cultura Económico. 1974, pp. 132-133.

20 PÉREZ DE LOS REYES, Marco Antonio, Historia del derecho mexicano, *op. cit.*, p. 605.

Huerta y Díaz intentaron por diferentes vías retornar al poder, pero nunca pudieron lograrlo. Incluso Wilson intentó, sin éxito, el reconocimiento de Huerta como presidente legítimo.

2.6. Ley del Municipio Libre

Existe amplio consenso entre los estudiosos de los temas municipales en considerar que la institución del municipio libre fue producto innegable de la lucha armada que enfrentó nuestro país en 1910. En efecto, la vida municipal de México se vio fuertemente afectada por la dictadura del general Díaz, a tal grado que la existencia de la libertad y autonomía municipal era letra muerta a finales del siglo XIX. Era necesario que el impulso de los cambios revolucionarios diera nuevos espacios sociales y políticos a esta institución.[21]

Es por esto que resulta interesante el plantear algunas consideraciones del orden de entrelazamiento que se dio entre la Revolución Mexicana y el surgimiento del nuevo concepto de municipio, al que se denominó como "municipio libre", que fue recogido de forma novedosa en el artículo 115 de la Constitución vigente.

Algunos de los eventos de la revolución que se trataban del municipio son:

– Las Leyes Municipales de Zapata, fue un movimiento armado que fue encabezado por Zapata principalmente en los Estados sureños. Este movimiento aporto en materia municipal una serie de ordenamientos que son poco conocidos, pero que toda vez que las cuestiones agrarias fueron uno de los temas principales de sus postulados, sobre todo en el plan de Ayala.

A este respecto presentan especial interés la Ley General sobre Libertades Municipales, del 15 de septiembre de 1916; y, la Ley Orgánica de Ayuntamientos para el Estado de Morelos, del 20 de abril de 1917.[22]

– La experiencia municipal de los caudillos revolucionarios: muchos de los dirigentes revolucionarios tuvieron un contacto directo y extensa experiencia en actividades referentes al ayuntamiento, por lo que conocían de forma directa y personal las dificultades para lograr una mayor libertad de los municipios.

---

21 QUINTANA ROLDAN, Carlos, *Derecho Municipal,* Editorial Porrúa, 9ª. Edición, México, 2008.p. 449. Consulta: 1 de mayo 2023.

22 *Ibidem*.p. 73-23.

Todo lo sucedido trajo como resultado la base de la propuesta de Carranza para la formulación del artículo 115 en esta materia, fue la establecida en la denominada Ley de libertades municipales, que expidió Carranza el 26 diciembre del 1914 y que tuvo como finalidad retomar el texto del artículo 109 de la Constitución de 1857, para determinar al municipio libre como la base de la división territorial y de la organización política de los Estados.En ese se establecía que:[23]

- Para sostener un gobierno absoluto y despótico, se debe descentralizar el gobierno.
- Es insostenible imponer autoridades políticas ajenas a los municipios.
- El ejercicio de las libertades municipales educa al pueblo para todas las otras tareas democráticas, además de que despiertan en ellos el interés por los asuntos públicos.
- La autonomía de los municipios moraliza la administración y hace más efectiva la vigilancia de sus intereses.
- Establece que el municipio independiente tiene base en la libertad política de los pueblos, así como la primera condición de su bienestar y prosperidad.
- Eleva la reforma de municipio libre a precepto constitucional.

2.7. Ley del Divorcio y Ley de Relaciones Familiares

La ley del divorcio fue expedida por Venustiano Carranza el 29 de diciembre de 1914 en Veracruz, a través del Decreto por el que se reformo la fracción IX del artículo 123 de la Ley del 14 de diciembre de 1874 sobre las Leyes de Reforma.[24]

La ley de 1874 contemplaba el divorcio como una simple separación de cuerpos, más no como la disolución del vínculo matrimonial y que esta solo era posible por la muerte de uno de los cónyuges.[25]

---

23 *Ibidem. p. 463.*

24 CRUZ BARNEY, Oscar, *Derecho privado y revolución mexicana, Instituto de Investigaciones jurídicas, núm. 281*, México, 2016, p. 61 https://archivos.juridicas.unam.mx/www/bjv/libros/9/4091/6.pdf. Consulta: 3 de mayo, 2023.

25 *Ibídem,* p. 62.

La Ley del Divorcio establece que el matrimonio tiene 3 objetos esenciales: "la procreación de la especie, la educación de los hijos y la mutua ayuda de los contrayentes para soportar las cargas de la vida".[26] También raciocina que el matrimonio, al ser un contrato civil formado principalmente por la espontánea y libre voluntad de los contrayentes, "es absurdo que deba subsistir cuando esa voluntad falta por completo.[27]" Es por esta y por muchas otras razones explicadas en el documento que el divorcio deberá significar la disolución del vínculo matrimonial y que debe cumplir con los siguientes requisitos: que sea por mutuo y de libre acuerdo de los cónyuges, el matrimonio debe tener más de 3 años o cualquier tiempo si es por causas que hagan imposibles los fines del matrimonio o por falta grave a alguno de los cónyuges.[28]

La Ley de Relaciones Familiares de 1917 fue resultado indirecto de la expedición de la Ley de Divorcio, pues era necesario "adaptar los derechos y obligaciones de los consortes, así como a las relaciones concernientes a la paternidad y filiación, reconocimiento de hijos, patria potestad, emancipación y tutela".[29]

En su articulado se encontraba:[30]

- Establecía a la familia sobre las bases más racionales y justas, que eleven a los consortes a la alta misión que la sociedad y la naturaleza ponen a su encargo, de propagar la especia y fundar la familia.
- Establece una base de igualdad entre hombres y mujeres como cónyuges, despojando a la esposa de su calidad de *hija*, heredada del derecho romano.
- Elimina la clasificación de hijos espurios.
- La patria potestad debe ejercerse conjuntamente por el padre y la madre y si estos faltan, por los abuelos.
- La tutela se expande de los incapacitados mencionados en el Código Civil a los ebrios habituales.

---

[26] Ley sobre el divorcio, https://archivos.juridicas.unam.mx/www/bjv/libros/9/4091/9.pdf, Consulta: 1 de mayo 2023.

[27] *Ídem.*

[28] *Ídem.*

[29] Ley de relaciones familiares, https://www.constitucion1917-2017.pjf.gob.mx/sites/default/files/venustianocarranza/archivos/Leysobrerelacionesfamiliares1917.pdf Consulta: 1 de mayo 2013. Consulta: mayo, 2023.

[30] *Ibidem.*

2.8. Ley Agraria de 6 de enero de 1915

La Ley Agraria de 1915, fue el primer ordenamiento nacional que se estableció como rama autónoma y específica, empeñada en rescatar los objetivos fundamentales de las luchas agrarias. Sus principales consignas convertidas en norma, fueron la justa repartición y distribución de la tierra mediante el expolio de haciendas. Dicho ordenamiento fue expedido por el entonces Presidente de la Republica Venustiano Carranza el 6 de enero de dicho año en la ciudad de Veracruz, Veracruz[31]

Las ideas y orden del abogado Luis cabrera, quien en aquel entonces era el secretario de hacienda, fueron la pieza clave para la redacción de lo que se constituyó como un documento legal, el cual era radicalmente avanzado para su tiempo, ya que rompía los esquemas de la clasificación doctrinaria del derecho, tanto en las materias privadas y públicas y así como dar nacimiento a una nueva y desconocida clasificación.

El decreto del 6 de enero de 1915 declaró nulas todas las enajenaciones de tierras, aguas y montes pertenecientes a los pueblos, otorgadas en contravención a lo dispuesto en la ley del 25 de junio de 1856.[32] Esta es considerada como el origen moderno de la legislación agraria en México.

Esta situación fue una de las causas que hizo que surgiera el descontento que prevalecía en las poblaciones indígenas del país, ya que esto ocasiono que muchos poblados y habitantes fueran despojados de varias extensiones de terrenos que poseían en común, así se organizaban en congregaciones, comunidades o rancherías, conforme su costumbre para aprovechar en forma mancomunada sus tierras, montes y aguas.

El despojo de los referidos terrenos se hizo no solamente por medio de enajenaciones llevadas a efecto por las autoridades políticas en contravención abierta de las leyes mencionadas, sino también por concesiones, composiciones y no ventas concertadas con los ministros de Fomento y Hacienda, o pretexto de apeos y deslindes, para favorecer a los que hacían denuncias de excedencias o demasías, y las llamadas compañías deslindadoras; pues de todas estas maneras fueron las formas en que se invadieron

---

[31] Senado de la Republica Mexicana, *Gaceta parlamentaria*, https://www.senado.gob.mx/65/gaceta_del_senado/documento/52280, consulta: 23 de mayo, 2023.

[32] CRUZ BARNEY, Oscar, *Historia del Derecho Mexicano*, *op. cit.*, p. 873.

los terrenos que durante largos años pertenecieron a los pueblos y en los cuales tenían éstos la base de su subsistencia.[33]

La Ley está conformada por 9 considerandos y 11 artículos entre los que destacan: las acciones agrarias de restitución, la acción de dotación de ejidos, órganos de autoridad agraria, como lo es la Comisión Nacional Agraria, Comisión Local Agraria y los Comités Ejecutivos, así como el nombramiento de la autoridad agraria por parte del presidente de la Republica.[34]

2.9. Legislación Obrera

A lo largo del proceso revolucionario se hicieron grandes avances en materia laboral, pues uno de los incentivos para que esta sucediera fueron los movimientos obreros que se dieron a lo largo del país durante el Porfiriato, como la huelga de Cananea y de varios Estados que quisieron mejorar la calidad de los trabajadores, principalmente en 1914, donde los puntos repetitivos era la reducción de la jornada laboral, el descanso semanal y la prohibición de trabajo a los menores de edad.

Mario de la Cueva expresa que lo decretado el 7 de octubre de 1914 en Veracruz debio ser considerado como la primera ley del trabajo, ya que estableció una jornada mínima de 9 horas, prohibición del trabajo a menores de 9 años, salarios mínimos en el campo y en la ciudad, protección del salario, reglamentación del trabajo a destajo, la aceptación de la teoría del riesgo profesional y la creación de las juntas de conciliación y arbitraje.[35]

La revolución mexicana fue quien produjo la rebelión de los trabajadores. Esto sucedioo tras el colapso del gobierno. Asi iniciaron las huelgas las cuales ya no eran tan fácilmente reprimidas. Esto tuvo como resultado mas triunfos en las huelgas y más beneficios para los que las realizaban.

El 21 de diciembre de 1911, los trabajadores textiles de las fábricas más importantes de Puebla y Atlixco, el corazón de la industria manufacturera de México, realizaron una huelga para obtener mejores salarios y 10 horas de trabajo. Esto ponía en jaque los mecanismos clásicos del porfirismo y

---

33 SILVA HERZOG, Jesús, *Breve historia de la Revolución Mexicana: la etapa constitucional y la lucha de facciones*, tomo II, México, 1960, pp. 203-211.

34 SOTOMAYOR GARZA, Jesús G, *Historia del derecho y la abogacía en México*, 2 Ed., Porrúa, México, 2017, p. 174.

35 CRUZ BARNEY, Oscar, *Derecho privado y revolución mexicana*, *op. cit.*, p. 59.

la burguesía ya que no podían seguir dominando como hasta entonces lo venían haciendo.

La huelga se extendió a trabajadores rurales de varias partes del país entre ellos se encontraban Jalisco, Chihuahua y Tlaxcala y El Bajío.

Este movimiento obrero pasó de las demandas de salarios y horas de trabajo a buscar el control del piso en las fábricas, a exigir el despido de gerentes y la supresión de las listas negras. El crecimiento de conciencia que estaban adoptando los obreros alarmaba a la burguesía.

3. LA CONSTITUCIÓN DE 1917

El 5 de febrero de 1917 fue promulgada la Constitución Política de los Estados Unidos Mexicanos por el presidente constitucionalista Venustiano Carranza. Esta Constitucion sigue vigente, aunque a lo largo de la historia ha sido reformado en más de 200 ocasiones.

Como antecedentes de la Constitución de 1917 están: el Acta Constitutiva de la Federación y la Constitución Federal de los Estados Unidos Mexicanos de 1824; Las Siete Leyes Constitucionales de 1835-1836; las Bases Orgánicas de la República Mexicana de 1843; el Acta Constitutiva y de Reformas de 1847; y la Constitución Federal de los Estados Unidos Mexicanos de 1857.[36]

La Constitución de 1917 es la conclusión del movimiento revolucionario. Esta es considerada como la primera Constitución social del siglo XX, pues fue la primera en incluir Derecho Sociales. Esta Constitución no solo fija la base organizativa del Estado, sino que también reconoce las garantías individuales y promete ser garante de los derechos sociales.

Dentro de su contenido que la hace distinguible se encuentran:

- La no reelección del presidente.
- Las garantías individuales.
- La división de poderes en Ejecutivo, Legislativo y Judicial.
- Suprime la figura del vicepresidente.

---

36 Secretaria de la Cultura, *100 años de la constitución de 1917*, https://www.gob.mx/cultura/articulos/centenario-constitucion-politica-de-los-estados-unidos-mexicanos, consulta 3 de mayo, 2023.

- Se establecen leyes referentes a la propiedad de la tierra, donde se establece la soberanía nacional sobre sus recursos naturales, brindándole la propiedad originaria a la nación.
- Sobre las exigencias laborales: se establece el derecho a huelga y sindicalización, salario mínimo, una jornada laboral de 8 horas, indemnización por riesgos de trabajo y la prohibición del trabajo nocturno para niños y mujeres.
- Se establece una educación laica, obligatoria y gratuita.
- Se establece la libertad de expresión y libre asociación de los trabajadores.
- Establece la libertad municipal.
- Garantiza la libertad de ideas y de imprenta.

Nuestra Carta Magna está compuesta por 136 artículos y 19 artículos transitorios contenidos en nueve títulos: I. De las garantías individuales. II. De la soberanía nacional y de la forma de gobierno. III. De la división de poderes. IV. De las responsabilidades de los funcionarios públicos. V. De los Estados de la Federación. VI. Del trabajo y la previsión social. VII. Prevenciones generales. VIII. De las reformas a la Constitución. IX. De la inviolabilidad de la Constitución.[37]

3.1. El congreso constituyente

El Congreso Constituyente es el órgano electo para redactar la nueva constitución para México una vez terminado el conflicto armado de la Revolución mexicana. Después de la victoria sobre los villistas y zapatistas, se convocó a la creación de un Congreso Constituyente cuya labor era la de reformar la Constitución de 1857. Esta convocatoria sale del Plan de Guadalupe, pues en 1914 se había establecido que al triunfo de la Revolución se convocaría al Congreso de la Unión para que reformara la Constitución con base en los puntos planteados durante la lucha armada.[38]

La reforma al Plan de Guadalupe tenía como propósito el convocar la reunión de un Congreso Constituyente. La convocatoria salió en septiem-

---

37 *Ibidem.*

38 DEL REFUGIO GONZALES, Maria y LÓPEZ AYLLON, Sergio, *Transiciones y diseño constitucionales*, Instituto de Investigaciones jurídicas, México, 200 p. 130.

bre de 1916, en esta se establece la sede, el Teatro Iturbide; y la forma en la que se integraría el Congreso Constituyente.

La forma de su Constitución fue la siguiente: se elegiría a un diputado propietario y a un suplente por cada 60 mil habitantes o fracción que pasará de 20 mil habitantes. También se establece que no pueden ser electos aquellos que hubieran sido simpatizantes con las fracciones o gobiernos oposicionistas al movimiento constitucional.[39]

Como parte del acto inaugural el mismo Carranza presentó un resumen de las reformas propuestas para ser incluidas en la nueva Constitución, entre las que destacan el juicio de amparo, la soberanía nominal de los Estados, la libre concurrencia mercantil, la elección directa del Presidente, la responsabilidad política, el sistema presidencial y la desaparición de la vicepresidencia.[40]

Asimismo, el Congreso contó con una Comisión de puntos Constitucionales, encargada de analizar los asuntos centrales de la Constitución, y de someter a consideración todas aquellas cuestiones propuestas por los diputados para ser incluidas en tan importante documento.[41]

"El proyecto original de la Constitución estuvo redactado por los Diputados José Natividad Macías, Félix F. Palavicini, Luis Manuel Rojas, Alfonso Cravioto, Manuel Andrade y Juan N. Frías; pero en el curso de las sesiones, el proyecto fue modificado hasta alcanzar su forma final, que al conseguirse, permitió que se promulgase la nueva Constitución.*[42]

A. El proyecto de Carranza

Carranza se presentó el 1° de diciembre de 1916 a la primera sesión del Congreso Constituyente para presentar su Proyecto de Reforma a la Constitución de 1857.

---

39 Cámara de Diputados, *Venustiano Carranza frente al Congreso Constituyente, Cámara de Diputado, México, 2016* http://biblioteca.diputados.gob.mx/janium/bv/lxiii/vc-hist-proy-ref.pdf p. 25, consulta: 3 de mayo, 2023.

40 Secretaria de la Defensa Nacional, *1 de diciembre de 1916, inauguración del congreso constituyente en Querétaro,* https://www.gob.mx/sedena/documentos/1-de-diciembre-de-1916-inauguracion-del-congreso-constituyente-en-queretaro consulta: 1 de mayo 2023.

41 *Ibidem.*

42 Congreso de jalisco, *Revolución Mexicana 1910-1917,* https://congresoweb.congresojal.gob.mx/bibliotecavirtual/libros/AntecedentesRevolcucion.pdf, consulta: 3 de mayo, 2023.

La referencia de Carranza era la Constitución de 1857, a partir de la cual debía proponer un nuevo orden normativo. Carranza tenía una visión la cual era fundamentalmente política, y su objetivo era el de conjugar de manera productiva las aspiraciones de la Constitución de 1857: derechos humanos; soberanía popular; división de poderes; república federal, representativa y popular.

El proyecto de Carranza establecía:

- El proyecto recopila todas las reformas políticas que Carranza consideraba como indispensables para cimentar las instituciones de la nueva nación.
- Reconoce que la Constitución de 1857 tiene los más altos principios de la Revolución Francesa, pero que estos solo son decretados y que el juicio de amparo, aquel que sirve para garantizarlos, solo se ha convertido en una máquina política.
- Declara que la división de poderes tampoco ha tenido cumplimento, pues esta no empata con la realidad de los actos realizados por estos, ya que la realidad era que los poderes estaban ejercidos por una sola persona: el titular del ejecutivo, el cual podía injerir tanto en las prácticas legislativas como en las prácticas judiciales.
- El pacto federal no se cumple, pues no existe libertad y soberanía al interior de los estados, pues el poder central siempre ha sido quien ha impuesto su voluntad en estos.[43]

Las reformas que proponía eran:

- Cambiar la designación de "derechos del hombre" a "garantías individuales", pues consideraba que no bastaba con solo *declarar* la libertad humana, sino que debían garantizarse.
- Se proponían reformas sobre el artículo 14, que extendía el amparo a los juicios civiles y el artículo 20 que contemplaba nuevas garantías para los sujetos en procesos penales, así como otorgar las facultades investigadoras y persecutorias al Ministerio Público.
- La reforma al artículo 27 adicionaba la "declaración de utilidad pública hecha por la autoridad administrativa correspondiente".

---

[43] RABASA, Emilio O, *Historia de las constituciones mexicanas,* México, Instituto de Investigaciones Jurídicas, 2016, pp. 96-97.

- La reforma al artículo 72 en su fracción XX le confiere al Poder Legislativo Federal la capacidad de expedir leyes sobre el trabajo.
- Establece el Municipio Libre y lo llama como "una de las grandes conquistas de la Revolución", pues los dota de independencia política y económica.
- Se declaraban las elecciones directas para la elección del presidente y se suprimía la figura de la vicepresidencia.
- Reformas en el Poder Legislativo para que este no actuara por mero capricho del presidente.
- Reformas en el Poder Judicial para poder asegurar su independencia.[44]

B. Características y tendencias

Durante las sesiones del Congreso de la Unión se formaron dos facciones:

Durante las 12 sesiones del Congreso se realizaron varios debates, tanto sobre el texto de la Constitución de 1857 como sobre el Proyecto de Carranza, pero las más relevantes fueron aquellas que versaban sobre el contenido de los artículos 3, 27, 123 y 130.

Sobre el artículo 3, se proponía la plena libertad de enseñanza laica en los establecimientos de educación pública y se discutió y concluyó la exclusión de las corporaciones religiosas de la educación primaria y la gratuidad con la que esta debe ser otorgada. Los moderados trataron de defender el proyecto mientras los jacobinos reclamaron la enseñanza laica y gratuita para cualquier tipo de escuela, pública o privada. Finalmente, fue aprobado el artículo 3 con la redacción propuesta por la comisión de constitución, por 99 votos en contra 58, en los siguientes términos: "La enseñanza es libre; pero será laica la que se de en establecimientos oficiales, lo mismo que la enseñanza primaria, elemental y superior que se imparta en los establecimientos particulares. Las escuelas primarias particulares solo podrán establecerse sujetándose a la vigencia oficial".[45]

---

44 *Ibidem,* p. 97-98.

45 CARPIZO, Jorge, *Ley Federal de Educación, en gaceta informativa de Legislación y Jurisprudencia,* México UNAM, nums. 7-8, julio-diciembre de 1973. PP. 351-352.

Sobre el artículo 123, se cambió de numerología, pues su contenido se encontraba contemplado en el artículo 5° de la Constitución de 1857. Esta discusión concluyó que no solo bastaba con mencionar derechos laborales, sino que se deberían otorgar las bases para la materia laboral, logrando así ser la primera en abordar el tema de cuestiones laborales.

El artículo 27 del proyecto de Carranza era muy parecido al de la constitución de 1857, con algunas adiciones de escasa importancia así como resolver la concentración de la propiedad rural. Es por esta razón que fue designada una comisión, y el encargado de esta se encontraba en manos de Andrés Molina Enríquez, el autor de la importante obra Los grandes problemas nacionales para que elaborara un nuevo proyecto del artículo 27.[46]

El proyecto fue presentado ante el congreso el día 29 y fue finalmente aprobado el día 30 de enero. Se trata, sin duda, de uno de los artículos más importantes de la Constitución de 1917 especialmente porque afronto el problema de la concentración de la propiedad rural.[47]

El debate sobre el artículo 27 fue de gran importancia pues su contenido iba íntimamente relacionado con los antecedentes revolucionarios. Se consideró la propuesta de Carranza sobre el mismo, insuficiente. La Reforma agraria fue abordada hasta las últimas sesiones del Congreso, en este se reconoció 3 clases de derechos de territorios, la propiedad plena, la propiedad privada y las propiedades por posesión de hecho. La reforma agraria concluyó en hacer que la tierra tuviera una función para equilibrar la riqueza pública, concedía una acción para denunciar a los bienes que estuvieran en manos de las iglesias y consideraba a la ley agraria de 1915 como ley constitucional, y también establece la propiedad originaria.

El debate sobre el artículo 130 contempló las propuestas de Carranza relativas a la independencia entre Estado e Iglesia.[48] En este artículo, se incorporan las principales normas conocidas como Leyes de Reforma y, además, se establece con claridad la supremacía de la autoridad civil sobre la religiosa.

Tiene otras características que pueden ser interpretadas como profundización de la separación del Estado y las organizaciones religiosas, como son: 1) desconocer la personalidad jurídica de ellas, lo cual impedía a las

---

46 DE LA MADRID HURTADO, Miguel, "*Economía y Derecho", en estudios de derecho Constitucional,* México, UNAM, 1997, pp. 22-25.

47 *Ibidem.*

48 RABASA, Emilio O, *Historias de las constituciones mexicanas, op. cit.*, pp. 100-102.

iglesias tener capacidad para reclamar derechos de ningún tipo y, específicamente la imposibilidad para adquirir ninguna propiedad. 2) La exclusión absoluta de las organizaciones religiosas y de los ministros de los cultos para participar en la vida política y la prohibición para que criticaran la ley y para cualquier expresión o tratamiento de temas políticos; se especifica en detalle la privación del derecho al voto activo y pasivo a los ministros de culto y autorización a los congresos locales de determinar el número máximo de ellos en las entidades federativas.[49]

BIBLIOGRAFÍA

ÁVILA CARRILLO, Enrique y GRACIDA CAMACHO, Efrain, Calendario cívico escolar, Ediciones Quinto sol, Mexico, 2019, pp. 228-229.

CARPIZO, Jorge, *Ley Federal de Educación, en gaceta informativa de Legislación y Jurisprudencia,* México UNAM, nums. 7-8, julio-diciembre de 1973. PP. 351-352.

DEL REFUGIO GONZALES, Maria y LOPEZ AYLLON, Sergio, *Transiciones y diseño constitucionales,* Instituto de Investigaciones jurídicas, México, 200 p. 130.

DE LA MADRID HURTADO, Miguel, *"Economía y Derecho", en estudios de derecho Constitucional,* México, UNAM, 1997, pp. 22-25.

DE LA TORRE RANGEL, Jesús Antonio, *Lecciones de historia del derecho mexicano,* 2 ed., México, Porrúa, 2015, p. 241

ESCALANTE GONZALBO, Pablo et al., *Nueva historia mínima de México ilustrada,* México, Colegio de México, 2008, pp. 400-401

GONZALES RAMIREZ, Manuel, *planes políticos y otros documentos,* Fondo de Cultura Económico. 1974. pp132-133.

GUASTINI, Ricardo, *Estudios de teoría constitucional,* México, Fontamara, 2003, p. 185.

PÉREZ DE LOS REYES, Marco Antonio, *Enciclopedia Jurídica,* Tomo v, Porrúa, México, 2018

PÉREZ DE LOS REYES, Marco Antonio, *Historia del derecho mexicano,* México, Oxford, pp. 596-598

RABASA, Emilio O, *Historia de las constituciones mexicanas,* México, Instituto de Investigaciones Jurídicas, 2016, pp. 96-97.

SILVA HERZOG, Jesús, *Breve historia de la Revolución Mexicana: la etapa constitucional y la lucha de facciones,* México, fce, 1960, tomo II, pp. 203-211.

SOTOMAYOR GARZA, Jesús G, *Historia del derecho y la abogacía en México,* 2 Ed., Porrúa, México, 2017, pg. 174.

---

49 Instituto de investigaciones jurídicas unam, *La Constitución de 1917,* https://archivos.juridicas.unam.mx/www/bjv/libros/9/4426/14.pdf, consulta: 3 de mayo, 2023.

Fuentes electrónicas

Cámara de Diputados, *Venustiano Carranza frente al Congreso Constituyente,* Cámara de Diputado, México, 2016 http://biblioteca.diputados.gob.mx/janium/bv/lxiii/vc-hist-proy-ref.pdf p. 25, consulta: 3 de mayo, 2023.

CNDH, *Venustiano Carranza promulga el Plan de Guadalupe para restaurar el orden Constitucional y la legalidad en México y crear el ejército Constitucionalista,* https://www.cndh.org.mx/noticia/venustiano-carranza-promulga-el-plan-de-guadalupe-para-restaurar-el-orden-constitucional-y, consulta: 28 de abril 2023.

Congreso de jalisco, *Revolución Mexicana 1910-1917,* https://congresoweb.congresojal.gob.mx/bibliotecavirtual/libros/AntecedentesRevolcucion.pdf, consulta: 3 de mayo, 2023.

CRUZ BARNEY, Oscar, *Derecho privado y revolución mexicana,* Instituto de Investigaciones jurídicas, núm. 281, México, 2016, p. 61 https://archivos.juridicas.unam.mx/www/bjv/libros/9/4091/6.pdf. Consulta: 3 de mayo, 2023

Gaceta del Senado, *105 aniversario de la promulgación del Plan de Ayala,* https://www.senado.gob.mx/64/gaceta_del_senado/documento/67671, 2016, consulta: 28 de abril 2023.

Instituto de investigaciones jurídicas unam, *La Constitución de 1917,* https://archivos.juridicas.unam.mx/www/bjv/libros/9/4426/14.pdf, consulta: 3 de mayo, 2023.

Instituto de investigaciones jurídicas de la unam, *Pacto de la ciudadela, Ciudad de México, 19 de febrero de 1913,* https://archivos.juridicas.unam.mx/www/bjv/libros/6/2851/36.pdf, consulta:3 de mayo de 2023

Ley de relaciones familiares, https://www.constitucion1917-2017.pjf.gob.mx/sites/default/files/venustianocarranza/archivos/Leysobrerelacionesfamiliares1917.pdf Consulta: 1 de mayo 2013. Consulta: mayo, 2023.

Ley sobre el divorcio, https://archivos.juridicas.unam.mx/www/bjv/libros/9/4091/9.pdf, Consulta: 1 de mayo 2023.

Página oficial del gobierno federal, https://www.gob.mx/sedena/documentos/25-de-marzo-de-1912-plan-de-la-empacadora, CONSULTA: 28 DE ABRIL 2023

QUINTANA ROLDAN, Carlos, *Derecho Municipal,* Editorial Porrúa, 9ª. Edición, México, 2008.p. 449. https://www.derecho.unam.mx/investigacion/publicaciones/librosfac/pdf/pub05/16DrQUINTANA.pdf Consulta: 1 de mayo 2023.

Secretaria de la Cultura, *100 años de la constitución de 1917,* https://www.gob.mx/cultura/articulos/centenario-constitucion-politica-de-los-estados-unidos-mexicanos, consulta 3 de mayo, 2023.

Secretaria de la defensa nacional, 28 *de noviembre de 1911 Emiliano Zapata promulgo el Plan de Ayala,* https://www.gob.mx/sedena/documentos/28-de-noviembre-de-1911-emiliano-zapata-promulgo-el-plan-de-ayala, Consulta: 28 de abril 2023.

Secretaria de la Defensa Nacional, *1 de diciembre de 1916, inauguración del congreso constituyente en Querétaro,* https://www.gob.mx/sedena/documentos/1-de-diciembre-de-1916-inauguracion-del-congreso-constituyente-en-queretaro consulta: 1 de mayo 2023.

Senado de la Republica Mexicana, *Gaceta parlamentaria,* https://www.senado.gob.mx/65/gaceta_del_senado/documento/52280, consulta: 23 de mayo, 2023.

Unidad 9. La conformación del modelo de la revolución 1917-1935

Objetivo particular: el alumnado identificará el Derecho Posrevolucionario a partir de la expedición de la Constitución de 1917; los instrumentos en que se apoyó y las Instituciones creadas.

Introducción. Para entender el sistema jurídico mexicano del siglo XX, es necesario tener consciencia de lo ocurrido en el constituyente de 1916-17, a partir del proyecto de reforma a la Constitución de 1857 que presentó Venustiano Carranza. Hubo importantes debates que se dieron en torno a los artículos que contienen derechos sociales, el 3°, el 27 y el 123, y la forma como quedaron plasmados en el texto constitucional.[1] El "Plan de Agua Prieta" proclamado por Plutarco Elías Calles el 23 de abril de 1920, significó el triunfo del denominado "Grupo Sonora" sobre Carranza. Vendrá luego el periodo conocido como "Maximato", bajo el predominio de Calles que fue el poder tras el Ejecutivo en la presidencia de Emilio Portes Gil, Pascual Ortiz Rubio y Abelardo L. Rodríguez. En este período el Estado mexicano comienza su proceso de institucionalización.

Entre otros hechos históricos que se suscitan en este período es de gran relevancia la guerra intestina conocida como "La Cristiada", así como la conformación del Partido Nacional Revolucionario, antecedente del Partido de la Revolución Mexicana y del Partido Revolucionario Institucional.

Al final de esta unidad, se abordará el conflicto entre el callismo y el cardenismo y se estudiarán las bases de esta última corriente. Todo ello bajo la idea aglutinadora de la consolidación del nuevo Estado que surgió de la Revolución.

1. DEL CAUDILLISMO A LA INSTITUCIONALIZACIÓN

El proceso revolucionario que se inicia formalmente en 1910 con la proclamación de Francisco I. Madero se nutrió de multitud de levantamientos

---

[1] Es importante resaltar que la Constitución mexicana de 1917 fue la primera en el mundo de elevar a rango constitucional los derechos de grupos sociales como obreros y campesinos.

que hubo a lo largo y ancho del territorio nacional. Éstos fueron dirigidos por personajes de raigambre popular que lograron aglutinar movimientos armados con intereses que no necesariamente coincidían en detalles, pero que si lo hacían en su lucha contra el régimen porfirista. A estos personajes se les denominó Caudillos (del latín *capitellium* cabeza), los cuales eran los líderes de estos diversos movimientos.

Al término de la fase armada de la Revolución, la facción triunfante convocó en 1916 a la realización de un Congreso Constituyente que diera luz una nueva carta de dirección de la vida nacional.[2] Venustiano Carranza y el "Grupo Sonora" (con Obregón y Calles a la cabeza), representaban a los vencedores, de modo que las reglas del gran evento fueron fijadas por ellos.[3] Sólo que las ideas motrices de la eclosión social eran básicamente las de reivindicación de las condiciones para una vida mejor de quienes habían sido peones acasillados de las haciendas, atados por las Tiendas de Raya, y los sectores de trabajadores que se identificaban como asalariados y demandaban libertades sindicales. Además, era muy notorio el hartazgo a la dominación de la Iglesia católica en el ámbito educativo, pues mantenía el control de las escuelas de prácticamente todos los niveles.

---

2 En términos estrictos, la convocatoria inicial no fue a conformar una nueva Constitución, sino a reformar la de 1857. Carranza, con el apoyo de José Natividad Macías y Luis Manuel Rojas, hizo pública una propuesta en este sentido. Véase MACGREGOR, Josefina, "Los diputados renovadores de la XXVI Legislatura al Congreso Constituyente", en *Historia Mexicana,* vol. LXVI, núm. 3 (263), enero-marzo, 2017, pp. 1323-1414 [en línea] <https://historiamexicana.colmex.mx/index.php/RHM/article/view/3382/3298>, [consulta:]
Tal vez eso explique por qué Carranza, cuando mandó publicar el documento, señaló que era una modificación a la anterior Constitución.

3 Eso significó dejar fuera del escenario a la Convención de Aguascalientes, que en algún momento representó al conjunto de los participantes en la revolución. Aquella idea de que no fueran los militares quienes tomaran las decisiones políticas quedó en el abandono. La convocatoria a la Convención fue emitida por Carranza, por lo que Zapata y Villa no llegaron a la apertura de los trabajos, sino que se incorporaron ya iniciados éstos. Su postura era radical, e incluso el zapatismo planteó que la Convención se adhiriera al Plan de Ayala, recientemente aprobado por ellos. Los convencionistas destituyeron a Carranza de la presidencia y nombraron a Eulalio Gutiérrez, quien juró como presidente interino. Carranza se retiró y partió hacia Veracruz, donde publicó posteriormente la Ley de 6 de enero de 1915, de carácter agrario. La guerra volvió; ahora entre las facciones del movimiento revolucionario. Terminó con la derrota militar del villismo y del zapatismo. *Idem.*

No debe dejarse fuera, entonces, el hecho real acontecido en el Constituyente: las demandas del sector que perdió en la lucha de facciones, o sea los que coincidían con Villa y Zapata, fueron las que más determinaron las disposiciones de la Carta Magna. El proyecto presentado por Carranza fue notoriamente rebasado y las ideas que sostuvieron los vencidos tuvieron más peso del esperado en la nueva normatividad constitucional.[4]

Fue por eso que el contenido fundamental de la Carta de Querétaro fue el señalado por el historiador Álvaro Matute, quien nos refiere que fueron electos 210 diputados constituyentes, mismos que ya en el trabajo de la asamblea se dividieron en dos facciones: los "jacobinos" cuyas propuestas eran radicales, y "los senadores romanos", de corte conservador, partidarios del proyecto de Venustiano Carranza.

> "Al final se impusieron las reformas radicales en lo concerniente a educación, que debió ser obligatoria, laica y gratuita (artículo 3°). En el aspecto agrario (artículo 27), en el que se establecía que la propiedad residía originariamente en la Nación, la cual otorgaba la propiedad privada a los ciudadanos, pero se reservaba la del subsuelo, con minerales e hidrocarburos y asumía la facultad de modificar la tenencia de la tierra con el fin de fraccionar los latifundios; en el terreno laboral (artículo 123), estableciendo salarios mínimos, jornadas máximas de trabajo, y todo tipo de garantías a los trabajadores; en lo concerniente a la religión (artículo 130) marcaba no solo la separación entre Iglesia y Estado sino que otorgaba a éste la supremacía sobre aquélla e implantaba una serie de restricciones a los ministros religiosos y al culto"[5]

Se reconoció así la existencia de derechos sociales, o sea de clase. Los campesinos y los obreros pudieron reclamar derechos, comenzando por el

---

4 En el debate del Constituyente se formaron dos grupos con posturas claramente diferenciadas: los jacobinos o radicales, que se pronunciaron siempre por las cuestiones más avanzadas en derechos de las clases marginadas, y los renovadores, que se acercaron más a las posturas de Carranza y a quienes veían como riesgosa cualquier norma que favoreciera los intereses sociales. Como anécdota, diremos que los principales "jacobinos", fueron Francisco J. Múgica, Esteban Vaca Calderón, Amado Aguirre, Juan de Dios Bojórquez, Pastor Rouaix, Heriberto Jara, Luis G. Monzón y Enrique Colunga. *Idem.*

5 MATUTE, Álvaro, "Los años revolucionarios (1910-1934)" en Gisela Von Wobeser, coord., *Historia de México,* México, Fondo de Cultura Económica/Secretaría de Educación Pública/Academia Mexicana de Historia, 2010, p. 234. En cuanto al artículo 27 constitucional conviene agregar a lo que dice el maestro Matute que la nueva Constitución recuperó de la tradición indígena de México el sistema de propiedad colectiva de la tierra, representado por las comunidades y los ejidos. Durante muchas décadas, fue ilegal la enajenación de tierras agrarias en nuestro país.

de organización o sea de sindicalización.[6] Se conformaron agrupaciones que sirvieron para elevar el nivel de vida de las clases trabajadoras. Aunque fueron corporativizadas por un partido, que a su vez funcionaba como organismo del Estado.

La Constitución de 1917 recogió formalmente los anhelos de justicia de diversos sectores sociales, principalmente de campesinos y algunos obreros que habían sufrido los efectos del liberalismo económico porfirista que daba preferencia a las clases capitalistas y a la industria sobre el campo. La lucha magonista, sintetizada en el programa del Partido Liberal Mexicano influyó en la redacción de la Constitución, y en consecuencia en la reconstrucción de la vida política nacional posrevolucionaria.[7]

Se suponía que era sobre nuevas bases que debía apoyarse, de ahí al futuro, la nación mexicana. Sin embargo, este modelo se oponía francamente a los intereses de los grupos de poder que tradicionalmente, incluso desde el mundo novohispano, se habían beneficiado en detrimento de los más vulnerables. Empresarios, hacendados y el clero fueron los grupos que

---

[6] La sindicación o sindicalización, junto con la contratación colectiva y la huelga, fueron los tres principales derechos sociales que estableció la Constitución del 17. Imposible dejar de considerar la influencia del Programa del Partido Liberal Mexicano en el texto del artículo 123.

[7] En su parte declarativa, el PLM contiene este importante razonamiento: *No se puede decretar que el gobierno sea honrado y justo: tal cosa saldría sobrando cuando todo el conjunto de las leyes, al definir las atribuciones del gobierno, le señalan con bastante claridad el camino de la honradez; pero para conseguir que el gobierno no se aparte de ese camino, como muchos lo han hecho, sólo hay un medio: la vigilancia del pueblo sobre sus mandatarios, denunciando sus malos actos y exigiéndoles la más estrecha responsabilidad por cualquier falta en el cumplimiento de sus deberes. Los ciudadanos deben comprender que las simples declaraciones de principios, por muy altos que éstos sean, no bastan para formar buenos gobiernos y evitar tiranías; lo principal es la acción del pueblo, el ejercicio del civismo, la intervención de todos en la cosa pública.*
Su último párrafo hace este llamado. *Mexicanos: Entre lo que os ofrece el despotismo y lo que os brinda el programa del Partido Liberal, ¡escoged! Si queréis el grillete, la miseria, la humillación ante el extranjero, la vida gris del paria envilecido, sostened la dictadura, que todo eso os proporciona; si preferís la libertad, el mejoramiento económico, la dignificación de la ciudadanía mexicana, la vida altiva del hombre dueño de sí mismo, venid al Partido Liberal que fraterniza con los dignos y los viriles, y unid vuestros esfuerzos a los de todos los que combatimos por la justicia, para apresurar la llegada de ese día radiante en que caiga para siempre la tiranía y surja la esperada democracia con todos los esplendores de un astro que jamás dejará de brillar en el horizonte sereno de la patria.* Véase su texto original y el análisis correspondiente en: http://www.diputados.gob.mx/sedia/biblio/virtual/bicentena/doc_hist_inde/05_BB_rev_mex.pdf

mostraron una clara resistencia a implementar a cabalidad el contenido social de la Constitución de 1917, al grado de promover levantamientos armados.

El país seguía lleno de rebeldías. La distribución de la riqueza era sumamente desigual y bien se sabe que es ése un factor de desestabilización de las naciones.

De este modo, el fenómeno del caudillismo transitó hacia la institucionalización. En una primera fase, se dictaron normas (una nueva Constitución y sus leyes reglamentarias); luego se crearon las instituciones encargadas de aplicarlas; y al final los procedimientos para la resolución de los conflictos mediante instancias legales.

1.1. La reconstrucción del poder central

Venustiano Carranza lidió con la resistencia a la aplicación de la nueva Constitución, y para evitar problemas cedió ante los factores reales de poder, no aplicándola de manera estricta. Con la promulgación de la Constitucion, consolidó su poder, pero obreros y campesinos no le entregaron su confianza. A este respecto el maestro Guillermo Floris Margadant refiere que "encontró un extraño aliado en la gripe española, que causó desastres en las filas zapatistas; luego logró el asesinato judicial de Felipe Ángeles y posteriormente el de Zapata (10 de abril de 1919)...",[8] a la vez Villa había aceptado el estado de las cosas posrevolucionarias.

Como se ha dicho, los grupos de poder encontraron en Carranza un apoyo. Creó el Ministerio de Industria y Comercio, pues se pretendía alentar estas actividades en pro de fortalecer al país que quedaba debilitado por la gesta revolucionaria. Del otro lado, el movimiento obrero crecía celebrando en 1918 el Congreso Obrero Nacional que exigía se cumpliera con el artículo 123 constitucional. La represión a los obreros originó la

8 MARGADANT, Guillermo Floris, *Introducción a la Historia del Derecho Mexicano*, 12ª ed., México, Esfinge, 1995, p. 208. Afirma Margadant: "Esta Constitución del 1917 fue una declaración de guerra multilateral, dirigida a los hacendados, los patrones, el clero y las compañías mineras (que perdieron su derecho al subsuelo). El efecto potencialmente peligroso de la Constitución, empero, fue suavizado por el hecho de que Venustiano Carranza logró tranquilizar a la Iglesia y a las compañías petroleras, mediante promesas de que, bajo su régimen, la Constitución no tendría una eficacia total".

creación de la Confederación Regional Obrera Mexicana (CROM) que en su momento apoyó a Álvaro Obregón.

El Plan de Agua Prieta (población ubicada en Sonora) desconoció a Carranza. El movimiento estaba encabezado por el general Calles, quien promovió como presidente provisional a Adolfo de la Huerta, gobernador de aquella entidad. Cuando Carranza fue ejecutado en Tlaxcalantongo, Puebla, de La Huerta fue designado presidente sustituto por el Congreso de la Unión, por un período de mayo a diciembre de 1920, el tiempo que le faltó a Carranza para concluir su período presidencial.[9] Las elecciones siguientes las ganaría Álvaro Obregón quien sería presidente de México de 1920 a 1924.

La firma de los Tratados de Bucareli por parte de Álvaro Obregón en los que se establecía la no retroactividad del artículo 27 constitucional a los empresarios estadounidenses, principalmente en el ámbito petrolero, representó la forma de actuar del gobierno obregonista en el sentido de sacrificar la dignidad del país para buscar reconocimientos y apoyos externos, y a la vez consolidar el modelo estatal.

Isidro Fabela señala que

> "... las obligaciones que México contrajo eran claramente contrarias al Derecho Internacional y que, si así lo hizo, 'eso se debió únicamente al deseo que Obregón tenía para que se reconociese su gobierno'. [...] Obregón compró el reconocimiento de su gobierno y al efecto pagó el siguiente precio: 1) Se acordó que el artículo 27 constitucional no era retroactivo y a ese efecto, la 'Suprema Corte' dictó cinco ejecutorias consecutivas y uniformes. De esta manera, se retardó la independencia económica de México con graves perjuicios para nuestro país y el consiguiente beneficio de los accionistas extranjeros. 2) El gobierno de México permitió que se sometieran a la Comisión General de Reclamaciones de ciudadanos norteamericanos provenientes de la expropiación de tierras. Consintió, asimismo, en pagar, en efectivo, las tierras que se expropiasen en exceso de las mil setecientas cincuenta y cinco hectáreas y, en bonos, aquellas que no alcanzasen esta cifra. Por consiguien-

---

9 Plan de Agua Prieta, en realidad fue un levantamiento militar contra Carranza, debido a que quería designar presidente interino a su secretario particular, Ignacio Bonilla. El documento, que puede consultarse en la biblioteca del Instituto de Investigaciones Jurídicas de la UNAM, lo califica duramente, asegurando que ha sido infiel a los principios del movimiento revolucionario y que ha roto el orden establecido por las leyes. Asume que la Constitución del 17 es plenamente vigente y que dentro de su marco se hará un reacomodo de personas en el aparato del Estado. Calles se dejó ver como el caudillo más audaz y con mayor capacidad para nuclear en torno suyo a los militares. Véase su texto original en: https://archivos.juridicas.unam.mx/www/bjv/libros/6/2615/35.pdf

> te, y por el mero hecho de que a los ciudadanos norteamericanos se otorgó un recurso legal que desde el principio se negó a los ciudadanos mexicanos, se estableció una situación de desventaja para éstos que nunca debía haberse permitido. Ya se está pagando a los ciudadanos norteamericanos el importe de las tierras que les fueron expropiadas, en tanto que a los mexicanos no solamente no se les da un centavo, sino que, además, se les niega el recurso judicial. 3) México admitió, en la Convención Especial de Reclamaciones, su responsabilidad en los artículos 22 y 23 por los daños causados por la revolución. El derecho internacional no admite responsabilidad semejante'. 4) México admitió indemnizar a los ciudadanos norteamericanos por todos los daños sufridos por los mismos desde 1868, hasta un año después de celebrada la primera junta de la Comisión de Reclamaciones. Este plazo fue prorrogado posteriormente. 5) 'Resulta innecesario decir que un gobierno más enérgico y más digno, se hubiera negado a aceptar esas condiciones"[10]

Como puede verse, la reconstrucción del poder central implicó múltiples vicisitudes como la represión de los grupos inconformes que se daban cuenta que las políticas estatales se alejaban de la esencia constitucional. El fusilamiento de Felipe Carrillo Puerto en 1924, y los asesinatos de Emiliano Zapata y de Francisco Villa dan cuenta de ello.

Plutarco Elias Calles consideró que la conformación de un partido de Estado, era necesaria para aglutinar todas las facciones que se habían formado durante la Revolución. De este modo fundó el Partido Nacional Revolucionario (PNR) que contribuyó a esa centralización del poder y a la formación de una clase política que lo adaptó a sus propias condiciones transformándolo en el Partido de la Revolución Mexicana (PRM) y Partido Revolucionario Institucional (PRI) después.

1.2. Las relaciones Iglesia-Estado

El poder que la Iglesia había acumulado y acrecentado durante siglos no resultaba fácil de combatir ni con los intentos de los liberales del siglo XIX. Es claro que las Leyes de Reforma habían debilitado al aparato eclesiástico pero seguía resistiendo con fuerza los intentos estales por secularizar del todo al Estado.

---

10 SERRANO ÁLVAREZ, Pablo, *Los tratados de Bucareli y la rebelión delahuertista*, México, Instituto Nacional de Estudios Históricos de las Revoluciones de México, 2012, pp. 20, 21 y 22 [en línea], <https://inehrm.gob.mx/work/models/inehrm/Resource/455/1/images/bucareli.pdf>, [consulta:]

La nueva Constitución estableció reglas que fortalecieron al Estado frente al poder de la Iglesia católica provocando que las relaciones entre ambos se tensaran al grado de llegar a producir un conflicto armado.

Por ejemplo se estableció en materia de educación, en el artículo 3° que:

> "La enseñanza es libre, pero será laica la que se dé en los establecimientos oficiales de educación, lo mismo que la enseñanza primaria elemental y superior que se imparta en los establecimientos particular.
> Ninguna corporación religiosa ni ministro de algún culto, podrán establecer o dirigir escuelas de instrucción primaria.
> Las escuelas primarias particulares sólo podrán establecerse sujetándose a la vigilancia oficial.
> En los establecimientos oficiales se impartirá gratuitamente la enseñanza primaria".[11]

Es notorio que el tratamiento del tema de la educación implicó una toma de posición respecto al debate histórico sostenido entre las fuerzas conservadoras, del lado del clero, y los sectores que pugnaban por la laicidad, el carácter público y lo gratuito de la educación. El contenido del artículo transcrito muestra que triunfó la tendencia de apertura en materia educativa.

Hay que considerar que la Iglesia Católica controló la educación en la Nueva España, desde su fundación hasta la independencia. Y aun cuando su influencia disminuyó con las leyes de reforma, éstas nunca fueron aplicadas en toda su extensión.

Además de lo visto, el artículo 130 de la Nueva Constitución dispuso que los asuntos religiosos serían de competencia federal, de modo que los Estados de la República tendrían en esta materia el carácter de auxiliares. Fue muy enfática la siguiente prohibición: "El Congreso no puede dictar leyes estableciendo o prohibiendo religión cualquiera".[12]

El carácter laico del Estado mexicano quedó perfectamente establecido, lo mismo que la exclusión de cualquier otro tipo de autoridad diferente a la estatal.

El matrimonio se reguló como un acto de orden civil, con sus propias reglas y autoridades, todo ello sometido a las leyes.

---

11 Diario Oficial de la Federación, 5 de febrero de 1917, consultado en: http://www.diputados.gob.mx/LeyesBiblio/ref/cpeum/CPEUM_orig_05feb1917.pdf

12 *Idem.*

A las agrupaciones religiosas denominadas iglesias no se les reconoció personalidad alguna; y los ministros de culto se consideraron como personas que ejercen una profesión, sujetos a las leyes de la materia. Su número en una determinada entidad federativa sería determinado por el Congreso correspondiente.

Una norma que debe haber causado enorme revuelo en la Iglesia católica es la del párrafo octavo del artículo 130, que decía: "Para ejercer en México el ministerio de cualquier culto, se necesita ser mexicano por nacimiento". Desde los primeros días de la conquista, los curas venían de otras latitudes. Lo mismo debió ocurrir con la siguiente: "Los *ministros de los cultos* nunca podrán en reunión pública o privada constituida en junta, ni en actos del culto o propaganda religiosa, hacer críticas de las leyes fundamentales del país, de las autoridades en particular, o en general del Gobierno; no tendrán voto activo ni pasivo, ni derecho para asociarse con fines políticos".[13]

Para abrir un nuevo templo, se debía obtener la autorización de la Secretaría de Gobernación (SEGOB), la que a su vez debía tener en cuenta la opinión del gobierno del Estado correspondiente. En cada templo debía haber un encargado, responsable ante la autoridad "del cumplimiento de las leyes sobre disciplina religiosa en dicho templo, y de los objetos pertenecientes al culto". Cuando ese responsable fuese a cambiar, debía dar aviso a la SEGOB, haciéndose acompañar del sucesor y de diez vecinos. Las autoridades municipales deberían llevar el registro de templos y encargados.

Los seminarios donde se formaban los ministros de culto, no fueron considerados instituciones de educación superior, ni la formación de cura como estudios válidos para otras profesiones. Las publicaciones de carácter religioso no podrían contener información sobre cuestiones políticas, ni acerca de la actividad de funcionarios.

Los organismos políticos no podrían llevar en su nombre ninguna referencia a religión alguna. En los templos no podrían realizarse reuniones políticas. Se limitó severamente el derecho a heredar, tratándose de inmuebles o de personas relacionadas con alguna religión. Los bienes muebles e inmuebles del clero o de las corporaciones religiosas se rigieron en lo sucesivo por el artículo 27 constitucional. Y los procesos por este tipo de actividades nunca serían vistos en jurado.

---

13 *Idem.*

El artículo 5° proscribió las órdenes monásticas, por considerarlas contrarias a la libertad personal. Los artículos 24 y 27 completaron el marco constitucional, junto con el 3° y el 130 ya analizados.

Se entiende con esto el enorme descontento del Vaticano, que se transformó en condenas públicas a la Constitución mexicana de 1917 y, a la postre, en la rebelión cristera. En Guanajuato se comenzó a construir el monumento a Cristo Rey por lo que Obregón expulsó al delegado apostólico Monseñor Philippi. Las relaciones iglesia estado se tensaron. En el período presidencial de Plutarco Elías Calles se fomentó la creación de la Iglesia Católica Mexicana, de efímera duración.

Vino luego la que se conoce como Ley Calles[14] o la Ley sobre Delitos y Faltas en materia de Culto religioso y Disciplina Externa, que se publicó el 2 de Julio de1926. Reguló los delitos y faltas en materia religiosa y hubo un reglamento donde se establecía la enseñanza laica en los colegios particulares. Fue una ley que pretendía disciplinar al clero, un estamento acostumbrado a actuar conforme a las directrices de la Iglesia católica, lo que ocasionó el cierre de las iglesias.

En diciembre de 1926, la Liga Nacional por la Defensa de las Libertades Religiosas inició un boicot contra el gobierno. En enero de 1927 dio inicio la rebelión armada. La llamada Guerra Cristera (1926-1929), que tuvo gran impacto, se dio esencialmente en el centro del país: Guanajuato, Zacatecas, San Luis Potosí, Jalisco, Colima, Michoacán y Aguascalientes. El Papa Pío XI suspendió el culto en toda la República por lo que fue en domicilios particulares donde se hacían los ritos religiosos.[15]

Entre los hechos acontecidos en esa guerra, el fusilamiento del sacerdote Miguel Agustín Pro Juárez tuvo grandes repercusiones.

Al principio de los años 30 se dio una leve reconciliación entre la Iglesia y el Estado aunque había una constante posibilidad de retroceso de ella. Al final,

---

14 Realmente fue una reforma al Código Penal para el Distrito y Territorios Federales. Entre sus reglas estaban las siguientes: sólo debía haber en México un sacerdote por cada seis mil habitantes. El Congreso de la Unión otorgaba la licencia para el ejercicio del ministerio sacerdotal. Los sacerdotes debían estar registrados ante las autoridades municipales. En algunos Estados de la República, para ejercer ese ministerio, tenían que ser casados y mayores de 40 años. Véase el siguiente link para más información: http://www.memoriapoliticademexico.org/Textos/6Revolucion/1926-L-FMCR.html

15 Véase MEYER, Jean, *La Cristiada*, vols. I, II y III, 20ª ed., México, Fondo de Cultura Económica, 1973-1975, 2000, *passim*.

el Estado mexicano negoció con el Vaticano la suspensión de las actividades armadas, con lo que el conflicto perdió fuerza y se disolvió con el tiempo.

1.3. El derecho en el Maximato

Se conoce como "Maximato" el período de gobierno de Emilio Portes Gil (1928-1930), Pascual Ortiz Rubio (1930-1932) y Abelardo Rodríguez (1932-1934), tutelados por el Jefe Máximo de la Revolución, Plutarco Elías Calles. El pueblo hacía mofas: "Aquí vive el presidente, pero el que manda está enfrente".

En cada uno de estos períodos presidenciales hubo aportaciones en el ámbito legislativo, sobre todo considerando que se estaba generando el engranaje jurídico que constituiría el Estado post-revolucionario.[16]

Emilio Portes Gil (1928-1930). La intención de este gobierno se puede resumir en la necesidad de impulsar el capitalismo en la nación mexicana que apenas se recuperaba de la crisis económica que había dejado la guerra revolucionaria.

Se redactó el proyecto de Código Federal del Trabajo, se promulgó el Código Penal de 1929, los Códigos de procedimientos civiles y penales y la Ley Orgánica del Ministerio Público. En cuanto a las instituciones fue importante la creación de Comités de Turismo, así como de Protección a la Infancia y de Lucha contra el Alcoholismo.

En este período se suscitó la rebelión escobarista quien no obstante haberse unido a los cristeros resultó derrotado. Portes Gil rompió relaciones diplomáticas con la unión soviética.

Se da un reparto agrario de más de dos millones de hectáreas, entre 156, 000 campesinos y se apoyó a las organizaciones de este sector.[17]

Entre lo más relevante que sucedió en esa etapa está la autonomía de la Universidad Nacional Autónoma de México, que se reconoció por Portes

---

16 Una lista con mayor detalle de las creaciones jurídicas en estos períodos puede encontrarse en: PÉREZ DE LOS REYES, Marco Antonio, *Historia del Derecho Mexicano*, t. III, México, Oxford University Presses, 2003, pp. 199-202.

17 RIVERA CASTRO, José, "*Movilización agraria en la transición política, 1928-1935*", en *Iztapalapa. Revista de Ciencias Sociales*, núm. 32, 1994, pp. 47-64, p. 49 [en línea], <https://revistaiztapalapa.izt.uam.mx/index.php/izt/article/view/1204>, [consulta: 15 de mayo, 2021].

Gil después de una huelga estudiantil inspirada en el movimiento de Córdoba, Argentina.[18]

Pascual Ortiz Rubio (1930-1932). Fue invitado personalmente por Plutarco Elías Calles a participar como candidato del PNR, contendió con José Vasconcelos quien había ganado notoriedad por el modelo educativo que aplicó basado en las llamadas "misiones culturales". Fue un período ríspido porque muchos maestros que llegaban a las comunidades a dictar sus clases fueron desorejados por incitación del clero católico. Aunque Vasconcelos reclamó fraude, el presidente fue Ortiz Rubio.

Durante su gobierno se dio carácter de Estado al territorio de Baja California Norte y se promulgaron leyes como la Orgánica de los Tribunales de la Federación, la de Aeronáutica Civil, la de Planeación General de la República, la Minera, la de Instituciones de Crédito y de Títulos y Operaciones y la de Responsabilidades en el sector agrario, así como la Ley de Crédito Agrícola.[19]

Fue muy importante la promulgación de la Ley Federal del Trabajo el 28 de agosto de 1931, que reglamentó el artículo 123 constitucional y que regulaba las relaciones obrero-patronales.

En materia de Derecho Internacional, México entró a la Liga de las Naciones y postuló la Doctrina Estrada, llamada así porque su autor fue Genaro Estrada, quien era Secretario de Relaciones Exteriores. Establecía que México sólo mantendría o retiraría a sus agentes diplomáticos, sin calificar los gobiernos de las naciones.

Ortiz Rubio renunció a dos años de su gestión. Son conocidas las palabras que expresó en aquel momento: "Salgo con las manos limpias de sangre y dinero y prefiero irme y no quedarme aquí sostenido por las bayonetas del ejército mexicano ". Lo que revela el modo en que la clase política mexicana era sostenida por el ejército.

Abelardo L. Rodríguez (1932-1934) fue el siguiente y el último de la triada de presidentes mexicanos del período conocido como el maximato. Promulgó la reforma antireeleccionista, establecida a partir del 29 de abril de 1933 y a partir del siguiente, el período presidencial se extendió

---

18 La Reforma Universitaria de Córdoba Argentina en 1918 fue un movimiento estudiantil que demandó democratizar la universidad haciendo participar a ese sector en las decisiones. Fue pionero en América Latina.

19 PÉREZ DE LOS REYES, Marco Antonio, *op. cit.*, p. 200.

a seis años. Reformó la Ley del Patrimonio Ejidal y se estableció la Ley del Servicio Civil que regulaba la actividad de los burócratas. En materia económica, creó el Banco Hipotecario y de Obras Públicas, así como Nacional Financiera, S.A. Del mismo modo fundó empresas con participación estatal como el mismo Petromex.

Estableció que los organismos privados de altruismo fueran regulados por la Secretaría de Gobernación. Determinó por decreto el salario mínimo, aunque en materia de derechos laborales, nos refiere Pérez de los Reyes, que Abelardo Rodríguez se "opuso abiertamente a la participación de los sindicatos en la política del país"[20]

2. LAS INSTITUCIONES POSREVOLUCIONARIAS

2.1. Ley Orgánica de las Secretarías de Estado, abril de 1917

Publicada en el Diario Oficial el 14 de Abril de 1917, la Ley Orgánica de las Secretarias de Estado promulgada por Venustiano Carranza establecía seis Secretarías y tres departamentos:[21]

Las Secretarías eran:

La de Estado. Esta secretaría se encargaría de todos los asuntos que antes conocía la Secretaria de Relaciones, como el trato con otras naciones, los tratados internacionales y las extradiciones. También se ocupó de temas de Gobernación como los nombramientos de los Secretarios de despacho, del gobernador del Distrito Federal y del Diario Oficial de la Federación, entre otros.

La de Hacienda y Crédito Público. Entre los asuntos que le correspondían estaban: lo relativo a los impuestos federales, a la policía fiscal y a la regulación de los bancos y demás instituciones de crédito.

La de Guerra y Marina. Algunos de sus temas de competencia eran el Ejército, la Marina de Guerra, la Guardia Nacional, lo relativo a la legislación y justicia militar, así como el control de fabricación de explosivos y equipos de la Armada.

---

20 *Ibidem*, p. 202.

21 Ley Orgánica de las Secretarías de Estado, 1917, México. Consultable en: <https://archivos.juridicas.unam.mx/www/bjv/libros/7/3359/12.pdf>.

La de Comunicaciones. Entre las cuestiones de que se ocupaba están: costas, puertos, ferrocarriles y puentes; correos; telégrafos; obras relativas a monumentos históricos, así como los límites de la República y de los Estados.

La de Fomento. Se le encargó a esta Secretaría los asuntos agrarios, dotación de tierras a los pueblos y fraccionamiento de latifundios, así como todo lo relativo al territorio nacional. También materias educativas como la Escuela de Agricultura, la de Veterinaria y la de Estudios Geográficos, Meteorológicos y Astronómicos.

La de Industria y Comercio. Destacan entre sus atribuciones el manejo de la industria petrolera, la minería y las relaciones obreras.

Los departamentos eran:

El Judicial. Se encargó entre otras cuestiones de atender las relaciones entre el Ejecutivo y la Suprema Corte de Justicia de la Nación, expropiación por causa de utilidad pública y aplicación de las leyes electorales.

El Universitario y de Bellas Artes. Este departamento se ocupaba de dirigir las escuelas que dependían de la Universidad Nacional, así como de fomentar el arte, las ciencias y la cultura.

El de Salubridad Pública. Su misión era controlar todo lo relativo a la sanidad mediante campañas de vacunación, medidas de prevención, control de sustancias venenosas o curativas.[22]

Esta Ley Orgánica pone en evidencia el predominio del Ejecutivo, característica propia del presidencialismo.

2.2. La sustitución de los Códigos

La regulación en materia civil y penal, a nivel Federal, se había ya establecido mediante códigos, a la usanza del Napoleónico del siglo XIX. Fue en este inicio de siglo XX y en este momento de la Post revolución cuando hubo una sustitución de las primeras versiones.

En materia civil el primer Código fue el de 1870, que fue sustituido por el de 1884 y que fue muy parecido en contenido a su antecesor, aunque una de las cosas que establecía a diferencia del primero, era la libertad de testar. Las dos reformas de trascendencia que sufrió este Código fueron la

---

22 *Idem.*

de 29 de diciembre de 1914 con la publicación de la Ley del Divorcio, que permitía la disolución del vínculo matrimonial; la otra fue la Ley de Relaciones familiares promulgada en 1917.

El código civil que hoy nos rige, y que sustituyó a los anteriores, fue el de 1928, que se publicó el 30 de agosto de aquel año y fue vigente a partir del 1 de octubre de 1932. Contiene 3074 artículos divididos en cuatro libros: de las personas, de los bienes, de las sucesiones y de las obligaciones.

Destaca lo relativo a la propiedad a la que revalora desde su aspecto social más que individual. En su exposición de motivos expresa "socializar el Derecho significa extender la esfera del rico al pobre, del propietario al trabajador, del industrial al asalariado, del hombre a la mujer, sin ninguna restricción ni exclusivismo. Pero es preciso que el derecho no constituya un privilegio o un medio de dominación de una clase sobre otra".[23] El maestro López Betancourt de acuerdo con Sara Montero Duhalt, define así el Derecho social que en su opinión es el que consagra el Código Civil: "Aquel complejo de las nuevas ramas jurídicas tutelares de determinados grupos sociales, que se encuentran en desventaja económica o social en razón de otros grupos poderosos o dominantes".[24]

Una de las enseñanzas que dejó el movimiento revolucionario consistió en admitir que la concentración de la propiedad en pocas manos es causa de conflicto en la sociedad. Por eso se suavizaron las normas legales, lo mismo que su aplicación en los tribunales, pues nadie deseaba la vuelta a la confrontación armada. Las leyes mexicanas, entre ellas las civiles, atendieron esa preocupación.

El primer Código que reguló la materia penal, fue el conocido como Código Martínez de Castro, promulgado el 7 de diciembre de 1871 y que comenzó a regir el 1 de abril de 1872. Luego de la Revolución se creyó necesario sustituir este ordenamiento y, bajo el gobierno de Emilio Portes Gil, se promulgó el de 30 de septiembre de 1929, el cual entró en vigor el 15 de diciembre de ese año. Este Código del 29 tuvo varios defectos en su aplicación pues establecía diversas cuestiones que no se pudieron llevar a efecto como la reparación de daño, pues no se explicó cuál sería el procedimiento para hacerla; o el establecimiento de escuelas-granjas que sencillamente no se establecieron.

---

23 LÓPEZ BETANCOURT, Eduardo, *Historia del Derecho Mexicano,* 2ª ed., México, Iure Editores, 2014, pp. 214 y 215.

24 *Ibidem,* p. 215.

Una nueva Comisión elaboró un tercer Código Penal que fue promulgado el 13 de agosto de 1931 siendo presidente Pascual Ortiz Rubio.

Acorde con el profesor Eduardo López Betancourt, este código se basa en los postulados que siguen:

> "El delito es principalmente un hecho contingente cuyas causas son múltiples y aquel es resultado de fuerzas antisociales. La pena es un mal necesario, justificada por conceptos parciales, como la intimidación, la ejemplaridad, la expiación en aras del bien colectivo y la necesidad de evitar la venganza privada, pero fundamentalmente la necesidad de conservar el orden social".[25]

2.3. La Ley Federal del Trabajo

El Artículo 123 recogió las exigencias de las clases obreras en un largo precepto que postuló en el mismo ordenamiento constitucional las bases para la regulación de las relaciones obrero-patronales.[26]

El contenido de este precepto es timbre de orgullo para México. El ser humano que vive del producto de su trabajo fue reconocido como sujeto de Derecho y sus prerrogativas elevadas a rango constitucional antes que la Constitución de Weimar en Alemania. Entre ellas, un salario mínimo esencial, prestaciones adicionales según el esfuerzo, protección frente a las enfermedades y los riesgos de trabajo, jornada máxima y descanso obligatorio, vacaciones con goce de remuneración, servicios médicos y retiro por edad avanzada.

Fue necesaria una Ley secundaria que reglamentara este artículo tan importante. De este modo, en 1931 se promulgó la primera Ley Federal del Trabajo. Las Juntas de Conciliación y Arbitraje fueron los tribunales encargados de hacer justicia en materia laboral, con la característica de su composición tripartita. El principio *in dubio pro operario* rigió en la materia, para evitar interpretaciones lesivas al asalariado.

---

25 *Ibidem*, p. 208.

26 Es interesante destacar que, en los debates del Constituyente hubo dos posturas encontradas: la de los radicales, que consideraron que era necesario dejar en la Constitución todos los preceptos regulatorios de la materia laboral, pues temían que si quedaban sólo en la ley secundaria, serían más fácilmente privados de eficacia jurídica; y la de los puristas del Derecho, que adujeron que dejar en la norma constitucional semejante cantidad de preceptos regulatorios del trabajo, era "como poner a Cristo un par de pistolas". Aquellos contestaron que si Cristo hubiera llevado pistolas al Calvario, no lo hubiesen crucificado.

Con Pascual Ortiz Rubio se promovió la Sociedad Nacional de Seguros para garantizar que los patrones fueran solventes respecto de accidentes de trabajo o enfermedades profesionales. Posteriormente vendrían los institutos de seguridad social de carácter público.

2.4. La Ley de Amparo

En la Constitución de 1917 y hasta julio de 2011 se habló en las leyes mexicanas de Garantías Individuales para referirse a los derechos de las personas. No se utilizó el concepto "derechos humanos" que corresponde a la segunda mitad del siglo XX, ni el de derechos del hombre, como lo había consignado la Constitución de 1857 teniendo como referente a la ilustración francesa. Se consideró que el término Garantías era necesario para buscar su eficacia, es decir, para garantizarlos en la realidad.

El 18 de octubre de 1919 se emitió la Ley Reglamentaria de los artículos 103 y 107 de la Constitución Federal. Esta Ley estuvo vigente hasta 1936 cuando se promulgó la Ley de Amparo reglamentaria de los artículos 103 y 107 constitucionales.

El Art. 103 del texto original de la Constitución de 1917 establecía que "Los tribunales de la Federación resolverán toda controversia que se suscite: I.- Por leyes o actos de la autoridad que violen las garantías individuales. II.- Por leyes o actos de la autoridad federal que vulneren o restrinjan la soberanía de los Estados. III.- Por leyes o actos de las autoridades de éstos que invadan la esfera de la autoridad federal".[27]

Por su parte, el artículo 107 Constitucional hace referencia al procedimiento del juicio de amparo, destacando entre otra normativa la fórmula Otero que reza: "La sentencia será siempre tal, que sólo se ocupe de individuos particulares, limitándose a ampararlos y protegerlos en el caso especial sobre el que verse la queja, sin hacer una declaración general respecto de la ley o acto que la motivare".[28]

---

[27] DOF de 5 de febrero de 1917, consultado en: http://www.diputados.gob.mx/LeyesBiblio/ref/cpeum/CPEUM_orig_05feb1917.pdf

[28] *Idem.*

2.5. La Ley de Justicia Fiscal

El primero de enero de 1937 entró en vigor la Ley de Justicia Fiscal y con ella inician las actividades del entonces Tribunal Fiscal de la Federación.[29]

"Después de varios antecedentes ubicados en los años de 1855, 1856, 1857 y 1865; durante 1936, el entonces presidente de la República Lázaro Cárdenas del Río promulgó la Ley de Justicia Fiscal, para que el 1 de enero de 1937 la justicia administrativa naciera formalmente en el país, con la expedición del Código Fiscal de la Federación en 1938, dando inicio a las actividades del Tribunal Fiscal de la Federación, hoy Tribunal Federal de Justicia Administrativa, dotado de plena autonomía y competencia para reconocer la legalidad o declarar la nulidad de actos o procedimientos administrativos".[30]

2.6. El reparto agrario

La preocupación en materia del reparto de tierras originó que se crearan varios ordenamientos jurídicos a este respecto: la Ley de ejidos de 18 de diciembre de 1920 que reconoce el derecho a la restitución y dotación de la tierra y contempla la figura de la expropiación agraria. Casi un año después se abrogó esta Ley y se crearon las Procuradurías de Pueblos con la intención de asesorar a los campesinos y continuar el reparto agrario. Según nos refiere Pérez de los Reyes, "se permitió a todo mexicano mayor de 18 años ocupar terrenos baldíos".[31]

También se promulgaron la Ley de Dotaciones y Restituciones de Tierras y Aguas de abril de 1927, cuyo autor fue Narciso Bassols, y la que le siguió casi de inmediato, en agosto de ese mismo año, que entre otras cosas ampliaba las dotaciones de los poblados ejidales. La repartición de tierras ejidales fue regulada por la Ley de este mismo nombre y que además normaba la constitución del patrimonio parcelario ejidal.

---

[29] Tribunal Federal de Justicia Administrativa, "Nuestra Historia", Página WEB del Tribunal Federal de Justicia Administrativa, consultado el 15 de mayo de 2021 en: https://www.tfja.gob.mx/tribunal/historia/

[30] Tribunal de Justicia Administrativa del Estado de Puebla, Antecedentes Históricos de los Tribunales de Justicia Administrativa, Página WEB del Tribunal de Justicia Administrativa del Estado de Puebla, consultado el 15 de mayo de 2021 en:: https://www.tjaep. gob.mx/antecedenteshistoricos/

[31] PÉREZ DE LOS REYES, Marco Antonio, *op. cit.*, p. 197.

Es igualmente importante la Ley del Crédito Agrícola pues se crearon bancos agrícolas y ejidales. Destaca el Banco Cooperativo Agrícola.

En 1929 se publicó una nueva norma con la misma intención: la Ley de Dotaciones y Restituciones de Tierras y Aguas.

El 22 de marzo de 1934 se dictó el Código Agrario durante el gobierno de Abelardo L. Rodríguez, que reguló la institución del Registro Nacional Agrario.

Al final del período del presidente Lázaro Cárdenas, en 1940, se promulgó un nuevo Código en la materia en el que se "creó un procedimiento para efectuar el reconocimiento y la titulación de los bienes que por dictamen del Ejecutivo se hubiesen asignado a los núcleos poblacionales, al final del cual los ejidatarios serían propietarios y poseedores definitivos de las tierras y aguas en cuestión".[32] En 1942 se publicó un nuevo Código Agrario.

Como es notorio, fueron abundantes los actos legislativos en relación con el reparto de tierras, considerando además que era una de las promesas más importantes de la Constitución de 1917 al pueblo de México.

3. CREACIÓN DE LAS INSTITUCIONES POLÍTICO ADMINISTRATIVAS CON ORIENTACIÓN NACIONALISTA

3.1. El cardenismo y la consolidación del nuevo régimen

Lázaro Cárdenas del Río ingresó al ejército siendo muy joven, al grado de que alcanzó el generalato a los 25 años. En la Guerra Cristera se dio cuenta de que el descontento, detrás de las motivaciones religiosas, se debía a que continuaba la concentración de la tierra en pocas manos. El reparto agrario seguía siendo uno de los grandes pendientes del régimen.

Llegó a la presidencia impulsado por Calles, quien manejaba a voluntad el PRM. Pronto comenzaron a notarse las diferencias, y Cárdenas dio inicio a un proceso de depuración de los seguidores del sonorense. En el partido, en las Cámaras legislativas y en los cargos de la administración pública los callistas fueron quedando fuera. El tema que sirvió de detonante fue el de los trabajadores en huelga por mejoras en su situación personal y familiar; Cárdenas los apoyaba, mientras Calles deploraba que suspendieran las ac-

---

32 LÓPEZ BETANCOURT, Eduardo, *op. cit.*, p. 230.

tividades económicas. En 1935 vino la ruptura y el mandatario hizo lo necesario para que el Jefe Máximo dejara el país. Cárdenas había generado simpatías y aliados en grupos fuera del ámbito callista, lo que le facilitó su proceso de autonomía con respecto a las órdenes del caudillo.

El apoyo que tuvo para realizar la acción descrita, provino básicamente de la Confederación de Trabajadores de México (CTM) y de la Confederación Nacional Campesina (CNC), organismos corporativos cuya importancia creció en el Estado mexicano.

Cárdenas fue el Presidente electo luego de Abelardo L. Rodríguez, de 1934 a 1940. Durante su gestión se llevaría a cabo la consolidación de un régimen nacionalista, que beneficiaría a obreros y campesinos, y devolvería al país su dignidad soberana en materia de explotación petrolera.

Entre los actos de gobierno más destacadas del cardenismo, están las siguientes:

1. Hizo realidad el reparto de tierra, entregando a ejidatarios y comuneros más de 18 millones de hectáreas. Esto no sólo le ganó apoyo entre los sectores del campo, sino también significó una redistribución del poder real en la sociedad mexicana.
2. Creó instituciones que perviven hasta hoy, como el Instituto Politécnico Nacional, el Colegio de México y el Instituto Nacional de Antropología e Historia.
3. Recibió a miles de exiliados españoles, que huían de la dictadura de Francisco Franco, "Los Niños de Morelia" son el mejor ejemplo de esta política.
4. Los trabajadores de México encontraron condiciones para mejorar sus condiciones de vida.
5. Nacionalizó la empresa ferrocarrilera del país.
6. Llevó a cabo la expropiación petrolera, sorteando la dura respuesta del gobierno británico y de algunas empresas expropiadas, así como las dificultades que implica poner en funcionamiento una actividad de enormes dimensiones.
7. En lo político, fundó en Partido de la Revolución Mexicana, luego de depurar al PRM callista. Lamentablemente, se mantuvo el corporativismo como forma de sujeción de los trabajadores y sus organizaciones.
8. Se condujo honradamente en el cargo presidencial.

Esta unidad termina en el año 1935, o sea en el momento de la ruptura de Cárdenas con Calles. Esto implica que en sesiones posteriores se verá el efecto que el cardenismo produjo en la institucionalización del Estado Mexicano.

FUENTES

Diario Oficial de la Federación, 5 de febrero de 1917, consultado en: <http://www.diputados.gob.mx/LeyesBiblio/ref/cpeum/CPEUM_orig_05feb1917.pdf>.

Ley Orgánica de las Secretarías de Estado de 1917, se puede consultar en: <https://archivos.juridicas.unam.mx/www/bjv/libros/7/3359/12.pdf>.

Ley sobre delitos y faltas en materia de culto religioso y disciplina externa de 1926, se puede consultar en: http://www.memoriapoliticademexico.org/Textos/6Revolucion/1926-L-FMCR.html

LÓPEZ BETANCOURT, Eduardo, *Historia del Derecho Mexicano*, 2ª ed., México, Iure Editores, 2014.

MARGADANT, Guillermo Floris, *Introducción a la Historia del Derecho Mexicano*, 12ª ed., México, Esfinge, 1995.

MATUTE, Álvaro, "Los años revolucionarios (1910-1934)" en Gisela Von Wobeser, coord., *Historia de México*, México, Fondo de Cultura Económica/Secretaría de Educación Pública/Academia Mexicana de Historia, 2010.

MACGREGOR, Josefina, "Los diputados renovadores de la XXVI Legislatura al Congreso Constituyente", en *Historia Mexicana*, vol. LXVI, núm. 3 (263), enero-marzo, 2017, pp. 1323-1414, [en línea] <https://historiamexicana.colmex.mx/index.php/RHM/article/view/3382/3298>.

MEYER, Jean, *La Cristiada*, vols. I, II y III, 20ª ed., México, Fondo de Cultura Económica, 1973-1975, 2000.

PÉREZ DE LOS REYES, Marco Antonio, *Historia del Derecho Mexicano*, t. III, México, Oxford University Presses, 2003.

Programa del Partido Liberal Mexicano de 1906, consultado en: <http://www.diputados.gob.mx/sedia/biblio/virtual/bicentena/doc_hist_inde/05_BB_rev_mex.pdf>.

Plan de Agua Prieta, consultado en: <https://archivos.juridicas.unam.mx/www/bjv/libros/6/2615/35.pdf>.

RIVERA CASTRO, José, "*Movilización agraria en la transición política, 1928-1935*", en *Iztapalapa. Revista de Ciencias Sociales*, núm. 32, 1994, pp. 47-64 [en línea], <https://revistaiztapalapa.izt.uam.mx/index.php/izt/article/view/1204>,

SERRANO ÁLVAREZ, Pablo, *Los tratados de Bucareli y la rebelión delahuertista*, México, Instituto Nacional de Estudios Históricos de las Revoluciones de México, 2012 [en línea], <https://inehrm.gob.mx/work/models/inehrm/Resource/455/1/images/bucareli.pdf>.

Tribunal de Justicia Administrativa del Estado de Puebla, Antecedentes Históricos de los Tribunales de Justicia Administrativa, Página WEB del Tribunal de Justicia Administrativa del Estado de Puebla, consultado el 15 de mayo de 2021 en: <https://www.tjaep. gob.mx/antecedenteshistoricos/>.

Tribunal Federal de Justicia Administrativa, "Nuestra Historia", Página WEB del Tribunal Federal de Justicia Administrativa, consultado el 15 de mayo de 2021 en: <https://www.tfja.gob.mx/tribunal/historia/>.

Unidad 10. El Desarrollo estabilizador y el nuevo derecho mexicano

En la presente unidad se harán una serie de reflexiones jurídico-políticas atinentes a cada sexenio desde la época posrevolucionaria hasta el día de hoy, por ello, más allá de ser un texto que recuerde los acontecimientos históricos en que nuestro país ha tenido caminos sinuosos, también en lo correspondiente a la materia jurídica haremos algunas reflexiones que nos ha dejado la experiencia profesional.[1]

1. REFORMAS CONSTITUCIONALES Y LEGISLATIVAS MÁS IMPORTANTES

Aquí se puede recordar el contexto que rodeó al sexenio del General Lázaro Cárdenas del Río, es decir, el gremialismo representado por el agrarismo y el obrerismo mismos que fueron dirigidos por grupos políticos locales que se entretejieron con el paso de los años y produjeron el perfil de nuevos actores políticos civiles para un país que dejaba al lado a los militares en la toma de decisiones estatales.

Ellos eran parte de la estructura, para la creación del Partido Nacional Revolucionario (PNR) en 1929, sin desdeñar las fuerzas políticas estatales que se gestaban alrededor del mismo e incluso, que fusionara intereses comunes de varios líderes estatales.

Aun cuando, la tesis de crear un Partido Político que aglutinara a campesinos, a obreros y a militares, venía desde Álvaro Obregón; el contexto nacional de la segunda década del siglo pasado, se caracterizó por la existencia de demasiados partidos políticos y la propia inestabilidad política.[2]

---

1 Dr. Ricardo Rojas Arévalo. Dr. en Derecho por posgrado de la UNAM y actual Secretario General de la Facultad de Derecho.

2 MEDINA PEÑA, Luis, *Hacia el nuevo Estado. México, 1920-2000,* 3ª ed., 3ª reimp., México, Fondo de Cultura Económica, 2017 (Obras de Política y Derecho), pp. 54-61.

Finalmente, se estaban gestando las raíces de cómo iba a ser nuestro país en lo social, en lo político, en lo económico para el resto del siglo anterior.[3]

Aquí se puede hacer un comentario que no es menor: el génesis de esa agrupación política no está en la concepción norteamericana bipartidista (republicanos vs demócratas), se basa de una concepción comunista y socialdemócrata europea.

En ocasiones, la historia vertiginosa nos lleva a los derroteros, como fue el caso del PNR que nació como una consecuencia de la revolución mexicana y a diferencia del Partido Comunista de la extinta Unión Soviética, el mismo no fue previamente hecho para darle un partido al país sino a la revolución mexicana (influyeron muchos factores en su solidificación).[4]

En un lapso entre diciembre de 1928 y la primera semana de marzo de 1929, es cuando se da una avalancha de cambios en que Plutarco Elías Calles queda como el arquitecto del diseño arcaico del nuevo partido político que fuera una gran alianza para los jefes revolucionarios incluso, en los programas de gobierno se imprimió la filosofía política callista como la educación socialista, apoyo a la industrialización nacional, apoyos a los pequeños empresarios y finanzas que restablecieran el crédito interno y el crédito externo.[5]

Esa nueva organización política contaría con un Comité Ejecutivo Nacional que controlaría toda la actividad partidaria nacional a través de una verticalidad orgánica con acuerdos internos para seleccionar a los candidatos en donde las elecciones serían un mero trámite (institucionalidad y no caudillajes).[6]

Una de las aportaciones del callismo a la economía nacional es la formación de importantes economistas y conocedores de la hacienda pública

---

[3] Sin lugar a dudas, para poder tener un punto científico sobre las revoluciones independentistas, la liberal y la revolución mexicana hasta el México moderno es de recomendarse el siguiente sitio en internet del Instituto Nacional de Estudios Históricos de las Revoluciones de México: <https://inehrm.gob.mx/>, sin dejar de lado sus excelsas publicaciones.

[4] Si se quiere hacer un ejercicio de cine, véase la película: Sánchez Ortega, Emilio, La sombra del caudillo, Youtube, 15 de noviembre de 2014, https://www.youtube.com/watch?v=SwyiV4BYx4Y misma que nos da un contexto político de nuestro país de la década de los veinte.

[5] MEDINA PEÑA, Luis, *op. cit.*, pp. 74-76.

[6] *Ibidem*, pp. 77-78.

que fueron los que dieron las bases para la reorganización de la banca nacional como Manuel Gómez Morín (uno de los fundadores del Partido Acción Nacional en 1939), Gonzalo Robles, Luis Montes de Oca, Marte R, Gómez y la experiencia en las finanzas públicas del Ingeniero de la Universidad de México Alberto J. Pani (como Secretario de Hacienda y Crédito Público); en que se tomaron medidas como la reducción de las remuneraciones de los servidores públicos de las secretarías de Estado, limitación de compras al exterior, así como la reducción de la burocracia); sin descontar la instauración en 1924 del impuesto sobre la renta, en la Ley de Ingresos tanto para personas físicas como para personas morales.

Gracias a esta nueva organización financiera mexicana, el 25 de agosto de 1925 se emitió la ley que creaba el primer banco central de nuestro país (mismo que lo manejaría el Estado) y que al mismo se tendría que integrar la banca comercial.[7]

Se tocan varios aspectos esenciales para la futura industrialización nacional como la construcción de caminos; obras de irrigación; carreteras como la México-Puebla, tramo de la carretera México-Veracruz; la México-Pachuca (a su vez tramo de la carretera panamericana); sin dejar de lado la red ferroviaria (que mucho de su material rodante había sido dañado durante la lucha revolucionaria) ya que se terminó el ferrocarril Sud-Pacífico (Tepic a La Quemada, Jalisco) para dejar con vías férreas al Noroeste mexicano; se apoyó el establecimiento del servicio telefónico de larga distancia (entre las empresas Ericsson y la Compañía Telefónica y Telegráfica Mexicana S.A.); se trató de establecer el control federal sobre la industria eléctrica que estaba en manos extranjeras (se modificó el numeral 73 constitucional para prever el control federal sobre la actividad eléctrica y se dieron las bases de la creación de la Comisión Federal de Electricidad).

Inclusive, en la década de los 30´s se empezó a dar la política de la sustitución de importaciones a cambio de nuevas inversiones nacionales y el crecimiento de la productividad como pasó con el acero, cemento, textiles, cerveza y tabaco (concentradas en ciudades como Veracruz, Puebla, Monterrey y la Ciudad de México).[8]

---

7 *Ibidem*, pp. 98-109.

8 *Ibidem*, 109-118.

1.1. Periodo 1934-1985: Nacionalismo, Estado benefactor y el "Milagro Mexicano"

Fue una cuestión que mostró una de las debilidades del partido, en que se transitaba del caudillismo a las instituciones. La época del poder político compartido entre Plutarco Elías Calles y los presidentes Emilio Portes Gil (decretó la autonomía de la Universidad de México), Pascual Ortiz Rubio (que en un principio debía de derrotar al vasconcelismo y se celebró el Convenio Montes de Oca-Lamont con los banqueros por los daños causados por la revolución mexicana) y Abelardo L. Rodríguez (le tocaron las luchas agraristas).[9]

A. General Lázaro Cárdenas del Río (1934-1940)

Presidente que inauguró los sexenios, gobernador de su Estado, Presidente del Partido Nacional Revolucionario; no vivió en el Castillo de Chapultepec (al convertirlo en un Museo de Historia) sino en la ex-Hacienda de Los Pinos (Residencia Oficial de los Pinos, que actualmente es un museo).

Concluyó con el Maximato y consolidó la autoridad presidencial; sin dejar de lado importantes políticas públicas como el reparto agrario con unas 280 hectáreas por mes; se determinó el pago del séptimo día a los trabajadores; en 1937 se nacionalizaron los ferrocarriles; en 1934 se reformó el precepto 3° constitucional para instaurar en forma obligatoria la educación socialista; se fundó el Banco de Comercio Exterior y el Banco Obrero de Fomento Industrial; la última revuelta fue de Saturnino Cedillo en 1939 que concluyó con su muerte en combate; así mismo, en 1939 nuestro país recibió a varios inmigrantes españoles que huían de la Guerra Civil Española; para 1938 se reorganizó el partido oficial y se transformó en el Partido de la Revolución Mexicana (agrupaba a los obreros, campesinos y clases urbanas); también el 18 de marzo de 1938 se nacionalizó la Industria Petrolera, dio inicio el Instituto Politécnico Nacional; para 1939 se creó el Partido Acción Nacional como partido de oposición al gobierno (obra del catedrático y rector de la UNAM Manuel Gómez Morín) y; en 1940 fue asesinado en nuestro país León Trotsky que era opositor de José Stalin (gobernante de la extinta-URSS).[10]

---

9 *Ibidem*, pp. 78-84 y 97-98.

10 PÉREZ DE LOS REYES, Marco Antonio, *Historia del Derecho Mexicano*, 2ª ed., México, Oxford University Express, 2019 (Textos Jurídicos Universitarios. Historia del Derecho), pp. 537-539.

Las aportaciones de este sexenio al Marco Jurídico Nacional: La Ley de Amparo de 1936, la Ley de Indulto, la Ley Orgánica del Poder Judicial de la Federación, la Ley de Crédito Agrícola, la Ley de Procedimientos Civiles y Penales, la Ley Orgánica de los artículos 102, 103 y 104 constitucionales, la Ley Orgánica de la Fracción I del artículo 27 Constitucional, la reforma a los numerales 43 y 45 constitucionales, la Ley de Nacionalización de Bienes, la Ley de Expropiación, las reformas al artículo 78 de la Ley Federal del Trabajo, la Ley General de Población, el decreto que crea la Secretaría de la Defensa Nacional (antes de Guerra y Marina), la reforma al Código Civil del Distrito Federal, en el que se reconoce a los llamados hijos naturales, la Ley sobre Industria Eléctrica, la Ley Federal de Estadística, la Ley de Retiros y Pensiones del Ejército y la Armada, el decreto que creó para los profesores la Medalla Maestro "Manuel Altamirano", la Ley de Vías Generales de Comunicación, la Ley de la Federación, la Ley del Servicio Militar, la Ley Reglamentaria del artículo 3° Constitucional, la Ley de Caza, el nuevo Código Agrario, la Ley General de Instituciones de Fianzas y el Estatuto Jurídico de los Empleados al Servicio de los Poderes de la Unión.[11]

– Análisis del contexto económico-político y social en torno a ese sexenio:

Se dio el primer Plan Sexenal fue el inicio de las políticas públicas agrarias, laborales y sociales; se fortalecía la hipótesis de que el Estado debía asumir un papel activo como regulador de la economía, como factor equilibrante de las diferencias sociales en los sectores laboral y agrario (dejar la idea del *laissez faire-laissez passer*); con lo que Cárdenas se hizo de apoyos paralelos fuera del PNR para que en su momento pudiera dejar fuera del escenario nacional a Plutarco Elías Calles (lo terminó expulsando del país).

Asimismo, el PNR contaba con cuatro sectores: popular, obrero, agrario y el militar (que en la década de los 40 desapareció).[12]

Entre 1931 y 1937 restringió la inmigración extranjera, pero a partir de 1937 abrió las puertas a los refugiados republicanos españoles que enriquecieron la vida cultural y científica de nuestro país; sin dejar de lado la gran presencia de la industria pesada estadounidense con la Ford, Simmons y la General Electric en la manufactura nacional. Y algo que, pareciera paradójico desde el punto de vista de la doctrina capitalista es que, con las

---

11 PÉREZ DE LOS REYES, Marco Antonio, *op. cit.*, p. 539.

12 MEDINA PEÑA, Luis, *op. cit.*, pp. 84-87.

reivindicaciones cardenistas en materia laboral y agraria no ahuyentó la inversión extranjera en el territorio nacional.[13]

Durante este sexenio se crearon los Almacenes Nacionales de Depósito, el Banco Nacional de Comercio Exterior, el Banco Nacional Obrero de Fomento Industrial y se reformó la Ley de Seguros.[14]

– ¿Qué papel jugó el Partido de la Revolución Mexicana (PRM) en esta etapa histórica nacional?

En 1938 el Partido Nacional Revolucionario (PNR) se convirtió en el Partido de la Revolución Mexicana (PRM), en el que sin ser partido de Estado, sí aseguró el predominio político nacional sin que hubiera resquebrajamientos en el mismo ni en el sistema político mexicano; en el que, el Presidente de la República tenía un gran poder para recomendar a candidatos a puestos locales y, dentro de ese contexto nacional, la derecha mexicana, ya fuera la Unión Nacional Sinarquista, la Confederación de la Clase Media y la Confederación Patronal de la República Mexicana eran grupos que no estaban a favor de las políticas estatistas y, para 1939 se constituyó el Partido Acción Nacional (PAN).[15]

Finalmente, el PRM para no perder a la heterogénea clase media creó a la Confederación Nacional de Organizaciones Populares (CNOP) el 28 de febrero de 1943 en Guadalajara, Jalisco.

B. General Manuel Ávila Camacho (1940-1946)

Un sexenio que comenzó con grandes problemas internacionales al empezar la Segunda Guerra Mundial. La producción en su mayoría era agrícola y la industria petrolera representaba el 10.91% del ingreso nacional.

El Presidente se vio obligado a declarar la suspensión de las entonces llamadas garantías individuales y a declarar la guerra entre nuestro país (escuadrón 201 de la Fuerza Aérea Mexicana) y las potencias del Eje a partir del 22 de mayo de 1942, tras el hundimiento de los barcos Potrero del Llano y Faja de Oro por un submarino alemán.

El presidente, a través de Nacional Financiera, impulsó la creación de industrias básicas. Se expidió una nueva legislación agraria que favorecía

[13] *Ibidem*, pp. 119-121.

[14] *Ibidem*, p. 133.

[15] *Ibidem*, pp. 155-157.

al sistema ejidal. Respecto de la regulación de las garantías individuales, se promulgó la Ley de Prevenciones Generales.[16]

Se tomaron medidas para la protección de los trabajadores y su poder adquisitivo mediante rentas congeladas de casas y creando el régimen de seguridad social; se fundó la Nacional Reguladora y Distribuidora (CONASUPO), el Consejo Nacional Obrero (el 11 de junio de 1942) y el Instituto Mexicano del Seguro Social (IMSS) en 1943 y, se promulgó la Ley para Establecer la Campaña Nacional contra el Analfabetismo.[17]

Sin temor a equivocarnos, en este sexenio se da un paso importante al llamado milagro mexicano en la economía; sin dejar de lado el contexto de la segunda guerra mundial que dejaba abierto el mercado latinoamericano a la industria estadounidense, ya que, nuestro país se volvió el principal proveedor estratégico de materias primas para el mercado norteamericano; en esos momentos la capacidad instalada en nuestro país se usó al máximo para satisfacer las necesidades nacionales y ante un escaso comercio internacional con Europa por ser época de posguerra y que Estados Unidos ya hablara de un comercio internacional multilateral.

En la época de la postsegunda guerra mundial la nueva clase empresarial amparada por las políticas proteccionistas estatales creó a la Cámara Nacional de la Industria de la Transformación (CANACINTRA), a la Confederación de Cámaras Industriales (CONCAMIN); sin dejar de lado el fortalecimiento de Nacional Financiera como ente estatal de financiamiento de la industria del país, intervenir y vigilar el mercado de valores y de crédito a largo plazo.

Es la época en que el Estado propiciaba a la clase media a través de empleos en el gobierno, y la promoción de la formación técnica y universitaria y; lo más interesante es que en nuestro país se pasó el poder de las manos militares a las manos civiles sin que se derramara una sola gota de sangre (cuestión que no pasó en el resto de América Latina).[18]

C. Miguel Alemán Valdés (1946-1952)

En cuanto al marco jurídico se emitieron la Ley del Banco Nacional del Ejército y la Armada; Ley de Riegos; Ley de Secretarías y Departamentos

---

16 PÉREZ DE LOS REYES, Marco Antonio, *op. cit.*, p. 540.

17 *Idem.*

18 MEDINA PEÑA, Luis, *op. cit.*, pp. 122-130, 135 y 160-165.

de Estado, que creó las Secretarías de Recursos Hidráulicos y de Bienes Nacionales e Inspección Administrativa; y la Ley Federal de Colonización. Sin dejar de lado, las reformas al artículo 27 constitucional para amparar a los dueños protegidos con certificados de inafectabilidad; se expidieron la Ley General de Población, la Ley Forestal, la Ley de Pesca, la Ley sobre Derechos de Autor y la Ley Federal del Impuesto sobre Ingresos Mercantiles.

El Partido de la Revolución Mexicana cambia su denominación por el del Partido Revolucionario Institucional; se emitieron los Bonos del Ahorro Nacional y los Certificados de Nacional Financiera.

Se crearon las unidades multifamiliares Miguel Alemán y Benito Juárez en la Ciudad de México; se construyeron la Ciudad Politécnica en Santo Tomás y la Ciudad Universitaria en Copilco; se inauguró la Escuela Nacional de Maestros y la Escuela Naval.[19]

Sus dos primeros años fueron de un crecimiento económico discreto, la propia devaluación de la moneda nacional de 1949; se reformó el artículo 131 constitucional, al que se le añadió un segundo párrafo, en que se faculta al presidente de la República para aumentar el porcentaje de los impuestos de importación y así reducir las importaciones (decreto delegado).[20]

Consecuentemente, se hizo hincapié en el desarrollo de la industria nacional de bienes y una constante construcción de infraestructura urbana.

D. Adolfo Ruiz Cortines (1952-1958)

Se iniciaron importantes obras hidráulicas, se construyeron vías periféricas, se construyó el Mercado de la Merced en la Ciudad de México; se respetaron las posiciones ideológicas de las organizaciones obreras y; en general hubo un adecuado manejo de las finanzas públicas.[21]

Ordenó una drástica reducción del gasto público; llevó a la práctica una ambiciosa política agraria de producción de granos básicos; fortaleció a la Compañía Exportadora e Importadora Mexicana S.A. (CEIMSA) como antecedentes de la hoy desaparecida CONASUPO (Compañía Nacional de Subsistencia Popular); estableció un rígido control de precios a cargo de las Secretarías de Economía y de Gobernación; dio un mayor impulso a la

19 PÉREZ DE LOS REYES, Marco Antonio, *op. cit.*, pp. 540-541.

20 MEDINA PEÑA, Luis, *op. cit.*, pp. 139-142.

21 PÉREZ DE LOS REYES, Marco Antonio, *op. cit.*, p. 542.

producción agrícola con créditos públicos y privados; devaluación del peso de 1954; enfrentar al sindicato de maestros que hizo varias manifestaciones a lo largo del país y que culminó con un importante enfrentamiento con el aparato estatal.[22]

E. Adolfo López Mateos (1958-1964)

En materia legislativa se reformaron los artículos 27, 42, 48, 52, 54, 63, 107 y 123 constitucionales; se nacionalizó la industria eléctrica; de derogó la Ley Federal de Colonización; se fundó el Instituto de Seguridad y Servicios de los Trabajadores del Estado (ISSSTE) y; se creó el impuesto sobre la tenencia y uso de automóviles. En ese sexenio se estableció la suplencia de la queja en materia agraria y se empezó a estructurar el amparo en materia agraria.

El gobierno reprimió el sindicalismo ferroviario en su huelga de 1959; en 1964 se inauguró la Unidad Zacatenco del Instituto Politécnico Nacional; se construyó el Museo Nacional de Antropología e Historia en Chapultepec; se estableció la entrega gratuita de los libros de texto para la Primaria; se edificaron las unidades habitacionales de Tlatelolco y San Juan de Aragón.[23]

Llevó a cabo políticas de adquisición de empresas privadas con serios problemas económicos para que no se perdieran las fuentes de trabajo; fomentó el ahorro nacional con bajas tasas impositivas; se hicieron muchas inversiones públicas en electricidad, comunicaciones, transportes, fomento industrial y petróleo; el propio gasto social se financiaba con recursos nacionales; hacerle frente al movimiento sindical ferrocarrilero que concluyó con la intervención del ejército y el encarcelamiento de los líderes sindicales Valentín Campa y Demetrio Vallejo.[24]

F. Gustavo Díaz Ordaz (1964-1970)

Reorganizó la Junta de Gobierno de los organismos descentralizados y se le dio prioridad a la inversión, obras públicas, geografía y agricultura; la desaparecida CONASUPO la transformó en un organismo público descentralizado.

---

22 MEDINA PEÑA, Luis, *op. cit.*, pp. 143-144.

23 PÉREZ DE LOS REYES, Marco Antonio, *op. cit.*, p. 543.

24 MEDINA PEÑA, Luis, *op. cit.*, pp. 144-146.

Se promulgó la Ley General de Bienes Nacionales; se expidieron las primeras tarjetas de crédito bancario; se extendió el servicio eléctrico; se consolidó la Comisión Federal de Electricidad; se fundó el Instituto Mexicano del Petróleo; se inició el Sistema de Transporte Colectivo (Metro); se emitió la actual Ley Federal del Trabajo.[25]

Se mostró un gran apoyo al consumo nacional generado por la industria mexicana a costa de la baja competitividad de la misma; cuestiones que serían criticadas por los economistas Ifigenia Martínez (que polemizaba sobre la falta de la correcta distribución del ingreso económico) y David Ibarra (que mencionaba la falta de competitividad en la economía mexicana).[26]

Aunque, no debe dejarse de lado que en la década de los 60´s fue la influencia en el medio universitario de la revolución cubana e incluso, un sector de la nueva izquierda (una oposición universitaria y una vez que se dejó al margen de todo al Partido Comunista Mexicano) como Carlos Fuentes, Víctor Flores Olea, Enrique González Pedrero y Francisco López Cámara mismos que eran antipriistas y, el propio Pablo González Casanova que criticaba al sistema político mexicano a través de su obra: La democracia en México.

Como movimientos previos al de 1968: se tiene la suspensión de actividades en la Facultad de Derecho, de la UNAM, en contra de su Director César Sepúlveda (marzo de 1966); la suspensión de actividades académicas de la Universidad Nicolaita, en Michoacán, en la que terminaría con la entrada del ejército. Sin desdeñar el movimiento de los médicos becarios y residentes del Hospital 20 de Noviembre por la falta de pago de su aguinaldo.

A ello, se debe de sumar que la Universidad de México había pasado por su decreto de autonomía y haber albergado a exporfiristas y que, durante la década de los 60´s llegó una nueva generación de docentes con tendencias de izquierda, sin despreciar la simpatía de varios universitarios por los movimientos revolucionarios socialistas que se daban alrededor del mundo y los movimientos estudiantiles de Francia, Alemania, Estados Unidos y la primavera de Praga; también fue la semilla del movimientos estudiantil del Consejo Estudiantil Universitario (CEU) de 1986. Lo cual prueba que, el movimiento estudiantil de 1968 (UNAM, IPN, COLMEX

---

25 PÉREZ DE LOS REYES, Marco Antonio, *op. cit.*, pp. 543-545.

26 MEDINA PEÑA, Luis, *op. cit.*, pp. 172-180.

entre otras instituciones públicas) iba a ser un movimiento más allá de un mero tiempo político en que lamentablemente no hubo un entendimiento hacia esa nueva generación por parte del sistema político existente y que culminó violentamente el 2 de octubre en la Plaza de las Tres Culturas, de Tlatelolco (lo que daría origen al sindicalismo universitario y a las guerrillas urbanas).

La propia plataforma que estaba formando el Licenciado Carlos Alberto Madrazo Becerra dentro del PRI y que pretendía ciudadanizar a dicho instituto político (misma que se desvaneció una vez muerto).[27]

G. Luis Echeverría Álvarez (1970-1976)

Aquí se dio el problema económico de la segunda posguerra mundial (muchas devaluaciones de la moneda nacional) y se apoyaban grandes inversiones públicas.

Se efectuaron 48 reformas a la Constitución Federal, se emitió la Ley Federal de la Reforma Agraria, se promulgó la Ley Federal de Protección al Consumidor, la Ley para Promover la Inversión Mexicana y Regular la Inversión Extranjera, la Ley de Amnistía y la Ley Federal de Aguas; así como la creación del Instituto del Fondo Nacional de la Vivienda para los Trabajadores (INFONAVIT).

Se hicieron grandes subsidios a la UNAM, se fundó la Universidad Autónoma Metropolitana.[28]

La organización económica de este sexenio se ha dividido en tres partes: la atonía (1971); la reactivación y el sobrecalentamiento (1972-1975) y la crisis (1975-1976).[29]

No se hicieron ajustes al impuesto sobre la renta, pero sí a los impuestos indirectos; también el gasto público se financió con el endeudamiento; hubo una gran fuga de capitales de nuestro país; con una gran inversión gubernamental en el sector agropecuario y educativo; bajó el gasto en salud y en obras públicas.

Los conflictos sociales se agudizaron con la aparición de guerrillas urbanas; no hubo un cambio de fondo para tener un diálogo con los sectores

---

27 *Ibidem*, pp. 207-225.

28 PÉREZ DE LOS REYES, Marco Antonio, *op. cit.*, pp. 545-546.

29 MEDINA PEÑA, Luis, *op. cit.*, p. 182.

de las mujeres, incluso con algunos grupos universitarios; sin dejar de lado que en la sucesión presidencial de 1976 el PAN no presentó candidato por un conflicto interno.[30]

Una mancha que se dio en estos años, fue el llamado halconazo del 10 de junio de 1971, con una manifestación estudiantil organizada por el IPN en apoyo al movimiento estudiantil de la Universidad Autónoma de Nuevo León por la Avenida de San Cosme, de la Ciudad de México (enfrentamiento en contra de los llamados halcones que propiamente no eran policías). Aunado, a la guerrilla de Genaro Vázquez y Lucio Cabañas, en Guerrero; y la fundación de la Liga 23 de Septiembre (en 1976 se autoliquidó).

La clase empresarial rompió con el gobierno federal, para lo cual en 1975 se creó al Consejo Coordinador Empresarial y, algunos prominentes empresarios paulatinamente ingresarían a la política dentro del PAN; y las grandes diferencias del gobierno federal con el llamado Grupo Monterrey.[31]

H. José López Portillo y Pacheco (1976-1982)

El país se encontraba en una profunda crisis económica, por lo que en 1982 se decidió estatizar la banca comercial al reformar el artículo 28 constitucional y establecer que el servicio de banca y de crédito únicamente lo prestara el Estado; se suspendió temporalmente el pago de los intereses de la deuda exterior; hubo un gran gasto público y el precio del petróleo subió a precios históricos a finales de los setenta y nuestro país malgastó todo lo que obtuvo de ingresos petroleros.

En la Ciudad de México se construyeron más líneas del metro, se iniciaron las obras de la nueva Central de Abastos y se hicieron relaciones cordiales con el Vaticano para permitir la visita del Papa Juan Pablo II a nuestro país.[32]

Tuvo como política económica la creación de empleos a través de un abultado gasto público; además del gran hallazgo de petróleo en Cantarell, Campeche, y la suerte histórica de que hubiera un conflicto entre los países árabes y que los países industrializados necesitaran del petróleo mexicano, hizo que a finales de los 70´s nuestro país tuviera ingresos por

---

30 *Ibidem*, pp. 186-194.

31 *Ibidem*, pp. 227-230 y 234-235.

32 PÉREZ DE LOS REYES, Marco Antonio, *op. cit.*, pp. 546-547.

varios millones de dólares; con dichos ingresos fue posible el incremento del gasto público hasta casi la mitad del Producto Interno Bruto en 1981 con tasas de crecimiento económico anual del 8.4%.

Se tuvo una administración con gran endeudamiento externo, problemas en la balanza comercial (la diferencia entre lo que se importa y lo que se exporta por un país) y una alta volatilidad del peso frente al dólar (lo que trajo varias devaluaciones de nuestra moneda) y; al final de su sexenio (septiembre de 1982) se reformó el numeral 28 constitucional para estatizar todos los bancos particulares y que el Estado fuera el que prestara directamente los servicios de banca y de crédito; sin olvidar la deuda externa de más de 85 mil millones de dólares americanos.[33]

En suma, en este mismo sexenio se reorganizó la administración pública en torno a la Ley General de Deuda Pública; la creación de la extinta Secretaría de Programación y Presupuesto (para la asignación de los presupuestos pertinentes a las diversas entidades de la administración pública federal); la elaboración de la Ley Orgánica de la Administración Pública Federal (esquematizar a la administración pública mexicana en centralizada y paraestatal).

Finalmente, en materia política se hizo la reforma del entonces Secretario de Gobernación Jesús Reyes Heroles de 1977, misma que se concretó en la Ley Federal de Organizaciones Políticas y Procesos Electorales aprobada por el Congreso de la Unión en diciembre de 1977, con la que se reconocía con personalidad jurídica de nuevas asociaciones políticas y se aumentaban a los diputados en 400 (100 plurinominales electos en listas regionales).[34]

I. Miguel de la Madrid Hurtado (1982-1988)

Se reformaron los artículos 25, 26, 27, 28 y 29 constitucionales (se habló de la rectoría económica del Estado en la economía mexicana); se aprobó la Ley Reglamentaria del Servicio Público de Banca y Crédito y la Ley Federal de Responsabilidades de los Servidores Públicos; se reformó el precepto 115 constitucional para ampliar la esfera de acción de los municipios; se puso en marcha el programa de descentralización de la administración pú-

33 MEDINA PEÑA, Luis, *op. cit.*, pp. 187-203.

34 *Ibidem*, pp. 236-240.

blica federal y se promulgó el Código Federal Electoral que le dio origen al Tribunal de lo Contencioso Electoral.

Sin dejar de lado que, en 1985 se llevaron a cabo las negociaciones para el ingreso al Acuerdo General sobre Aranceles Aduaneros y Comercio (GATT) y en 1986 se ingresó al mismo.[35]

A pesar de que del período de 1970 a 1982, el crecimiento anual fue del 6.3%, apenas inferior al 6.6% del promedio anual que correspondía al desarrollo estabilizador; podemos notar una gran debacle nacional para el sexenio de Miguel de la Madrid Hurtado.

Durante este sexenio, se dieron recortes a los gastos de la administración pública; se emitió el Plan Nacional de Desarrollo con base en la Ley de Planeación; la importancia de pagar la deuda externa; cayó el precio del petróleo lo que trajo problemas en el presupuesto federal; los recortes se hicieron para no afectar tareas del Estado como la salud, energéticos, transportes y comunicaciones; terminar con la protección arancelaria de la industria nacional en pro de mejores productos; apertura comercial con el mundo; el Pacto de Solidaridad Económica por el que las organizaciones obreras aceptaran moderar sus exigencias de incrementos salariales y que los empresarios se moderaran en la obtención de sus utilidades.

Inclusive, ante la falta del necesario crecimiento económico se fue creando la economía informal y el fortalecimiento del narcotráfico; y con la pérdida de espacios políticos en la burocracia federal para el PRI.[36]

Los sismos de la Ciudad de México de septiembre de 1985, hicieron ver al gobierno federal y al gobierno local que no tuvieron capacidad de hacer frente de manera inmediata a la destrucción de viviendas y de edificios; con la respectiva organización de varias personas en pro de la reconstrucción de la Ciudad de México (en donde el PRI quedó ausente) y; la escisión del PRI por su corriente democrática previo a las elecciones presidenciales de 1988.[37]

---

[35] PÉREZ DE LOS REYES, Marco Antonio, *op. cit.*, p. 547.

[36] MEDINA PEÑA, Luis, *op. cit.*, pp. 241-260.

[37] *Ibidem*, pp. 260-272.

1.2. Periodo de 1988-2018: Estado Neoliberal y transición de la democracia

A. Carlos Salinas de Gortari (1988-1994)

En una elección muy cuestionada la de 1988; una vez que asumió el poder hubo una reducción en el porcentaje de la inflación; privatizó una gran cantidad de empresas como en el caso de Teléfonos de México, los bancos, los ingenios azucareros y la industria siderúrgica; se firmó el Pacto para la Estabilidad y el Crecimiento Económico con la participación de la clase empresarial, el gobierno y los obreros; se signó el Tratado de Libre Comercio de América del Norte; se reformó el numeral 27 constitucional para privatizar el ejido; se creó la Comisión Nacional de Derechos Humanos; se promulgó el Código Federal de Instituciones y Procedimientos Electorales; se estableció el Tribunal Federal Electoral y el Instituto Federal Electoral.

En enero de 1994 estalló la rebelión en Chiapas encabezada por el Ejército Zapatista de Liberación Nacional, en marzo de 1994 ocurrió el asesinato del candidato a la Presidencia de México por parte del PRI Luis Donaldo Colosio Murrieta y a finales de ese frenético año el asesinato de José Francisco Ruiz Massieu que era uno de los operadores políticos del presidente electo Ernesto Zedillo Ponce de León.[38]

La llegada a la presidencia del Licenciado Carlos Salinas de Gortari, siempre ha sido cuestionada y más con el ambiente generado por la situación nacional.

Es más, si analizamos a sus dos oponentes para la presidencia como pasó con el Ing. Cuauhtémoc Cárdenas Solórzano (antiguo priista) por parte de la coalición de varios partidos políticos y, Manuel J. Clouthier (del PAN); podremos ver que los mismos eran unos aguerridos en contra del sistema político y; que estas elecciones ya no se podían ver como de mero trámite como en las décadas anteriores, por lo que fue necesario montar por parte de la Secretaría de Gobernación, al Sistema Nacional de Información Política y Electoral con lo que se podía controlar el flujo de información para las elecciones federales (siempre se cuestionó su legitimidad) y; lo que ocurrió con la oposición que vio las elecciones federales de 1988 como dudosas.[39]

---

38 PÉREZ DE LOS REYES, Marco Antonio, *op. cit.*, p. 548.

39 MEDINA PEÑA, Luis, *op. cit.*, pp. 273-290.

Hubo tres aspectos en los que se enfocó su gobierno: la ampliación de la vida democrática, la recuperación económica con estabilidad de precios y un nuevo método para afrontar la obra pública.

Es así que vemos las llamadas negociaciones (concertacesiones) de su gobierno con el PAN (reconocerle triunfos electorales en Estados como Baja California y Guanajuato a cambio de apoyos políticos a su gobierno); la emisión en julio de 1990 del Código Federal de Instituciones y Procedimientos Electorales (COFIPE) y la adición al Código Penal Federal de los delitos electorales; la creación del entonces Instituto Federal Electoral (hoy INE); creo una segunda instancia al Tribunal Electoral (que en aquel entonces no formaba parte del Poder Judicial de la Federación).[40]

Por el lado económico, se dio una renegociación de la deuda externa, para tener espacio presupuestal para los programas sociales; la desincorporación de las empresas públicas (Plan Brady) para reducir la deuda interna y; el Tratado de Libre Comercio con los Estados Unidos de América y Canadá (se le agregaron dos acuerdos paralelos como el ambiental y el laboral).[41]

Finalmente, por el lado social se emitió el Programa Nacional de Solidaridad mismo que obedecía a los lineamientos del Banco Mundial que recomendaba una política social selectiva con una amplia participación de las comunidades beneficiarias organizadas en comités (una democracia directa de política popular); dichas cuestiones apoyaron para que el PRI tuviera un triunfo arrollador en las elecciones intermedias de 1991.[42]

B. Ernesto Zedillo Ponce de León (1994-2000)

En el año de 1996 se incorporó el Tribunal Electoral al Poder Judicial de la Federación; se posibilitó, como facultad de la Suprema Corte de Justicia de la Nación, el conocimiento y la resolución de acciones de inconstitucionalidad en materia electoral (numeral 105, fracción II, de nuestra Constitucion), se emitió la Ley General del Sistema de Medios de Impugnación en Materia Electoral.

---

40 *Ibidem*, pp. 290-303.

41 *Ibidem*, pp. 303-310 y 326.

42 *Ibidem*, pp. 310-321.

Sin dejar de lado, la gran crisis económica de 1994 que devalúo el peso mexicano frente al dólar americano, se formuló el Plan de Estabilización Económica y un Programa de Austeridad.

El Departamento del Distrito Federal cambió su naturaleza jurídica para hablar de órganos de gobierno de la Ciudad de México, y en 1997 hubo elecciones por primera vez para elegir al jefe de gobierno capitalino, de la misma resultó electo Cuauhtémoc Cárdenas Solórzano, del Partido de la Revolución Democrática.

El 2 de julio de 2000, por primera vez el Partido Revolucionario Institucional pierde unas elecciones federales para Presidente de la República.[43]

Observamos en las elecciones de 1994, que el caso del Dr. Ernesto Zedillo Ponce de León (distanciado del PRI) es completamente extraño dada la tradición política de nuestro país *(sui géneris)*, ya que fue un candidato coyuntural después del asesinato de Luis Donaldo Colosio Murrieta.

En el ejercicio del poder, pronto le llegó la crisis económica de diciembre de 1994 y el quebrantamiento de las principales instituciones bancarias de nuestro país en 1995, lo que ocasionó que la cartera vencida de las instituciones de crédito se hiciera deuda interna (FOBAPROA); la desincorporación del Estado Mexicano de los servicios de satélites y de ferrocarriles; tuvo que incrementar el IVA del 10% al 15%; se otorgó un crédito por el Fondo Monetario Internacional por 47 mil millones de dólares y 3,000 millones de dólares con el Banco Mundial y el Banco Interamericano de Desarrollo para la constitución del FOBAPROA (Fondo Bancario de Protección al Ahorro) que luego se transformó en el IPAB (Instituto para la Protección al Ahorro Bancario).[44]

Por otro lado, sus constantes conflictos con los gobernadores de Tabasco Roberto Madrazo Pintado (quien no renunció a la gubernatura) y el gobernador del Estado de Chiapas Eduardo Robledo (que pidió licencia);[45] la aprehensión el 28 de febrero de 1995 de Raúl Salinas de Gortari (hermano del presidente antecesor) con la acusación de ser autor intelectual del asesinato de Francisco Ruiz Massieu y el no resolver el magnicidio de Luis Donaldo Colosio Murrieta.

---

43 PÉREZ DE LOS REYES, Marco Antonio, *op. cit.*, p. 549.

44 MEDINA PEÑA, Luis, *op. cit.*, pp. 336-346.

45 *Ibidem*, pp. 355-356.

Luego, en cuanto a las políticas sociales el entonces presidente Zedillo sustituyó al Programa de Solidaridad por el de Progresa en el que la ayuda del Estado quedaría como un paquete de servicios sociales y otro de transferencias monetarias y en dichos programas se incluían programas de mecanismos de evaluación para supervisar resultados (lo que hizo que autoridades municipales los usarán con fines electorales al ser mediadores de esos fondos).[46]

Finalmente, las elecciones intermedias de 1997, en el entonces Distrito Federal dieron la pauta para la transición nacional ya que, ganó la Jefatura de la Ciudad de México, el candidato del Partido de la Revolución Democrática, el Ingeniero Cuauhtémoc Cárdenas Solórzano.

C. Vicente Fox Quesada (2000-2006)

Durante su gobierno hubo una notable disminución de la deuda pública exterior, que pasó de 70 mil millones de dólares en el año 2000 a 49,900 millones de dólares para fines de 2006.

Igualmente se dio un mayor control del déficit público. Además se incrementaron las reservas internacionales, pues el ascenso de las mismas entre 2000 y 2006 fue de más de 90.19%, o sea un promedio anual de crecimiento de 11.31%.

De la misma manera se incrementó el gasto en desarrollo social, con un promedio anual de 61.5% para fines de 2006.

Se emitió la Ley Federal de Transparencia y Acceso a la Información Pública y Gubernamental (marzo de 2004) y se creó el Instituto respectivo para empezar a materializarse el derecho de acceso a la información pública gubernamental.[47]

Nadie puede cuestionar la elección en la que resultó ganador en el año 2000 y sin lugar a dudas, fue un Presidente de alternancia; que trajo algunos cambios al sistema político como el acceso a la información pública gubernamental y el programa de oportunidades.

Pero, en cuanto al entramado de su gobierno en muchas ocasiones se vio la falta de pericia política para negociar las reformas con el Congreso de la Unión (en el que no tuvo mayoría) de las que hablaba como estructurales y necesarias para este país. Con el punto positivo —incluso—en este intrincado período que la macroeconomía se mantuvo estable.

---

46 *Ibidem,* pp. 364-365.

47 PÉREZ DE LOS REYES, Marco Antonio, *op. cit.*, pp. 549-550.

Sin dejar de lado, que la mayoría de los gobiernos locales siguieron en manos del PRI.[48]

D. Felipe de Jesús Calderón Hinojosa (2006-2012)

Las elecciones de 2006 arrojaron un triunfo a su favor de sólo 0.56% respecto de su competidor más cercano, Andrés Manuel López Obrador, por lo que su toma de posesión fue ríspida y en medio de protestas generalizadas por parte de sus oponentes.

Durante su sexenio se logró la reforma de la Ley Federal de Competencia Económica; se emitió la nueva Ley del Instituto de Seguridad y Servicios Sociales de los Trabajadores del Estado en el 2007, en relación con el régimen de jubilaciones de los trabajadores del Estado (administradoras de fondos para el retiro); se creó el programa de salud del Seguro Popular.

Finalmente, el Partido Revolucionario Institucional regresó a la Presidencia de la mano del Licenciado Enrique Peña Nieto.[49]

Como el anterior gobierno, las finanzas públicas y la macroeconomía quedaron estables y se tuvo una devaluación de nuestra moneda respecto al dólar estadounidense del 17%; aunque lamentablemente en el renglón de la seguridad pública y el narcotráfico no se resolvió el problema y las cantidades de víctimas y ofendidos creció de manera exponencial.[50]

E. Enrique Peña Nieto (2012-2018)

Logró un Pacto por México que le permitió realizar lo que su gobierno denominó reformas estructurales como la fiscal, financiera, de competencia, energética, educativa y político-electoral.

En cuanto a la reforma energética, se consideraba mayor inversión particular en los sectores de la electricidad y el petróleo; se realizaron más de

---

48 DRESSER, Denise, "Un balance informado y necesario", en *Nexos*, México, enero, 2007 [en línea], <https://www.nexos.com.mx/?p=12114>, [consulta: 20 de mayo, 2021].

49 PÉREZ DE LOS REYES, Marco Antonio, *op. cit.*, p. 550.

50 URIBE, Mónica, "Los políticos. En tiempos de don Felipe Calderón", en *El Economista,* México, octubre, 2016 [en línea], <https://www.eleconomista.com.mx/politica/En-tiempos-de-don-Felipe-Calderon-20161030-0040.html>, [consulta: 20 de mayo, 2021].

146 reformas a la constitución federal; durante su sexenio desapareció el Distrito Federal para convertirse en la Ciudad de México, con 16 alcaldías en vez de delegaciones; ocurrió la desaparición de 43 estudiantes normalistas de Ayotzinapa, Guerrero.

Con la llegada a la presidencia de Estados Unidos de Donald Trump, México se vio en la necesidad de renegociar el Tratado de Libre Comercio de América del Norte (TLCAN), al ahora Tratado entre México, Estados Unidos y Canadá (T-MEC).[51]

Finalmente, en las elecciones federales de 2018 el Partido Movimiento de Regeneración Nacional (MORENA) arrasó en la jornada electoral siendo ganador para la Presidencia el Licenciado Andrés Manuel López Obrador (actual gobernante).

2. REFORMAS LEGALES DE LOS ÚLTIMOS 30 AÑOS

En la época coetánea en nuestro país, prácticamente no hay materia de nuestra carrera que no haya sufrido cambios a profundidad, todavía a principios de este siglo, asignaturas como la de Derecho Laboral, Derecho Civil, se decía que rara vez tenían reformas, pero actualmente, los cambios nos han hecho que nos replanteemos desde el punto de vista interdisciplinario e intradisciplinario lo que es el Derecho actualmente.

En estas líneas únicamente compartiremos los puntos más trascendentales en el sistema jurídico mexicano:

2.1. Materia Civil

Quees resolver cuál norma de las que están previstas por el Código Civil se debe aplicar ya sea por ámbito territorial o por el momento en que se dio el acto jurídico en materia civil. Dado que hasta principios de la década de los ochenta nuestro país se encontraba cerrado en varios aspectos el mundo exterior y paulatinamente, diversas legislaciones se han ido modificado según el contexto del libre comercio.

Se tenía un principio de territorialismo con nula referencia a los sistemas legales internacionales, pero a partir de 1975 nuestro país al participar en los esfuerzos por enviar representantes a las Conferencias Especializa-

---

[51] PÉREZ DE LOS REYES, Marco Antonio, *op. cit.*, pp. 551-552.

das Interamericanas sobre Derecho Internacional Privado (CIDIP) e incluso, intervenir en otros foros mundiales como UNCITRAL, Conferencia de La Haya, UNIDROIT, entre otras.

Sin olvidarnos de las reformas publicadas en el Diario Oficial de la Federación del 7 de enero de 1988, a los numerales 12 al 15 del Código Civil Federal, a fin de aplicar el derecho extranjero en el territorio nacional.

2.2. Materia mercantil

Nuestro Código de Comercio publicado en 1889 era netamente territorialista, es decir, el acto mercantil se rige por el Derecho Nacional, salvo lo que prevé su numeral 79, fracción II, en que ordena que se tomará en cuenta si los contratos celebrados en país extranjero su ley exige escritura, formas o solemnidades para su validez, aunque la ley mexicana no exija dichos elementos para su validez.

Sin dejar de lado, las reformas al Código de Comercio sobre arbitraje comercial.[52]

2.3. Materia laboral

En cuanto al llamado Derecho Individual del Trabajo ubicamos las reformas a la Ley Federal del Trabajo del 30 de noviembre de 2012, en las que se hizo hincapié en la capacitación de los trabajadores, el outsourcing o subcontratación laboral, el hostigamiento sexual y el acoso sexual, la obligación de tener cédula profesional de abogado para litigar en materia del trabajo, concepto de trabajo digno, los contratos de prueba y de capacitación inicial, el descanso por paternidad, se habla del teletrabajo y modificaciones a las infracciones laborales.

El 24 de febrero de 2017, se publicó en el Diario Oficial de la Federación una reforma a los artículos 107 y 123 de la Constitución Política de los Estados Unidos Mexicanos, relacionada con la modernización del sistema de justicia laboral, que se caracteriza por dos premisas fundamentales: la transición de las Juntas de Conciliación y Arbitraje a tribunales laborales dependientes del Poder Judicial, y la creación de un organismo especializado con funciones conciliatorias, como instancia previa al órgano jurisdiccional.

---

[52] Para entender el arbitraje comercial entre particulares en nuestro país véase GONZÁLEZ DE COSSÍO, Francisco, *Arbitraje*, 4ª ed., México, Porrúa, 2014.

Esta reforma fue presentada por el presidente de los Estados Unidos Mexicanos al Congreso de la Unión el 28 de abril de 2016, en un paquete de ocho iniciativas de reforma constitucional, tres iniciativas de reforma legal y la propuesta de una nueva ley general, así como un decreto administrativo, mismas que formaron parte de las reformas en materia de justicia cotidiana impulsadas por el Ejecutivo, cuyos esfuerzos se han ido concretando paulinamente, y donde la transformación del sistema de justicia laboral tiene grandes implicaciones por los retos que representa, pero sobre todo por las dudas que rodean su implementación.

Posteriormente, algunas reformas que se encuentran a la Ley Federal del Trabajo son del 1 de mayo de 2019, en que se vuelven a tocar los mecanismos alternativos de solución de controversias en materia laboral. Sin dejar de lado el T-MEC (que viene a modernizar al TLC de América del Norte y que entró en vigor el 1 de julio de 2020)[53] y que prevé el capítulo respectivo de la materia laboral.

2.4. Comercio exterior

La emisión de la actual Ley de Comercio Exterior de 1993, así como la celebración del Tratado de Libre Comercio de América del Norte que entró en vigor el 1° de enero de 1994, en el que se preveían los mecanismos alternativos de solución de controversias en los capítulos XIX y XX —los llamados páneles binacionales resolutores de cuotas compensatorias—.

Sin dejar de lado, las reformas al sistema financiero mexicano, los cambios en la legislación de inversión extranjera, la propiedad intelectual, el comercio de servicios como las telecomunicaciones y, la multitud de ordenamientos jurídicos en materia ambiental.

Al día de hoy, se cuenta con el T-MEC de América del Norte que entró el 1 de julio de 2020.

e. Materia político-electoral: se prevé en los numerales 60, 99, 110 y 111 constitucionales,[54] los medios de control constitucionales en materia electoral como el juicio de protección de derechos político-electorales del

---

53 Sistema de Información sobre Comercio Exterior, "Canadá-Estados Unidos-México (T-MEC/USMCA). Renegociación del acuerdo" [en línea], <http://www.sice.oas.org/TPD/USMCA/USMCA_s.ASP>, [consulta: 04 de mayo, 2021].

54 No se dejaron de considerar las reformas constitucionales conocidas hasta el 13 de junio de 2021.

ciudadano y el juicio de revisión constitucional. Sin desdeñar, la importancia del Tribunal Electoral del Poder Judicial de la Federación.

2.5. Amparo

Controversias constitucionales y acciones de inconstitucionalidad: el medio de control de constitucionalidad por excelencia fue el amparo durante gran parte del siglo pasado, mientras las controversias constitucionales apenas y tuvieron algunos casos.[55]

Con la reforma judicial que entró en vigor en 1995, se reglamentaron las controversias constitucionales y las acciones de inconstitucionalidad.

¿Qué pasa con las controversias constitucionales? Encontramos al Estado mexicano dividido en tres poderes y en diferentes niveles de gobierno: federal, estatal, municipal y el de la Ciudad de México (son diferentes esferas con competencias cada una).

Única y exclusivamente la Suprema Corte de Justicia de la Nación puede conocer de esos conflictos.

En la práctica, la falta de reglamentación motivó que el Máximo Tribunal aplicara el Código Federal de Procedimientos Civiles, la Ley Orgánica del Poder Judicial de la Federación, la Ley de Coordinación Fiscal de 1978 y la Ley de Planeación de 1983, que facultaron a la SCJN para conocer los conflictos suscitados por la aplicación de dichas leyes.

Con la reforma al Poder Judicial de la Federación de 1994, se le aumentaron las competencias a la Suprema Corte de Justicia de la Nación para convertirla en un tribunal constitucional.

Una de las consecuencias de dicha reforma constitucional fue la emisión de la Ley Reglamentaria de las fracciones I y II del artículo 105 de la Constitución mexicana, publicada en el DOF el 11 de mayo de 1995.[56]

---

55 Una obra que nos permite comprender la Teoría de la Constitución y, qué pasa con el aspecto procesal de la constitución es: CONTRERAS BUSTAMANTE, Raúl *et al.*, *Teoría de la Constitución*, 8ª ed., México, Porrúa, 2016 y CONTRERAS BUSTAMANTE, Raúl, *Enciclopedia Jurídica de la Facultad de Derecho UNAM. Derecho Constitucional*, vol. 1, México, UNAM-Facultad de Derecho/Porrúa, 2016.
Si se desea ver el control de la constitucionalidad: CONTRERAS BUSTAMANTE, Raúl, *Enciclopedia Jurídica de la Facultad de Derecho UNAM. Derecho Constitucional*, vol. 2, México, UNAM-Facultad de Derecho/Porrúa, 2016, pp. 57-86.

56 CONTRERAS BUSTAMANTE, Raúl, *Enciclopedia Jurídica de la Facultad de Derecho…*, *cit.*, pp. 68-71 y AZAR LÓPEZ, Bernardo Anwar, *Derecho Procesal Constitucional*, Valencia, UNAM-Facultad de Derecho/Tirant lo Blanch, 2020, pp. 83-85.

Respecto a las acciones de inconstitucionalidad

Durante los últimos veinte años han tenido un gran auge. Es un procedimiento que permite el análisis en abstracto de una norma jurídica con el carácter de ley o tratado internacional (también cualquier norma de carácter general), para concluir si es conforme a la Constitución o no.

Este medio salvaguarda los apartados dogmático y orgánico de la Constitución y asegura la regularidad constitucional y la certeza del orden jurídico.

Cuyo afán radica en hacer prevalecer la supremacía de los mandatos constitucionales sobre el resto del orden jurídico.

¿Por qué se dice que son acciones abstractas?

Se trata de un procedimiento, que inicia cuando un actor legitimado plantea en abstracto la posible inconstitucionalidad de una norma de carácter general. Este control podría producir la anulación —declaración general de invalidez de tal norma—.

Algunos autores se han atrevido a afirmar que la acción de inconstitucionalidad se ha consolidado como una herramienta depuradora del ordenamiento jurídico, tutelar de las minorías, protectora de los derechos fundamentales y garante del reparto territorial del poder. Es un instrumento defensor de la Constitución.

Con la existencia de los tribunales constitucionales algunos opinan que el debate entre Schmitt (un ente administrativo) y Kelsen (un ente constitucional) se dio por concluido, sobre el órgano que debe tener control de la constitucionalidad.[57]

Los sujetos legitimados con base en la fracción II, del artículo 105 constitucional, son el equivalente al treinta y tres por ciento de los integrantes de la Cámara de Diputados del Congreso de la Unión; treinta y tres por ciento de los integrantes del Senado de la República; el Presidente de la República; el treinta y tres por ciento de los integrantes de alguna de las Legislaturas de los Estados; los partidos políticos con registro ante el Instituto Nacional Electoral; la Comisión Nacional de los Derechos Humanos o bien las Comisiones Estatales de los Derechos Humanos; el organismo garante que establece el artículo 6° de esta Constitución (Instituto Nacio-

---

57 CONTRERAS BUSTAMANTE, Raúl, *Enciclopedia Jurídica de la Facultad de Derecho…*, *cit.*, pp. 71-74.

nal de Transparencia, Acceso a la Información y Protección de Datos Personales), así como los organismos garantes equivalentes en las entidades federativas; el Fiscal General de la República.[58]

Respecto al Juicio de Amparo

Se dieron las modificaciones al título primero Constitucional el 10 de junio de 2011, y se cambió su denominación de garantías individuales a derechos humanos, es así que el numeral 1° constitucional contiene el principio *pro persona o pro homine* para hacer una protección más amplia a todas las personas individuales.

Además, hubo enmiendas del 6 de junio de 2011 a los lineamientos generales del juicio de amparo, para hablar de un medio de control de la constitucionalidad y de convencionalidad en materia de derechos humanos.

Por lo tanto, ahora se protegerá todo el sistema jurídico mexicano con los derechos humanos previstos en nuestra Constitucion y en todos los instrumentos internacionales celebrados por nuestro país (tratados, sentencias y otras fuentes del derecho).

Ya que, el amparo que se concebía como una figura nacional se extendió en los instrumentos internacionales después de la segunda guerra mundial.

Se mencionan sentencias internacionales del sistema universal de la ONU y en los sistemas regionales de protección de derechos humanos como el europeo, interamericano y africano en los que se han creado tribunales internacionales cuyas sentencias vinculan a los estados parte.

Nuestro país al suscribir la Convención Americana de Derechos Humanos en 1981 y, reconocer la competencia contenciosa de la Corte Interamericana de Derechos Humanos en diciembre de 1998; tiene dos sistemas legales de protección de los derechos fundamentales como lo es el de garantías constitucionales en sede interna a través de los órganos del Poder Judicial Federal y, de la garantía convencional en sede internacional.[59] Las

---

58 CONTRERAS BUSTAMANTE, Raúl, *Enciclopedia Jurídica de la Facultad de Derecho…*, *cit.*, pp. 83-85. No se dejaron de lado las reformas constitucionales al numeral 105 constitucional, publicadas en el Diario Oficial de la Federación del 11 de marzo de 2021.

59

sentencias de la Corte Interamericana de Derechos Humanos resultan obligatorias a manera de amparo interamericano.

En la actual constitución del 5 de febrero de 1917 se han emitido tres legislaciones de amparo: Ley reglamentaria de los artículos 103 y 104 de la Constitución Federal de octubre de 1919, que preveía el recurso de súplica del que conocía la Suprema Corte de Justicia de la Nación a manera de una tercera instancia en cuanto a los juicios de cumplimiento de leyes federales o de los tratados internacionales (dicho recurso se suprimió en 1934); la Ley de Amparo del 10 de enero de 1936, al principio se denominaba Ley Orgánica de los artículos 103 y 107 de la Constitución, en 1968 se sustituyó por el nombre de Ley de Amparo, Reglamentaria de los artículos 103 y 107 de la Constitución Política de los Estados Unidos Mexicanos y;[60] la actual Ley de Amparo del 2 de abril de 2013, misma que entró en vigor el 3 de abril de dicha anualidad.

FUENTES

CONTRERAS BUSTAMANTE, Raúl, *Enciclopedia Jurídica de la Facultad de Derecho UNAM. Derecho Constitucional*, vols. 1 y 2, México, UNAM-Facultad de Derecho/Porrúa, 2016.

__________, Raúl *et al.*, *Teoría de la Constitución*, 8ª ed., México, Porrúa, 2016.

TORRES, coord., *La equidad en el derecho indígena. Una visión desde la cultura jurídica en el Estado constitucional*, Colima, Universidad de Colima, 2016.

GONZÁLEZ DE COSSÍO, Francisco, *Arbitraje*, 4ª ed., México, Porrúa, 2014.

MEDINA PEÑA, Luis, *Hacia el nuevo Estado. México, 1920-2000*, 3ª ed., 3ª reimp. , México, Fondo de Cultura Económica, 2017 (Obras de Política y Derecho).

PÉREZ DE LOS REYES, Marco Antonio, *Historia del Derecho Mexicano*, 2ª ed., México, Oxford University Express, 2019 (Textos Jurídicos Universitarios. Historia del Derecho).

Mesografía

Constitución Política de los Estados Unidos Mexicanos. Disponible en: <http://www.diputados.gob.mx/LeyesBiblio/index.htm>.

Sistema de Información sobre Comercio Exterior, "Canadá-Estados Unidos-México (T-MEC/USMCA). Renegociación del acuerdo" [en línea], <http://www.sice.oas.org/TPD/USMCA/USMCA_s.ASP>.

60

DRESSER, Denise, “Un balance informado y necesario”, en *Nexos*, México, enero, 2007 [en línea], <https://www.nexos.com.mx/?p=12114>.

URIBE, Mónica, “Los políticos. En tiempos de don Felipe Calderón”, en *El Economista*, México, octubre, 2016 [en línea], <https://www.eleconomista.com.mx/politica/En-tiempos-de-don-Felipe-Calderon-20161030-0040.html>.

www.dof.gob.mx reformas constitucionales (publicitadas en el Diario Oficial de la Federación del 11 de marzo de 2021) y legales (publicadas en el Diario Oficial de la Federación el 7 de junio de 2021) sobre el Poder Judicial de la Federación.

SÁNCHEZ ORTEGA, Emilio, La sombra del caudillo, Youtube, 15 de noviembre de 2014, https://www.youtube.com/watch?v=SwyiV4BYx4Y